Fahrt zur Hölle

Rainer Dissars-Nygaard, Jahrgang 1949, studierte Betriebswirtschaft und war als Unternehmensberater tätig. Er lebt als freier Autor auf der Insel Nordstrand. Im Emons Verlag erschienen unter dem Pseudonym Hannes Nygaard die Hinterm Deich Krimis »Tod in der Marsch«, »Vom Himmel hoch«, »Mordlicht«, »Tod an der Förde«, »Todeshaus am Deich«, »Küstenfilz«, »Todesküste«, »Tod am Kanal«, »Der Inselkönig«, »Der Tote vom Kliff«, »Sturmtief«, »Schwelbrand«, »Tod im Koog«, »Schwere Wetter«, »Nebelfront«, die Niedersachsen Krimis »Mord an der Leine«, »Niedersachsen Mafia« und »Das Finale« sowie der Kurzkrimiband »Eine Prise Angst« und die beiden »Tatort«-Krimis »Erntedank« und »Borowski und die einsamen Herzen«.
www.hannes-nygaard.de

Dieses Buch ist ein Roman. Handlungen und Personen sind frei erfunden. Ähnlichkeiten mit lebenden oder toten Personen sind rein zufällig.

HANNES NYGAARD

Fahrt zur Hölle

HINTERM DEICH KRIMI

emons:

Bibliografische Information der Deutschen Nationalbibliothek
Die Deutsche Nationalbibliothek verzeichnet diese Publikation
in der Deutschen Nationalbibliografie; detaillierte bibliografische
Daten sind im Internet über http://dnb.d-nb.de abrufbar.

© Hermann-Josef Emons Verlag
Alle Rechte vorbehalten
Umschlagmotiv: photocase.de /al73
Umschlaggestaltung: Tobias Doetsch
Druck und Bindung: CPI – Clausen & Bosse, Leck
Printed in Germany 2013
ISBN 978-3-95451-096-2
Hinterm Deich Krimi
Originalausgabe

Unser Newsletter informiert Sie
regelmäßig über Neues von emons:
Kostenlos bestellen unter
www.emons-verlag.de

Dieser Roman wurde vermittelt durch die Agentur EDITIO DIALOG,
Dr. Michael Wenzel, Lille, Frankreich (www.editio-dialog.com).

Für Anna-Lena, René und Hannes

Wir leben alle unter demselben Himmel,
aber wir haben nicht alle den gleichen Horizont.

Konrad Adenauer

EINS

So stellt man sich den Sommer vor. Ein makelloser blauer Himmel
wölbte sich über der Förde, die Sonne trieb das Thermometer auf
angenehme fünfundzwanzig Grad, dank der Speicherwirkung der
Ostsee blieb es auch in den Abendstunden angenehm warm, und
der sanfte Seewind streichelte die Haut. Die würzige Seeluft und
ein Hauch Großstadt, der aber schnell verflog, wenn man sich zur
Kiellinie an der Förde begab und akzeptierte, dass sich dort offenbar alle Kieler und die Besucher der Landeshauptstadt zum Stelldich-
ein verabredet hatten, ließen – auch ohne dass man einen Blick in
den Kalender werfen musste – hochsommerliche Gefühle entste-
hen. Die Bänke, die zum Verweilen einluden, waren umlagert, in
der Außengastronomie waren alle Plätze besetzt, und selbst auf den
Grünflächen vor dem Landtag und den Ministerien, die sich wie an
einer Perlenkette aufgereiht hier entlangzogen, saßen die Menschen
und freuten sich über den »Sommer in Kiel«.

Dr. Lüder Lüders war gestern einer von ihnen gewesen. Der Kriminalrat von der Abteilung 3 des Landeskriminalamts, dem polizeilichen Staatsschutz, hatte den Abend mit Teilen seiner Patchwork-
familie an der Förde zugebracht. Thorolf, der ältere Sohn seiner
Partnerin Margit, war zu Beginn der Sommerferien mit Freunden
nach Südeuropa aufgebrochen. Seine Mutter hatte nur widerwillig
zugestimmt. Doch der Siebzehnjährige hatte sich nicht davon ab-
bringen lassen. Seine zwei Jahre jüngere Schwester Viveka befand
sich seit drei Wochen zu einem Sprachurlaub in England. Zumindest
sie meldete sich sporadisch über Skype, während Thorolf verschollen
schien. Jonas, Lüders Sohn aus dessen geschiedener Ehe, hatte nur
missmutig eingewilligt, zum Eisessen mit an die abendliche Förde zu
kommen, um anschließend beim »Lieblingsitaliener« der Familie seinen Vorstellungen von Kulinarik zu frönen. Nur Erstklässlerin Sinje,
die gemeinsame Tochter, war dem Vorschlag begeistert gefolgt.

Jonas hatte den Abend genutzt, um seinen Unmut darüber aus-
zulassen, dass er in der kommenden Woche mit »den Alten« und
»der blöden Schwester« in ein Ferienhaus nach Mittelschweden
fahren müsse. Viel lieber würde er mit ein paar Kumpels zelten fah-

ren, hatte Jonas verkündet und war mit Sinje in einen heftigen Streit geraten, als diese erklärte, sie würde ihn begleiten wollen.

»Erhole dich von der Familie«, hatte ihm Margit Lüder am frühen Morgen mit auf den Weg gegeben, als er ins Polizeizentrum Eichhof gefahren war, das Areal in Kiels Westen, wo neben anderen Dienststellen auch das Landeskriminalamt residierte.

Lüder war sich nicht sicher, ob es ihn mit Begeisterung erfüllte, dass er in jüngster Zeit überwiegend mit Tätigkeiten befasst war, die ihn an den Schreibtisch banden. Er las Akten und Protokolle, fertigte neue Akten, Notizen und Expertisen an, gab Stellungnahmen ab, die in endlosen Dienstbesprechungen diskutiert wurden, führte Auseinandersetzungen mit seinem Abteilungsleiter über die Auslegung mancher Vorgänge und dachte zwischendurch an Margit, die sich erfreut darüber zeigte, dass er, der promovierte Jurist, einer Beschäftigung im Innendienst nachging.

Lüder hatte sich im Geschäftszimmer der Abteilung einen Becher Kaffee besorgt, dabei mit der Mitarbeiterin Edith Beyer ein paar Worte gewechselt und registriert, dass die Frau ihre privaten Sorgen und Probleme offenbar überwunden hatte. Zwischendurch hatte er auf die geschlossene Tür zum Büro des Kriminaldirektors gezeigt.

»Und?«

Edith Beyer wies mit dem gestreckten Daumen nach unten.

»Wie immer«, hatte Lüder festgestellt. Er war nicht der Einzige, der zwischenmenschliche Probleme mit Dr. Starke hatte.

»Glauben Sie, das ändert sich noch einmal?«, fragte Edith Beyer.

Lüder nahm einen Schluck Kaffee, spitzte die Lippen, sog hörbar Luft ein, verdrehte die Augen und sagte: »Mann, ist der heiß.«

»Sie verbrennen sich den Mund am Kaffee. Er da«, sie zeigte auf die Zimmerwand, »braucht dazu kein Heißgetränk.«

»Ich habe meine ganze Hoffnung auf die neue Landesregierung gesetzt«, erwiderte Lüder. »Aber die wollten den Scheiß-Starke nicht als Innenminister. Nicht einmal als Staatssekretär.«

Mit »Scheiß-Starke« benutzte Lüder eine Formulierung, die er vom Husumer Oberkommissar Große Jäger übernommen hatte.

Er wünschte der jungen Frau einen schönen Tag und kehrte in sein Büro zurück. Mit spitzen Fingern blätterte er das Papier in der Akte um, stützte seinen Kopf in die Hände und las die nächste Seite. Zwischendurch hielt er inne, machte sich auf einem bereitliegenden Block ein paar Notizen und las weiter. Er hatte zwei Drittel der Seite durchgearbeitet, als es am Rahmen seiner stets offenen Bürotür klopfte. Erstaunt sah er auf.

»Guten Morgen, Herr Lüders.« Kriminaldirektor Dr. Starke war – wie immer – gebräunt und trug Designerkleidung, als müsse er gleich vor einem auserwählten Publikum eine neue Geldanlageform präsentieren.

Lüder erwiderte den Gruß nicht und sah dem Abteilungsleiter entgegen, der an den Schreibtisch herantrat, nachdem er die Tür hinter sich geschlossen hatte.

»Darf ich?«, fragte Dr. Starke und nahm auf dem Besucherstuhl Platz. »Ich hoffe, es geht Ihnen gut. In der Familie ist auch alles in Ordnung?«

Lüder schwieg. So hatte er den Kriminaldirektor noch nie erlebt. Die beiden Männer empfanden eine gegenseitige Abneigung füreinander, und sein Vorgesetzter hatte oft versucht, Lüder versetzen zu lassen. Bisher war das Vorhaben stets gescheitert, aber Dr. Starke suchte nach Möglichkeiten, Lüder eine Dienstverfehlung oder zumindest mangelhafte Leistungen nachzuweisen. Deshalb unterließ er es zu antworten, kniff ein wenig die Augen zusammen und betrachtete sein Gegenüber. Das blaue Hemd mit der dezenten Seidenkrawatte, das gut sitzende Sakko und die Hose mit der messerscharfen Bügelfalte, die jetzt hinter der Schreibtischkante verschwunden war, passten ebenso zu dem Kriminaldirektor wie die sorgfältig manikürten Hände. Lüder nahm auch den Herrenduft wahr, mit dem sich Dr. Starke parfümiert hatte. Es roch wie … wie … Lüder unterdrückte die Versuchung, eine bissige Bemerkung darüber abzugeben und Begriffe wie »Gestank«, »süßlich« und »Männerpuff« in einen Kommentar zu kleiden.

»Nachdem Sie so oft erfolgreich auch schwierige Missionen für das Land gemeistert haben, ist Ihr kluger Rat gefragt«, begann der Kriminaldirektor.

Dann legte er eine längere Kunstpause ein und musterte Lüder, den blonden wuscheligen Haarschopf, der stets wie ungekämmt wirkte, die blauen Augen und das markante scharf geschnittene Gesicht.

»Ich höre«, sagte Lüder und war sich bewusst, eine Floskel verwandt zu haben, die zum Markenzeichen eines Kieler Fernsehermittlers geworden war.

»Berlin möchte mit Ihnen sprechen. Mit uns«, schob der Kriminaldirektor nach.

»Berlin?« Lüder war überrascht. »Kiel ist unsere Hauptstadt. Polizei ist Ländersache. Der Bund hat eine eigene Polizei. Und das Bundeskriminalamt.«

»Wir alle sind Deutschland.« Dr. Starkes Antwort klang eine Spur zu salbungsvoll. Als Lüder nicht darauf einging, fuhr er fort. »In diesem Fall müssen wir alle unsere Kenntnisse und Fähigkeiten einbringen.«

»In welchem Fall?«

»Das ist topsecret. Jedenfalls sind wir beide von Berlin angefordert worden.«

»Wann?«

»Sofort!«

Lüder lehnte sich zurück und zeigte mit der Spitze des Kugelschreibers auf den Kriminaldirektor. »Wir sollen jetzt nach Berlin fahren?«

Dr. Starke schüttelte den Kopf. »Nicht fahren. Ich habe einen Hubschrauber bei der Bundespolizei-Fliegerstaffel in Bad Bramstedt angefordert, da unsere Landespolizei keine eigene Hubschrauberstaffel unterhält.«

»Fuhlendorf«, korrigierte ihn Lüder, aber sein Vorgesetzter überhörte es.

»Der wird uns nach Berlin bringen.«

Lüder glaubte, in seinem Gegenüber zu erkennen, für wie bedeutsam sich der Kriminaldirektor hielt, weil man ihn sofort in Berlin benötigte.

Sie wurden durch das typische »Flapp-flapp« eines Hubschraubers abgelenkt. Dr. Starke stand auf.

»Kommen Sie«, sagte er und erinnerte Lüder: »Vergessen Sie Ihren Dienstausweis nicht.«

Lüder sicherte seinen Rechner, verstaute die Unterlagen von seinem Schreibtisch in das Sideboard und folgte Dr. Starke zum Hubschrauberlandeplatz, auf dem die Maschine mit der großen Aufschrift »Bundespolizei« auf der Seite gelandet war. Der Pilot, ein Hauptkommissar, begrüßte sie mit Handschlag.

»Schmitz«, stellte er sich vor und half ihnen beim Einstieg und beim Festschnallen. »Es stört Sie hoffentlich nicht, dass wir mit einer Schulungsmaschine gekommen sind«, erklärte er. Fast liebevoll strich seine Hand über die Außenhaut. »Falls es Sie interessiert: Eurocopter 120. Wir werden etwa zweihundertfünfzig Stundenkilometer fliegen und in circa anderthalb Stunden in Berlin sein.« Er zeigte ein jungenhaftes Lachen. »Wenn nichts dazwischenkommt.«

Amüsiert registrierte Lüder, wie Dr. Starkes Augenlid bei dieser Bemerkung nervös flatterte.

Die Türen schlossen sich, die beiden Piloten starteten den Rotor, und Lüder sah, wie Erdreich und Staub aufgewirbelt wurden. Es war ein wenig leiser in der Maschine, aber eine Unterhaltung war kaum möglich. Über Schmitz' Schulter konnte Lüder beobachten, wie die Piloten Hebel und Knöpfe betätigten, dann gab es einen Ruck, und der Hubschrauber schoss mit einem gewaltigen Satz in die Höhe. Es war ein Gefühl, als ob sich ein Expresslift in Bewegung setzte, nur heftiger. Die Maschine kippte nach vorn über, und es wirkte, als würde sie einen Purzelbaum schlagen. Sie strich förmlich über die Dächer des benachbarten Gewerbegebiets, gewann rasch an Höhe und überflog die Kieler Binnenförde, das Areal der am Ostufer gelegenen Werft und folgte dem Kurs ostwärts.

Lüder konnte nicht verhehlen, dass der steile Anstieg Druck auf seinen Magen und dessen Inhalt ausübte. Belustigt sah er, wie Dr. Starke neben ihm die Hände im Sicherheitsgurt verkrampfte. Die Knöchel traten weiß hervor. Er warf seinem Nachbarn einen bangen Blick zu. Das Gesicht mit dem sonst so braunen Teint war ebenfalls ungewöhnlich fahl. Der Kriminaldirektor stierte auf einen imaginären Punkt an der Rückseite der Vorderlehne und vermied es, einen Blick aus dem Fenster zu werfen.

Sie überflogen den Großen Plöner See. Von hier oben wirkten die Gewässer der Holsteinischen Schweiz, eingebettet in sattgrüne Wiesen, idyllisch. Das Plöner Schloss war zu erkennen, sogar die weißen Ausflugsschiffe zeichneten sich deutlich ab.

Nachdem Lüder sich an die Flugeigenschaften des Helikopters ein wenig gewöhnt hatte, genoss er den Flug an diesem wunderbaren Sommertag. Von hier oben sah alles anders aus. Das Weltkulturerbe Lübeck mit dem Holstentor, ein wenig später das Schweriner

Schloss und die unendlich erscheinende Autoschlange auf der Autobahn nach Berlin waren Orientierungspunkte. Berlin tauchte auf, deutlich war die große Fläche des Tiergartens mit der Siegessäule und der »Straße des 17. Juni« zu erkennen, die am Brandenburger Tor endete.

Die Piloten steuerten den nördlich gelegenen Spreebogen an, der vom Reichstag mit seiner markanten Glaskuppel dominiert wurde. Lüder war überrascht, wie groß das Bundeskanzleramt aus der Luft war. Man sah stets nur Bildausschnitte des im Volksmund »Waschmaschine« genannten Gebäudes, und kaum jemand ahnte, wie groß der Gebäudekomplex tatsächlich war, der wie ein großes »H« aussah.

Rasend schnell näherte sich der Erdboden, bis Hauptkommissar Schmitz die Maschine schließlich mit einem Ruck aufsetzte.

»Haben Sie den Flug genossen?«, fragte der Bundespolizist gut gelaunt.

»Interessant«, erwiderte Lüder, während Dr. Starke es vorzog, nicht zu antworten.

Sie mussten umfängliche Sicherheitskontrollen über sich ergehen lassen, bis sie von einem Mitarbeiter des Kanzleramtes in einen Besprechungsraum geführt wurden, durch dessen Fenster sie über die Spree hinweg auf den Berliner Hauptbahnhof blicken konnten.

An einem langen Tisch saßen acht Männer, die aufsahen, als sie eintraten.

»Mein Name ist Dr. Starke«, wandte sich der Kriminaldirektor an den Mann mit dem aufgeschwemmten Gesicht, der am Kopfende saß und in seinen Ausführungen innehielt. »Ich habe einen Mitarbeiter mitgebracht.« Dr. Starke nickte in Lüders Richtung.

»Mein Name ist Dr. Lüders«, fiel ihm Lüder ins Wort, nachdem sein Vorgesetzter darauf verzichtet hatte, ihn vorzustellen.

»Sie kommen spät«, sagte der Aufgeschwemmte. Lüder kannte ihn von Bildern. Es war Staatsminister Walter Rukcza aus dem Bundeskanzleramt.

»Ich bitte um Entschuldigung, aber wir mussten auf den Hubschrauber warten.«

»Andere Teilnehmer hatten auch einen weiten Weg und waren rechtzeitig hier.« Rukczas Antwort glich mehr einem Bellen. »Suchen Sie sich einen Platz.« Dann besann er sich. »Flottillenadmiral Steinbrecher vom 2. Fregattengeschwader aus Wilhelmshaven.«

Der Admiral mit dem breiten und dem schmalen Streifen am Ärmel nickte knapp.

»Herr Jessen, aus Flensburg, Reeder.«

Lüder musterte den Mann mit dem runden Gesicht, dessen Augenlider zuckten und der sich fahrig mit der Zunge über die Lippen fuhr.

»Herr de Buur ist vom Bundesnachrichtendienst aus München«, fuhr Rukcza fort.

Lüders Blick wanderte weiter zu einem nahezu asketisch wirkenden Mann mit schmalem Gesicht, harten Gesichtszügen und einem Schnauzbart.

De Buur sagte: »Guten Tag.«

»Herr Malev«, setzte Rukcza die Vorstellungsrunde fort.

Lüders Blick begegnete zwei dunklen Augen, die ihn durchdringend musterten. Lüder glaubte, Misstrauen bei Malev zu erkennen. Das beruhte offenbar auf Gegenseitigkeit. Malev hatte die Lippen fest zusammengepresst und verzichtete auf eine Begrüßung.

»Sie sind von welcher Behörde oder Institution?«, fragte Lüder.

»Herr Malev«, erwiderte der Staatsminister schnell. Zu schnell, erschien es Lüder.

Der nächste Zivilist hatte ein rundes, freundliches Gesicht unter seinen vollen angegrauten Haaren. Er wirkte wie ein Großvater, der zufrieden auf seine große Familie blickt. Er nahm die dunkle Brille ab und stellte sich selbst vor, bevor Rukcza es tun konnte.

»Von Schwinges.«

Dem Staatsminister schien das zu missfallen. »Herr von Schwinges ist Leitender Polizeidirektor bei der Bundespolizei«, erklärte er. »Staatssekretär Holzbunge kennen Sie.«

Lüder war dem Vertreter des Kieler Innenministers bisher noch nicht begegnet. »Moin«, sagte er.

Auf Holzbunges Antlitz war der Anflug eines Lächelns zu erkennen. »Moin«, erwiderte er.

»Der Herr an meiner Seite ist Staatssekretär Sylvester Graupenschlager vom Wirtschaftsministerium.«

»Grüß Gott«, sagte der Mann, der auch ohne seinen Dialekt dank seiner Kleidung als Bayer zu erkennen gewesen wäre.

Die beiden Kieler Beamten hatten Platz genommen.

»Ist kein Vertreter des Bundeskriminalamts anwesend?«, fragte Lüder, griff zur Mitte des Tisches, zog die Isolierkanne heran und schenkte sich einen Kaffee ein.

Dr. Starke schob ihm seine leere Tasse hin, Lüder aber tat, als würde er es übersehen, und setzte die Kanne wieder ab, sodass sie unerreichbar für den Kriminaldirektor war.

»Ich wäre Ihnen dankbar, wenn Sie sich vorerst auf das Zuhören beschränken würden«, sagte Rukcza in einem belehrenden Tonfall. Dann griff er zum Krawattenknoten und rückte den zurecht. Eine überflüssige Geste.

»Für unsere verspäteten Gäste aus Kiel wiederhole ich noch einmal: Gestern ist das deutsche Containerschiff ›Holstenexpress‹ von Piraten im Golf von Aden gekapert worden. Das Schiff befand sich zu diesem Zeitpunkt etwa einhundert Seemeilen nordwestlich der zum Jemen gehörenden Inselgruppe Sokotra.«

Admiral Steinbrecher räusperte sich. »Nordöstlich«, korrigierte er den Staatsminister, dem die Verärgerung darüber anzusehen war.

»Das ist bedeutsam, weil die Fregatte ›Sachsen‹, die derzeit von Deutschland für die Mission Atalanta abgestellt ist, über fünfhundert Seemeilen entfernt ist. Bei maximaler Geschwindigkeit von dreißig Knoten, die die ›Sachsen‹ laufen kann, könnte sie in etwas mehr als zwölf Stunden vor Eyl an der somalischen Küste sein. Dort befindet sich das Zentrum der Piraten, zumindest der meisten. Das Problem ist, dass die ›Sachsen‹ derzeit Geleit für einen angemeldeten Konvoi fährt.«

»Gut«, sagte Rukcza unwirsch. »Danke für die Details. Wir werden später sehen, ob die Bundesmarine eingreifen kann.«

Der Admiral bewegte den Zeigefinger hin und her. »Seit der Wiedervereinigung heißen wir Deutsche Marine.«

Der Staatsminister strafte den Soldaten mit einem bösen Blick ab.

»Sie haben eben den Ort Eyl erwähnt«, fuhr er fort. »Noch haben die Entführer sich nicht gemeldet. Wir wissen also nicht, wohin die ›Holstenexpress‹ entführt wird.«

»Wie viele Menschen sind an Bord des Schiffes?«, fragte Polizeidirektor von Schwinges.

»Äh …« Rukczas Blick wanderte hilfesuchend zum Reeder.

»Sechzehn«, antwortete Nils Jessen. »Darunter zwei Deutsche. Der Kapitän stammt aus Russland, der Erste Offizier aus der Ukraine. Der überwiegende Teil der Mannschaft sind Philippiner.«

»Frauen?«, wollte Lüder wissen.

»Nur Männer«, erwiderte der Reeder.

»Das gefällt unseren grünen Freunden im Parlament überhaupt nicht«, warf der Bayer Graupenschlager ein und ergänzte, als sich ihm alle Blicke zuwandten: »Die sind doch immer sehr erpicht auf die Frauenquote.«

»Gibt es Erkenntnisse über Opfer? Verletzte? Tote?«

»Wir haben nur den Notruf des Schiffes aufgefangen«, erklärte der Admiral. »Dann war Funkstille. Möglicherweise liegt es an der Unerfahrenheit der Besatzung, dass man keine weiteren Einzelheiten durchgegeben hat.«

»Wir beschäftigen nur erfahrenes und qualifiziertes Personal«, verteidigte sich der Reeder.

»Und warum beschäftigen Sie keine einheimischen Seeleute?«, brummte Graupenschlager.

»Eine solche Diskussion ist an dieser Stelle fruchtlos«, übernahm Rukcza wieder die Gesprächsführung. Er klopfte mit der Spitze seines Kugelschreibers auf die Tischplatte. »Alle uns derzeit vorliegenden Informationen sind sehr dürftig. Wir wissen nichts über die Entführer, haben keine Informationen über den Zustand der Besatzung. Einzig die Kaperung ist definitiv.«

»Nach Eyl«, sagte der Admiral nachdenklich. »Das ist das Piratennest an der Küste. Die Stadt ist etwa so groß wie Husum. In die Gewässer um Eyl wurden viele der entführten Schiffe manövriert. Nachdem die Fischerei an der Küste praktisch zum Erliegen gekommen ist und die einheimischen Fischer mit ihren unzureichenden Booten zusehen mussten, wie ihnen die illegalen russischen, chinesischen und thailändischen Fangflotten die Gewässer leer fischten, haben sie sich auf die Piraterie verlegt. Das ist für die armen Somalier ein einträgliches Geschäft. Deshalb lockt es auch immer mehr Leute aus dem Hinterland an.«

»Piraterie in ihren unterschiedlichen Erscheinungsformen gefährdet erheblich die Schifffahrt. Bei Piratenüberfällen besteht stets das Risiko, dass Besatzungsmitglieder und Passagiere verletzt, entführt oder getötet werden. Piraterie ist kein lokales, sondern ein weltweites Phänomen, das in den letzten Jahren zugenommen hat und insbesondere im stark befahrenen Seegebiet vor Somalia eine akute Bedrohung darstellt. Auch für die deutsche Seeschifffahrt ist die Piraterie ein bedeutendes Problem. Schiffe deutscher Reedereien transportieren Waren und Passagiere auf den Meeren der Welt, deutsche Seeleute sind auf Schiffen unter deutscher und fremder Flagge weltweit unterwegs.« Rukcza legte das Blatt Papier zur Seite, von dem er abgelesen hatte.

»Von wem stammt dieses Papier?«, fragte der BND-Mann de Buur.

»Das haben wir herausgegeben«, erklärte von Schwinges von der Bundespolizei. »Es gehört zur Prävention gegen Piratenüberfälle.«

»Es ist ein Bundespräsident abgetreten, weil er dafür kritisiert wurde, dass er von schützenswertem Handel sprach, den Deutschland zum wirtschaftlichen Überleben benötigt«, gab Sylvester Graupenschlager zu bedenken.

»Meine Herren!«, mahnte Rukcza.

»Woher kam das Schiff?«, fragte Lüder. Ihn traf ein strafender Blick des Staatsministers, aus dem Lüder herauslas, dass man ihm eigentlich kein Rederecht einräumen wollte.

Nils Jessen räusperte sich. »Unsere Reederei verfügt über insgesamt fünf Schiffe, die alle nach Volksstämmen benannt sind: die ›Sachsenexpress‹, ›Sorbenexpress‹, ›Friesenexpress‹, ›Hessenexpress‹ und die ›Holstenexpress‹, die jetzt in die Hände der Kidnapper gefallen ist. Alle Schiffe bewegen sich in der Größe zwischen vier- bis sechstausend TEU. Das steht als Abkürzung für ›Twenty-foot Equivalent Unit‹ und ist eine Maßeinheit für einen Standardcontainer.«

»Die Holstenexpress kann also sechstausend Container laden«, übersetzte Lüder.

Jessen nickte. »Genau sind es fünftausendvierhundertzweiundsiebzig.«

Lüder schürzte die Lippen. »Das ist eine ganze Menge.«

Der Reeder winkte ab. »Damit sind wir kaum noch konkurrenzfähig. Neue Schiffe haben bis zu zehntausend und mehr Container geladen. Mit unseren fünf Schiffen, auch das ist nicht viel, bedienen wir eine einzige Linie. Die ›Holstenexpress‹ kam aus Busan. Das ist die zweitgrößte Stadt Südkoreas und der fünftgrößte Containerhafen der Welt. Zum Vergleich: Hamburg steht an zwölfter Stelle. Die nächste Station war Schanghai, mit dreiundzwanzig Millionen Einwohnern die bedeutendste Industriestadt Chinas und zugleich der größte Hafen der Welt. Durch die Straße von Malakka –«

»Die lange Zeit als das am meisten durch Piratenüberfälle gefährdete Gebiet der Welt galt«, warf der Flottillenadmiral ein.

Jessen bestätigte es durch Nicken. »Das hat uns viel Geld gekostet. Ich meine die hohen Versicherungsprämien. Also: Der nächste Hafen ist Port Kelang.«

»Wo ist das?«, fragte Kriminaldirektor Dr. Starke.

»Das ist der Hafen von Kuala Lumpur in Malaysia. Die letzte Station in Asien ist Chennai, das frühere Madras in Indien. Von dort führt die Route quer über den Indischen Ozean, genau genommen heißt dieser Teil, an dem wir entlangfahren, Arabisches Meer, zum Golf von Aden und damit zum Horn von Afrika. Dann geht es durch den Suezkanal und das Mittelmeer nach Genua in Italien. Dort entladen wir für die italienischen Industrie- und Handelszentren im Norden des Landes, aber auch für die Schweiz und teilweise für süddeutsche Kunden. Der nächste planmäßige Halt ist Le Havre, bevor das Ziel Hamburg erreicht wird.«

»Was hat die ›Holstenexpress‹ geladen?«, wollte Lüder wissen. Er bemerkte, wie Nils Jessen dem Staatsminister einen hilfesuchenden Blick zuwarf.

Rukcza sah Kriminaldirektor Dr. Starke an. »Wir sollten die wenige Zeit, die man uns lässt, nicht mit Nebensächlichkeiten vertun«, sagte der Staatsminister.

Bevor Dr. Starke antworten konnte, fiel ihm Lüder ins Wort: »Solche Details sind von Bedeutung, wenn wir eine Straftat aufklären wollen. Sie haben doch ein Interesse an der Klärung, Herr Rukcza, oder?«

»Herr Lüders!«, wies ihn sein Vorgesetzter zurecht. »Sie sprechen mit dem Herrn Staatsminister.«

Lüder drehte sich zu dem neben ihm sitzenden Kriminaldirektor um. »Sind wir beide die Einzigen, die wissen, wie man solche Probleme angeht? Müssen wir deshalb die Grundsätze einer ordnungsgemäßen Ermittlungsarbeit über Bord werfen?«

Er sah, wie es in Dr. Starke arbeitete. Dem Kriminaldirektor fiel es schwer zu verbergen, wie krampfhaft er nach einer Antwort suchte. »Natürlich nicht«, kam es über seine Lippen.

»Es wäre doch denkbar, dass die Piraten es auf die Fracht abgesehen haben.«

Rukcza fuhr ärgerlich mit der Hand durch die Luft. »Humbug. Die Piraten sind nur auf ein Lösegeld aus. Das ist nie anders gewesen. Wir stehen in diesen Fragen im engen Kontakt zu anderen Staaten, die ebenfalls betroffen sind. Unsere Freunde aus der NATO, aber auch andere zivilisierte Nationen leiden unter diesem Verbrechertum.«

»Herr Steinbrecher.« Lüder sah den Flottillenadmiral an, der daraufhin das Kreuz durchdrückte und sich kerzengerade aufsetzte. »Gibt es keine Möglichkeit, die Schiffe in diesem Seegebiet wirkungsvoller zu schützen?«

»Wir können nur im Rahmen unseres Mandats tätig werden. Dabei dürfen wir nicht vergessen, dass es sich um ein sehr großes Gebiet handelt, das es zu kontrollieren gilt. Mehrfach wurden durch die Deutsche Marine Piratenangriffe erfolgreich abgewehrt und die Angreifer entwaffnet. So hatte die Fregatte ›Bayern‹ –«

»Wer sonst«, unterbrach Graupenschlager und strich sich mit beiden Händen über seinen Leib, dessen Umfang den Genießer verriet.

»Die ›Bayern‹ hatte eine Dhow entdeckt, die als Piraten-Mutterschiff diente und ein sogenanntes Skiff schleppte. Die Dhow wurde gestoppt und das leere Skiff versenkt. An Bord der Dhow wurde ein zweites, unter Fischernetzen getarntes Skiff festgestellt. Für die, die es nicht wissen: Skiffs sind die kleinen wendigen Boote der Piraten.«

»Und was geschah dann?«

Der Flottillenadmiral senkte den Blick. »Wir mussten die Piraten anschließend wieder freilassen.«

»Damit sie sich das nächste Opfer aussuchen können, zum Beispiel die ›Holstenexpress‹?« Lüder schüttelte den Kopf.

»Das sind politische Entscheidungen auf der bestehenden Rechtsgrundlage«, erklärte Staatsminister Rukcza ungehalten. »Dieses Gremium hat nicht über politische Fragen zu diskutieren.«

»Das verstehe ich nicht«, erwiderte Lüder. »Wir sollen nicht über Politik sprechen, aber bei den Ansätzen polizeilicher Ermittlungsarbeit haben Sie mich auch gebremst.«

Rukcza sah Dr. Starke an. »Kann es sein, dass Ihr Mitarbeiter nicht hinreichend Verständnis und Sachverstand für den Level mitbringt, auf dem wir hier die Problematik erörtern?«

Lüder machte Anstalten aufzustehen. »Dann verstehe ich nicht, weshalb Sie mich hierhergebeten haben. Die Menschen im Land begreifen ohnehin nicht, weshalb die Schiffe in diesem Seegebiet schutzlos herumfahren. Warum gibt es keinen temporären Begleitschutz durch die Bundespolizei?«

Lüder nickte in Richtung des Polizeidirektors von Schwinges, des Vertreters der Bundespolizei. Der hob kaum wahrnehmbar die Schultern in die Höhe. Es hatte keinen Sinn, dem Mann Vorwürfe zu unterbreiten. Die Bundespolizei war weder personell für eine solche Aufgabe ausgestattet, noch würde ihr Einsatz durch die Politik gutgeheißen.

»Herr Lüders«, sagte Dr. Starke einschmeichelnd und legte zu Lüders Überraschung seine Hand auf Lüders Unterarm. »Lassen Sie uns anhören, was die Herren zu sagen haben. Es gibt Gegebenheiten, die als Fakten unumstößlich sind.«

Lüder nahm wieder Platz. Leider hatte der Kriminaldirektor in diesem Punkt recht. Da wurde das Thema in der Politik aus fadenscheinigen Gründen kontrovers diskutiert, und hinterher überließ man anderen das Zusammenkehren der Scherben.

Oft ärgerte sich Lüder über die Ankündigung nach Katastrophen oder schweren Verbrechen, dass man in diesem oder jenem Punkt die Gesetze verschärfen müsse. Warum musste erst etwas Derartiges geschehen? Warum ließ man die Warnungen der Fachleute unberücksichtigt und tat sie im Vorfeld als Panikmache ab?

Das Gezeter währte nur so lange, wie das oftmals blutige Ereignis im Fokus der Öffentlichkeit stand. Dann sprach niemand mehr über Konsequenzen. Wer diskutierte noch über schärfere Waffengesetze so wie nach den Amokläufen in Schulen? Lüder verschränkte die Arme vor der Brust und lauschte den Ausführungen des Staatsministers.

»Wir müssen in diesem Krisenstab überlegen, wie wir mit den Forderungen der Kidnapper umgehen, wenn sie eingehen. Es geht schließlich um das Leben von Menschen.« Der letzte Satz des Staatsministers klang salbungsvoll.

»Und um das Schiff und seine Ladung«, ergänzte Nils Jessen aufgebracht.

»Auch das«, bestätigte Rukcza.

»Ich frage mich, warum in diesem Fall ein Krisenstab im Bundeskanzleramt zusammengerufen wird. Bei solchen Vorkommnissen wird üblicherweise ein Krisenstab beim Bundesinnenministerium gebildet, dem das Bundeskriminalamt zuarbeitet. Aber das ist hier nicht vertreten.« Lüder blickte der Reihe nach die Anwesenden an.

Admiral Steinbrecher und Polizeidirektor von Schwinges sahen ebenso ratlos aus, wie Lüder sich fühlte. Malev, der bisher keinen einzigen Ton von sich gegeben hatte, musterte Lüder aus seinen dunklen Augen. Die beiden Männer maßen eine unendlich erscheinende Zeit ihren Blick, bis Malev den Kopf zur Seite wandte und Rukcza ansah.

»Der Vorfall ist zur Chefsache erklärt worden«, sagte Rukcza. »Stört es Sie, dass das Bundeskanzleramt sich der Sache annimmt?«

»Natürlich nicht«, versicherte Dr. Starke an Lüders Stelle.

»Es muss endlich ein Zeichen gesetzt werden«, erklärte Nils Jessen, der Reeder. »Wir können nicht länger zulassen, dass diese Verbrecher den internationalen Seehandel beeinträchtigen. Die Versicherungsprämien steigen ins Unermessliche. Wir Kleineren kämpfen ohnehin ums Überleben und müssen uns Nischen suchen. Uns fehlt das Kapital, um immer größere Schiffe bauen zu können, die mit ihrer Kapazität die Frachtraten noch weiter sinken lassen.« Jessen breitete in einer hilflosen Geste die Hände aus. »Oder wollen Sie das Geschäft den Chinesen überlassen? Sollen wir unsere Handelsflotte auf Grund setzen?«

»Das sind doch privatwirtschaftliche Interessen, die Sie hier vortragen«, warf Graupenschlager ein.

»Sie verkennen, dass der freie Welthandel das Rückgrat unserer Wirtschaft ist«, ereiferte sich Jessen. »Die Reedereien bekommen kein Personal mehr, das bereit ist, den Kurs an Afrikas Ostküste zu fahren.«

»Ach was«, versuchte der Bayer zu bagatellisieren. »Selbst während des Seekrieges im Zweiten Weltkrieg gab es genug Hasardeure und Söldner, die zur See fuhren. Warum werden die nicht angeheuert?«

»Dem steht das deutsche Recht entgegen. Sonst würden wir unsere Mannschaften bewaffnen.«

»Nun«, mischte sich Rukcza ein. »Sie malen viel zu schwarz. Natürlich haben wir ein Interesse an der Eindämmung der Piraterie. Deshalb sitze ich in dieser Runde.«

»Dann tun Sie endlich etwas.« Jessens Antwort klang wie ein Aufschrei.

»Wie hoch sind die Lösegeldforderungen der Piraten in der Regel?«

Lüder sah erstaunt seinen Nachbarn an. Dr. Starke hatte bisher nichts zur Diskussion beigetragen.

»Das ist unterschiedlich«, wich Rukcza aus. »Da gibt es keine Regeln. Das ist geheim, um keine Nachahmer anzulocken.«

»Das schwankt«, fiel ihm Jessen ins Wort. »Man spricht von Beträgen zwischen zweieinhalb und bis über zehn Millionen Euro.«

Ein Raunen ging durch den Raum.

»Das ist viel Geld«, stellte von Schwinges fest.

»Eben«, klagte der Reeder. »Ein Unternehmen wie unseres kann es nicht aufbringen. Wir wären insolvent. Wir brauchen dringend Hilfe.«

Alle sahen den Mann vom Wirtschaftsministerium an.

Graupenschlager winkte ab. »Es kann nicht Aufgabe des Staates sein, das unternehmerische Risiko zu übernehmen. Die Gefahren in diesem Seegebiet sind bekannt. Die Bundesrepublik beteiligt sich mit bis zu eintausendvierhundert Soldaten an der Operation. Das kostet nicht nur viel Geld im Haushalt, sondern bringt uns auch noch die Kritik der Opposition ein.«

»Aber wir können ein so horrendes Lösegeld nicht bezahlen.«

»Nun warten Sie erst einmal ab, was die Entführer überhaupt verlangen«, versuchte Graupenschlager den Reeder zu beschwichtigen.

Lüder sah ein Erschrecken auf Jessens Antlitz. Dann schluckte der Reeder.

»Was sollen die wollen?«, stammelte er. »Natürlich Geld. Viele Millionen, die wir nicht haben.«

»Ich frage mich immer noch«, mischte sich Lüder ein, »was die ›Holstenexpress‹ geladen hat.« Er sah Nils Jessen an.

»Container«, erwiderte der Reeder zögernd.

»Und was ist da drinnen?«

»Das kann ich Ihnen nicht sagen. Wir fahren häufig Konsumgüter. Viel Elektronik aus Asien. Textilien. Schuhe. Maschinenteile.«

»Auch kritische Güter?«, wollte Lüder wissen.

»Solche Details können wir später klären«, würgte Rukcza das Gespräch ab. Dann sah er jeden Einzelnen der Reihe nach an. »Was können wir tun?«

Er zeigte auf Admiral Steinbrecher.

»Wir orten die ›Holstenexpress‹ und verfolgen ihren Kurs. Mehr ist uns nicht möglich. Wir dürfen das Schiff weder angreifen noch entern. Das ist völkerrechtlich nicht erlaubt.« Der Admiral zuckte mit Bedauern die Schultern. »Das ist Aufgabe der Polizei.«

Polizeidirektor von Schwinges fühlte sich offenbar unbehaglich, als nun alle Blicke auf ihn gerichtet waren. »Die Lage ist derzeit unklar. Wir wissen nicht, wer die Entführer sind und was sie für Forderungen stellen. Sicher, es gäbe Einheiten, die das Schiff stürmen könnten. Wie groß dabei das Risiko für die Geiseln ist, kann ich nicht abschätzen.« Er sah Rukcza an. »Wir müssten für eine nähere Analyse das Mandat der Politik erhalten. Einfach wird es nicht, da uns die technischen Möglichkeiten für solche Einsätze fehlen.«

»Sollen wir nicht in Ruhe abwarten, was die Entführer überhaupt wollen?«, schlug Graupenschlager vor.

»Warten! Warten! Haben Sie eine Vorstellung, wie viel Wert die Ladung an Bord des Schiffes darstellt? Die Empfänger warten darauf. In der globalen Wirtschaft wird *just in time* produziert. Da ist alles auf das pünktliche Eintreffen der Güter ausgerichtet. Außerdem bringt die Aktion das ganze Gefüge unseres sorgfältig austarierten Fahrplans durcheinander. Wir haben als Reederei Verträge geschlossen. Nun fällt das Schiff aus. Die kontrahierte Ladung muss mit anderen Schiffen transportiert werden. Die Mehrkosten müssen wir im Zweifelsfall tragen. Das können wir nicht. Es bedeutet das Ende der GAEL. Damit gehen auch Arbeitsplätze verloren.«

»Und wandern nach Russland und auf die Philippinen«, warf von Schwinges mit sarkastischem Unterton ein.

»Meine Herren«, meldete sich Lüder zu Wort. »Sie haben Sorgen. Denkt keiner an die Menschen, die jetzt in der Gewalt der Entführer sind? Und wir wissen immer noch nicht, ob jemand verletzt ist oder gar getötet wurde.«

Staatsminister Rukcza hob die Hand und gebot der Diskussion

Einhalt. »In einer Sondersitzung des Bundeskabinetts wurde heute früh der Beschluss gefasst, sich nicht länger dem Druck der Piraten zu beugen. Es sollen grundlegende Maßnahmen ergriffen werden. Dazu bedarf es aber einer gesicherten Informationslage. Die Bundesrepublik will investigativ tätig werden.«

Lüder sah de Buur vom Bundesnachrichtendienst an. Der rutschte tief in seinen Sessel hinein. Rukcza hatte es mitbekommen.

»Wir haben es hier nicht mit Terroristen oder politischen Wirrköpfen zu tun, auch nicht mit geheimdienstlichen Angriffen dritter Staaten, sondern mit Kriminellen. Deshalb sieht die Regierung die Aufgabe bei der Polizei angesiedelt.«

»Dafür sind wir von der Bundespolizei nicht zuständig«, wiegelte von Schwinges ab.

»Richtig«, stimmte Lüder zu. »Das wäre Aufgabe des Bundeskriminalamts.« Demonstrativ ließ er seinen Kopf kreisen. »Aber das ist in dieser Runde nicht vertreten.«

»Wenn wir das BKA einschalten«, erklärte Rukcza gedehnt, »würde die ganze Aktion einen offiziellen Charakter bekommen. Das möchten wir vermeiden. Wir denken eher an eine stille Ermittlungsarbeit, sozusagen im Hintergrund. Unauffällig.«

Lüder nickte verstehend. »Deshalb hat man meinen Kollegen und mich hierhergebeten.«

Er stellte mit Genugtuung fest, wie Kriminaldirektor Dr. Starke beim »Kollegen« zusammenzuckte.

»Ja.« Rukcza beließ es bei der knappen Antwort.

»Warum die Landespolizei Schleswig-Holstein?«

Der Staatsminister holte tief Luft. »Das Schiff stammt aus Ihrem Land.«

Lüder lächelte. »Falsch. Fordern Sie den Sheriff von Antigua an. Dort ist die ›Holstenexpress‹ registriert.«

Nils Jessen verdrehte kunstvoll die Augen. Sylvester Graupenschlager stöhnte leise auf, und Malev schien Lüder mit seinen dunklen Augen durchbohren zu wollen.

Zum ersten Mal räusperte sich Staatssekretär Holzbunge aus Kiel.

»Die Landesregierung sieht sich durchaus in der Verantwortung«, erklärte er. »Ich denke, wir werden einen Konsens finden. Sicher gibt es noch Klärungsbedarf. So wie Berlin uns in manchen Dingen entgegenkommt, werden auch wir unseren möglichen Beitrag nicht verweigern.«

Sylvester Gaupenschlager grinste. »Woas woll'ns?«, grummelte er. »Ein paar Kilometer mehr Autobahn für eure Schafe und Kühe? Oder habt ihr noch was anderes auf euren Wiesen?«

»Schast mi mol an Mors kleien«, erwiderte Lüder leise und wurde prompt mit einem »So nicht, Herr Lüders« vom Kriminaldirektor gemaßregelt. Lüder bemerkte, wie ein leises Lächeln über Holzbunges Gesicht huschte.

»Wir sind bereit, diese Aufgabe zu übernehmen«, meldete sich Dr. Starke zu Wort. Er verneigte sich leicht in Holzbunges Richtung. »Natürlich in Abstimmung mit dem Kieler Innenministerium.«

In einer nahezu huldvollen Geste, als würde er einen Segen erteilen, signalisierte der Staatssekretär dem Kriminaldirektor Sprecherlaubnis.

»Es wäre wichtig, etwas über die Hintergründe der Entführung zu recherchieren. Wenn ich höre, welche Beträge erpresst werden, kann ich nicht glauben, dass das Geld denen zugutekommt, die die Tat ausführen.«

»Das sind keine Likedeeler«, schob Lüder dazwischen.

»Keine was?«, fragte der Bayer.

»Likedeeler – das ist niederdeutsch und heißt ›Gleichteiler‹. Die Piraten waren zum Teil als soziale Bruderschaft organisiert. Das heißt, jeder bekam den gleichen Anteil.«

»Davon ist nicht auszugehen«, stimmte von Schwinges zu. Dann sah er den Kriminaldirektor an. »Bitte.«

Dr. Starke blickte irritiert. »Wo war ich stehen geblieben?«

»Stehen geblieben?«, murmelte Lüder. »Sie sitzen doch.«

»Ach ja. Nach dem, was mir bekannt ist, werden die ausführenden Täter mit einem Minimum abgespeist. Den Reibach machen irgendwelche Hintermänner, die nicht in Eyl sitzen. Wir müssten diese Strukturen aufbrechen.«

»Genau«, pflichtete ihm Polizeidirektor von Schwinges bei. Auch Staatsminister Rukcza nickte zustimmend.

Lüder erkannte, dass der Kriminaldirektor bei aller menschlichen Unzulänglichkeit nicht dumm war. Natürlich hatte er registriert, in welche Richtung Rukcza die Veranstaltung lenken wollte. Für Lüder schien die ganze Sache eine einzige Inszenierung zu sein. Man wollte den Eindruck erwecken, als wäre die auf Schleswig-Holstein abgewälzte Aktivität das Ergebnis einer gemeinsamen Diskussion. So funktionierte Politik.

»Weiter«, forderte der Staatsminister Dr. Starke auf.

»Ich könnte mir vorstellen, dass die Verantwortlichen gar nicht in Somalia zu finden sind, sondern die Fäden von Dschibuti, Äthiopien oder Kenia aus ziehen.«

»Äthiopien können Sie vergessen«, warf Admiral Steinbrecher ein. »Das Land ist politisch nicht stabil. Es gehört zu den ärmsten Ländern der Welt mit großen sozialen Missständen.«

»Gut. Dann schlage ich vor, dass wir uns einmal in Kenia umsehen werden. Das ist unproblematisch. Nicht umsonst ist es ein touristisch erschlossenes Land.« Er sah Lüder an. »Ich habe meinen Mitarbeiter mitgebracht, damit er sich hier vor Ort aus erster Hand über die Lage informieren kann. Wenn es Ihr Einverständnis trifft, wird er sich einmal in Kenia umhören.«

»Die dortigen Behörden sehen es nicht gern, wenn in ihrem Land deutsche Polizei tätig wird«, warf Polizeidirektor von Schwinges ein.

»Richtig«, stimmte Admiral Steinbrecher zu. »Zweifel an den dortigen … na … Justiz und Polizei …«

»Strafverfolgungsbehörden«, half Dr. Starke nach.

»Genau. Zweifel sind angebracht. Die Fregatte ›Rheinland-Pfalz‹ hat eine Dhow mit Piraten aufgebracht, die das deutsche Schiff ›Courier‹ überfallen haben. Die Kidnapper wurden den kenianischen Behörden ausgeliefert. Es gibt ein Abkommen darüber. Ich äußere mich jetzt einmal ausdrücklich als Privatmann«, sagte der Admiral betont. »Es verwundert mich, wie man mit diesen Leuten umgeht. Der Prozess in Kenia ist geplatzt, weil das Gericht zurückgezogen wurde. Nein! Eigentlich ist das Gerichtsverfahren gar nicht richtig in Gang gekommen. Die Soldatinnen und Soldaten, die am Horn von Afrika ihren Dienst verrichten, verstehen nicht, wie schwer man sich in der Heimat damit tut, die Entführer vor ein deutsches Gericht zu stellen. Denken Sie an den Prozess in Hamburg. Wir wissen doch, dass es sich um gefährliche kriminelle Akte handelt.«

»Wie wahr«, rief der Reeder dazwischen.

»Die Kritiker der Mission Atalanta bemängeln, dass die gesell-schaftlichen Ursachen für die Piraterie unberücksichtigt bleiben und niemand die Not der Täter bedenkt. Die Juristen zweifeln auch daran, dass die Grundrechtseingriffe gegenüber Tatverdächtigen hinreichend gesetzlich legitimiert sind. Und wer denkt an die Op-fer?« Der Admiral legte eine Pause ein, um seine Worte wirken zu lassen.

»Die geplante Ausweitung der Operation auf die Küstengebiete wird von der Berliner Opposition kritisiert«, fuhr an seiner Stelle von Schwinges fort. »Man meint, es sei ein unkalkulierbares Aben-teuer, bei dem Unbeteiligte gefährdet werden könnten, während die Piraten ihre Infrastruktur und Logistik einfach weiter ins Landesin-nere verlegen.«

»Deshalb hat sich die Regierung zu diesem Schritt entschlossen«, zog Rukcza ein Fazit und sah demonstrativ auf die Uhr. »Ich glau-be, es ist alles gesagt.« Er nickte Dr. Starke zu.

»Sie können sich auf mich verlassen«, versicherte der Kriminal-direktor und deutete eine leichte Verbeugung an.

Speichellecker, dachte Lüder verächtlich.

Die Runde stand auf und verließ den Besprechungsraum ohne weitere Verabschiedung. Nein, setzte Lüder seinen Gedanken fort. Dies war nicht seine Welt. Er fühlte sich in Kiel gut aufgehoben. Und nach Kenia … Da sollte jemand anders hinfliegen. Zum Bei-spiel der »Scheiß-Starke«. Ein Aufenthalt in Ostafrika würde seinem sorgfältig gepflegten Teint sicher guttun und wäre gesünder als das Solarium, von dem er vermutete, dass der Kriminaldirektor es re-gelmäßig aufsuchte.

Mit Genugtuung registrierte Lüder, wie diese Bräune ein wenig von Blässe überzogen wurde, als sie zum Hubschrauber zurück-kehrten. Das änderte sich auch nicht, als sie den Heimflug antraten. Selbst nach der Landung in Kiel schien der Kriminaldirektor noch unter dem Transport zu leiden.

Sie trennten sich auf dem Flur, ohne ein weiteres Wort über den Besuch im Kanzleramt zu verlieren. Auf Dritte würde es unwahr-scheinlich wirken, dass man sich nicht über diese ungewöhnliche Konferenz unterhielt. Mit Dr. Starkes Vorgänger, Kriminaldirektor Nathusius, hätte Lüder jetzt das Für und Wider abgewogen, Nathusius' Analyse gelauscht und dessen Meinung aufgenommen. Aber mit Dr. Starke … Für Lüder war ein Gespräch darüber mit seinem Vorgesetzten undenkbar. Das war der Sache nicht dienlich.

Er räumte seine Sachen zusammen und fuhr nach Hause. In dem älteren Einfamilienhaus im Hedenholz wurde er von Margit erwartet.

»Wo warst du den ganzen Tag?« Ein leiser Vorwurf schwang in ihrer Stimme mit. »Ich habe öfter versucht, dich zu erreichen.«

Lüder nahm sie in den Arm. »Das war ein Tag«, stöhnte er. »Den ganzen Tag über eine Besprechung nach der anderen. Und lauter Wichtigtuer in der Runde. Jeder musste seinen Senf dazugeben. Man kommt zu nichts mehr. Aber jetzt ist Feierabend.«

»Wenn man dir zuhört, könnte man meinen, die Polizei in Schleswig-Holstein kann ohne dich nicht leben.«

Er lachte und drückte sie an sich. »Ich bin so unbedeutend in diesem Apparat, dass selbst der Bürobote mich nicht findet. Mir ist es auch viel wichtiger, dass ihr mich vermisst.«

Sie stupste ihm auf die Nasenspitze. »Manchmal bist ein Dummerle. So. Nun gibt es Abendbrot.«

ZWEI

»Hast du heute auch wieder den ganzen Tag Besprechungen?« Mit diesen Worten hatte ihn Margit am Morgen verabschiedet.

Lüder hatte nicht auf den Unterton reagiert. Er wusste nicht, was der Tag bringen würde. Den Vorschlag, in Afrika zu ermitteln, hielt er für abwegig. Insgesamt schien ihm die ganze Aktion undurchsichtig. Eine Schiffsentführung war ein krimineller Akt, der viel Aufsehen erregte. Dafür eine Krisensitzung im Bundeskanzleramt einzuberufen, schien ihm aber außergewöhnlich. Außerdem war man ausgewichen bei Lüders mehrfach gestellter Frage nach der Ladung. Daher beschloss er, die Reederei in Flensburg aufzusuchen.

Auf der Autobahn ab Rendsburg bemerkte er, dass es ein Freitag im Juli war, an dem wesentlich mehr Verkehr Richtung Norden floss, als es auf diesem Abschnitt sonst üblich war. Das Verkehrsaufkommen war weit von dem Chaos entfernt, das in anderen Teilen der Republik an Ferienwochenenden herrschte, aber die Kennzeichen aus allen Teilen Deutschlands zeugten davon, dass viele Urlauber ihr Feriendomizil ansteuerten.

Lüder verließ die Autobahn an der Abfahrt Harrislee und ärgerte sich, als er in einen Stau geriet. Er hatte nicht bedacht, dass hier auch die Urlauber abfuhren, die an die Westküste auf die Inseln wollten, zur Autoverladung nach Sylt oder zum Fährhafen nach Dagebüll.

Die Reederei GAEL – German Asia Express Line – hatte ihr Geschäftsgebäude in einem alten Wohnhaus am Hafendamm am Ostufer des Hafens. Das Haus war mit seinen Zierelementen ein Hingucker. Friese und Ornamente umrahmten die gelungene Kombination aus weißem Putz und roten Ziegeln. An der Ecke strahlte ein über alle drei Etagen laufender Runderker Behaglichkeit aus. Auch der große Baum im Vorgarten harmonierte mit dem Gesamteindruck. Schade, dachte Lüder, dass man sich heute weder Zeit noch Geld nahm, um solche Blickfänge zu schaffen.

Lüder wunderte sich, dass vor dem Haus zwei Streifenwagen sowie ein VW Passat standen, auf dessen Dach noch das mobile Blaulicht befestigt war. Er stellte sich in eine kleine Gasse direkt neben dem Haus entgegen der vorgeschriebenen Fahrtrichtung.

Ein Schutzpolizist hielt ihn am Eingang auf, prüfte akribisch seinen Dienstausweis und gab dann den Zugang frei.

»Ich glaube, die Herren sind im zweiten Stock«, sagte der Beamte.

Bereits an der Treppe wurde er von mehreren Angestellten mit neugierigen Blicken empfangen.

»Gehören Sie auch dazu?«, fragte ein Mann mit grauen Haaren. Als Lüder nickte, zeigte der Angestellte auf eine Tür. »Dort drin.«

Lüder klopfte kurz an, ein höfliches Pro-forma-Klopfen, bevor er die Tür öffnete und den Raum betrat. Es war ein kleiner Besprechungsraum mit acht Stühlen, die um einen schlichten Holztisch gruppiert waren. Eine Weltkarte nahm fast eine ganze Seitenwand ein. Durch die Fenster hatte man einen Blick auf den Flensburger Hafen, den Museumshügel, die Anhöhe hinter dem Zentrum, die bezeichnenderweise auch »westliche Höhe« hieß.

Besucher von außerhalb waren stets erstaunt, direkt an der Förde die Höhen zu entdecken, die Flensburg ausmachten. Die Hafenspitze galt als beliebter Treffpunkt nicht nur der jungen Leute, und im Wasser bewegten sich sanft die Masten zahlreicher Segelboote.

Am anderen Ufer war die ›Alexandra‹ zu erkennen, eines der Wahrzeichen der Stadt. Der über einhundert Jahre alte Salondampfer ist das letzte dampfgetriebene seegehende Schiff Deutschlands.

Lüder konzentrierte sich wieder auf den Raum. Fast alle Stühle waren besetzt. Nur hinter einem stand ein Mann, Lüder schätzte ihn auf Ende dreißig, der sich auf der Stuhllehne abstützte. Er trug eine gepflegte Jeans und ein Sporthemd mit offenem Kragen, darüber eine leichte Wildlederjacke. Der Mann hielt mitten im Satz inne und starrte Lüder an. Die Verärgerung über die Störung war ihm deutlich anzumerken.

»Was wollen Sie?«, fragte er in barschem Ton. »Wir möchten nicht gestört werden.«

»Lüders, Kripo Kiel«, erwiderte Lüder.

»Der war gestern in Berlin dabei«, meldete sich Nils Jessen zu Wort, der mitten in der Runde saß.

»Kiel?«, fragte der Wortführer. »Wieso Kiel? Wir sind zuständig.«

31

Lüder schloss aus den Ausführungen, dass es sich um einen Kollegen handelte.

»Landeskriminalamt«, ergänzte er deshalb.

»LKA? Seit wann interessiert sich das Amt für Flensburg?«

»Herr …« Lüder sah den Mann fragend an. Er wollte nicht in Gegenwart Außenstehender mit einem Kollegen diskutieren.

»KHK Herdejürgens. K1 von der BKI.«

»Lüders. Abteilung 3«, stellte er sich vor und unterdrückte den KR für den Kriminalrat. Aus Herdejürgens' Vorstellung hatte er entnommen, dass er KHK – Kriminalhauptkommissar – war. Lüder wunderte sich, dass das Kommissariat 1 der BKI Flensburg, der Bezirkskriminalinspektion, anwesend war, dessen Zuständigkeit schwerpunktmäßig Straftaten gegen das Leben, aber auch Brandstiftungen und andere schwere Vergehen waren. Er nahm auf dem freien Stuhl Platz, nickte Herdejürgens zu und sagte: »Ich möchte nur zuhören.«

Der Hauptkommissar fuhr sich kurz mit der Hand durch das aschblonde Haar und fuhr fort. »Wir brauchen eine Aufstellung aller Personen, mit denen Gerd Wollenhaupt Kontakt hatte. Gab es Schwierigkeiten im geschäftlichen Umfeld, Drohungen? Liegen Unregelmäßigkeiten vor? Für uns ist alles von Bedeutung, auch die Dinge, die nebensächlich oder unbedeutend erscheinen.«

Für einen Moment herrschte Stille im Raum. Nils Jessen nagte an seiner Unterlippe. Dabei sah er starr auf die Tischplatte vor sich. Neben ihm saß ein Mann, der große Ähnlichkeit mit ihm aufwies. Die Tischseite wurde komplettiert durch einen weiteren Mann, dessen Haupthaar an den Ecken kräftig zurückgewichen war. Lediglich über der Stirn sprossen ein paar Härchen in einem Bündel. Lüder erinnerte der Haarschmuck des Mannes an Wum, der sich in den siebziger Jahren in der Quizsendung mit Wim Thoelke stets »eine kleine Miezekatze« gewünscht hatte.

»Nein«, meldete sich schließlich der Nachbar des Reeders zu Wort. »Alles war unauffällig. Wir sind tief erschüttert und fühlen mit der Familie. Es ist unfassbar, dass man Gerd Wollenhaupt erschossen hat.«

Blitzartig verstand Lüder die Anwesenheit der Flensburger Kripo. Offensichtlich war ein Mitarbeiter der Reederei ermordet worden.

»Es liegt eindeutig Fremdverschulden vor. Das steht fest«, erklärte Herdejürgens.

»Könnte ein Zusammenhang mit der Schiffsentführung gegeben sein?«, mischte sich Lüder ein.

»Schiffsentführung?« Herdejürgens unternahm gar nicht den Versuch, seine Überraschung zu verbergen. »Sie meinen das deutsche Schiff, das vorgestern im Golf von Aden gekapert wurde?«

Lüder nickte. »Deshalb bin ich hier.«

Der Hauptkommissar schlug verärgert mit der flachen Hand auf die Stuhllehne. »Da frage ich seit einer halben Stunde, und niemand sagt etwas.«

Die beiden anderen Männer in der Runde nickten. Ohne dass sie vorgestellt worden waren, nahm Lüder an, dass es sich um Beamte aus Herdejürgens' Team handelte.

Lüder berichtete in wenigen Worten von der Entführung. »Ohne Ihnen vorgreifen zu wollen«, sagte er zum Hauptkommissar gewandt, »der ermordete Wollenhaupt hat welche Funktion in der Reederei wahrgenommen?«

»Er war Linienagent«, erklärte der Mann mit dem Wuhmhaarschnitt.

»Herr …«

»Jens Iversen. Ich bin der Prokurist«, stellte sich der Mann vor.

»Was macht ein Linienagent?«, fragte Lüder.

Iversen blies die Wangen auf. »Puhh. Vereinfacht ausgedrückt akquiriert er die Ladung. In einer kleineren Reederei wie der unseren, die zudem für zahlreiche Stammkunden fährt, ist er außerdem für viele weitere Aktivitäten rund um die Ladung zuständig.«

»Ladung?« Es klang wie ein Selbstgespräch, das Lüder führte. Dann visierte er Nils Jessen an. »Sie sind mir schon gestern in Berlin die Antwort schuldig geblieben. Was hat die ›Holstenexpress‹ geladen? Es ist doch kein Zufall, dass ausgerechnet Ihr Mitarbeiter, der für die Ladung verantwortlich ist, ermordet wird. Also?« Lüder hatte laut gesprochen. Er wies mit ausgestrecktem Finger zunächst auf Hauptkommissar Herdejürgens, dann auf sich. »Wir erwarten von Ihnen eine Antwort. Augenblicklich.«

Die drei Vertreter der Reederei sahen sich betroffen an. Es schien, als würde keiner von ihnen antworten wollen. Schließlich fuhr sich Iversen fahrig mit der Hand durchs Gesicht.

»Container«, sagte er. »Über fünftausend TEU.«

»Und? Was ist da drinnen?«

Nils Jessen hob in einer hilflosen Geste die Hände. »Das wissen wir nicht. Das kann mein Bruder genauso wenig beantworten wie ich.«

Der Mann war also Ole Jessen, der jüngere Bruder von Nils Jessen. Die beiden betrieben die vom Vater übernommene Reederei, das hatte Lüder bereits ermittelt.

»Wusste Wollenhaupt, was die ›Holstenexpress‹ geladen hat?«, fragte Lüder.

»Nur in groben Zügen. Alles ist korrekt verzollt abgewickelt worden. Die Container werden vom Zoll verplombt und von uns nicht geöffnet oder kontrolliert. Wir sind nur für den Transport zuständig und müssen uns darauf verlassen, was der Versender uns aufgibt«, erklärte Jens Iversen.

»Ist es Ihnen lieber, wenn wir nach der Freigabe des Schiffes jeden einzelnen Container öffnen? In Le Havre und in Hamburg?«

Iversen räusperte sich. »Wir bekommen die Meldungen über den deklarierten Inhalt der Container heute im Datenaustausch.«

»Dann müssten Sie eine Übersicht haben.«

»Ja. Das ist für den Laien aber nicht immer verständlich. Zum einen ist es natürlich alles auf Englisch, zum zweiten bedienen wir uns internationaler Codeziffern, nach denen auch der Zoll vorgeht.«

»Wir möchten das trotzdem sehen. Ziehen Sie die Datei ab. Ich werde sie auf einem Stick mitnehmen.«

»Aber das ist vertraulich«, warf Ole Jessen ein.

»Wie vertraut mag Gerd Wollenhaupt mit seiner Familie gewesen sein?«, fragte Lüder spitz. »Wen hinterlässt er überhaupt?«

»Das Opfer hat aus seiner geschiedenen Ehe zwei Töchter«, zählte Hauptkommissar Herdejürgens auf. »Die ältere ist verheiratet, hat ein Kind und lebt in Hamburg. Die zweite Tochter studiert in Lübeck. Die geschiedene Frau konnten wir noch nicht erreichen. Wir haben heute Nacht noch mit der Partnerin gesprochen, mit der das Opfer zusammenlebte. Die beiden wohnten in einer gemieteten Wohnung in Fruerlund. Dort war auch der Tatort. Gestern Abend um halb elf hat jemand an der Wohnungstür geklingelt. Wollenhaupt hat geöffnet und wurde ohne jede Vorwarnung mit zwei Schüssen aus nächster Nähe ermordet. Eine Hinrichtung. Seine Partnerin ist mit einem Schock ins Franziskus-Krankenhaus in Flensburg eingewiesen worden. Wir haben sie noch nicht vernehmen können. Der Kollege Petersen«, dabei nickte er in Richtung des wortlos dabeisitzenden Mannes, »bleibt am Ball. Unsere bisherigen Erkenntnisse haben ergeben, dass Wollenhaupt, er war übrigens neunundfünfzig Jahre alt, mit seiner Partnerin ein unauffälliges und zurückgezogenes Leben geführt hat.«

»Wie lange war Herr Wollenhaupt bei Ihnen beschäftigt?« Lüder sah die drei Reedereivertreter an.

»Er war schon hier, als wir noch Kinder waren«, übernahm Ole Jessen die Antwort. »Gerd Wollenhaupt war über fünfunddreißig Jahre bei uns.«

»Gab es jemals Hinweise auf Unregelmäßigkeiten? Hatte das Opfer private Probleme, zum Beispiel finanzieller Art?«

»Das ist uns nicht bekannt. Gut, eine Tochter in der Ausbildung. Die hat er unterstützt. Gerd hatte sein Wohnmobil. Damit sind er und seine Partnerin herumgefahren. Alles im überschaubaren Rahmen. Er hat geraucht, gelegentlich ein Glas getrunken. Aber alles in Maßen. Nein.« Ole Jessen schüttelte den Kopf. »Ich kann mir nicht vorstellen, dass Gerd Wollenhaupt in kriminelle Kreise geraten ist.«

»Kann es sein, dass er etwas entdeckt hat in Zusammenhang mit der Fracht, die die ›Holstenexpress‹ geladen hat?«, fragte Lüder.

Die Reedereivertreter sahen sich an. »Davon wissen wir nichts. Uns gegenüber hat er nichts verlauten lassen«, antwortete Nils Jessen.

»Dem ersten Anschein nach«, bestätigte Herdejürgens, »liegt die Vermutung nahe, dass das Motiv nicht im persönlichen Bereich des Opfers zu suchen ist.«

Das vermutete Lüder auch.

»Liegt inzwischen eine Forderung der Entführer vor?«, wechselte Lüder das Thema.

Die beiden Brüder schüttelten im Gleichklang den Kopf. »Noch hat sich niemand gemeldet.«

»Wir wissen ohnehin nicht«, ergänzte Nils Jessen, »wie wir die Forderungen der Kidnapper erfüllen sollen. Es ist uns nicht möglich, so viel Geld bereitzustellen. Uns gewährt auch niemand einen Kredit in dieser Größenordnung ohne Sicherheiten. Ich weiß nicht, wie wir damit umgehen sollen. Schicken Sie Einsatzkräfte los …

Bundeswehr – Grenzschutz – was weiß ich. Stürmen Sie das Schiff. Aber tun Sie endlich etwas.«

»Sie waren gestern in Berlin anwesend«, sagte Lüder, der Verständnis für die Situation der Reeder aufbringen konnte. »Es ist schwierig, eine Ad-hoc-Lösung zu finden, ohne dabei die Geiseln zu gefährden.«

»Glauben Sie, die sind besser dran«, unterstützte Ole Jessen seinen Bruder, »wenn Sie die Leute den Entführern überlassen?«

Nils Jessen verbarg seinen Kopf in den Handflächen, nachdem er die Ellenbogen auf der Tischplatte aufgestützt hatte.

»Mein Gott, unser Schiff«, jammerte er.

»Wird schon«, sagte sein Bruder und umfasste den Unterarm des Reeders. Es sollte ein Trost sein. Zuversichtlich klang es nicht.

»Es hängt wirklich viel davon ab«, bestätigte Jens Iversen. »Das Vertrauen in unsere Reedereien und die Sicherheit im Welthandel, das Wohl der Besatzung, aber auch die Existenz dieser Traditionsreederei und der Menschen, die von ihr abhängig sind. Auch meine Zukunft«, fügte er kaum hörbar hinzu.

»Ich versichere Ihnen, dass alle Verantwortlichen ihr Bestes geben, um die Situation zu klären. Die Ermittlungen im Mordfall Wollenhaupt liegen bei Herrn Herdejürgens in den besten Händen. Ich möchte jetzt einen Blick auf die Unterlagen zur Ladung werfen.«

»Kommen Sie«, forderte Iversen Lüder auf und führte ihn durch das Spalier der Mitarbeiter in sein Büro.

Der Raum war klein. Es blieb kaum Platz für einen Schreibtisch und das Sitzmöbel. Lediglich eine Wand war mit einem Regal versehen, in dem sich Akten, Papierberge, aber auch Gesetzestexte stapelten. Iversen gewahrte Lüders Blick.

»Das Geschäft wird nicht einfacher«, erklärte er. »Der Bund, vor allem aber Brüssel erfinden täglich neue Gesetze und Vorschriften. Wir ertrinken in Verordnungen, Meldungen, die wir abgeben müssen, und Nachweisen, die wir zu führen haben. Von den Bürokraten hat noch nie jemand einen Hafen, geschweige denn ein Schiff gesehen.«

Als Bildschirmschoner lief die Flagge der Reederei. Iversen loggte sich ein. Dann suchte er auf der Oberfläche, fand den Menüpunkt und rief ihn auf. Lüder beobachtete den Prokuristen, wie er zögerte, überlegte, leise »Ich glaube – hier« murmelte, ein Programm aufrief und feststellte, dass er sich geirrt hatte. Beim zweiten Versuch gelang es ihm, eine für Lüder unverständliche Liste von Daten über den Bildschirm rollen zu lassen.

»Ich bin auf diesem Gebiet nicht firm«, entschuldigte sich Iversen. »Grundsätzlich weiß ich, was da passiert. Aber in der täglichen Anwendung … Das können die Mitarbeiter besser. Dies ist die Liste mit den Ident-Nummern der Container. Jeder der etwa fünfzehn Millionen, die um die Erde kreisen, kann identifiziert werden.«

»Und der Inhalt?«, blieb Lüder hartnäckig.

Iversen wechselte das Programm, pickte eine Containernummer heraus und erklärte: »Dieser hier enthält Jeans aus Malaysia.« Er sah Lüder an. »Wussten Sie, dass in einen Container bis zu zehntausend Jeans hineinpassen? Oder zwanzigtausend originalverpackte Uhren? Wenn Sie bedenken, dass die Fracht eines Containers von Asien nach Europa bei ungefähr tausend Euro liegt, entfällt auf die einzelne Hose ein Anteil von zehn Cent. Wenn man das weiß, versteht man, weshalb die Ware rund um den Globus geschickt wird, weshalb es trotz des Transports günstiger ist, in fernen Ländern produzieren zu lassen, Lebensmittel aus den entlegensten Winkeln der Erde nach Deutschland zu bringen. Auf der anderen Seite steigen die Preise für Energie, aber auch Hafen- und Kanalgebühren ins Unermessliche. Da ist es ein harter Überlebenskampf, wenn man in diesem Haifischbecken überleben will. Wer sich das einmal genauer ansieht, versteht, weshalb die Schiffe ausgeflaggt werden und unter einer Billigflagge laufen.«

Dann erfüllte er Lüders Bitte und zog die Daten auf eine SD-Karte, die Lüder mitnahm. Er würde sie durch Experten auswerten lassen.

»Ich benötige noch die Liste mit den Namen der Besatzung«, sagte Lüder.

Iversen rief ein anderes Programm auf, betätigte eine Reihe von Befehlen, und schließlich sprang der Drucker an.

»Bitte«, sagte der Prokurist und reichte Lüder das Papier.

»Porfirij Syrjanow«, las Lüder laut vor. »Der Kapitän.«

»Russe«, ergänzte Iversen. »Ein erfahrener und zuverlässiger Mann. Er fährt schon seit elf Jahren für uns.«

»Wadym Kalynytschenko.«

»Stammt aus der Ukraine. Ist seit zwei Jahren bei uns. Könnte auch als Kapitän fahren, ist aber Erster Offizier auf der ›Holstenexpress‹.«

»Gibt es da keine Reibereien?«

Iversen schüttelte den Kopf. »Kapitän Syrjanow ist vierundfünfzig. Sein Ruhestand ist absehbar. Dann kommt Kalynytschenkos Zeit. Er weiß, dass er an der Reihe ist, schließlich kennt er das Schiff.«

»Wang Li. Chinese?«

Der Prokurist nickte. »Ja. Unser Zweiter Offizier.«

Lüder übersprang die weiteren Namen, die asiatisch klangen. Er stoppte bei »Hans-Günter Schöster«.

»Deutscher. Das ist der Zahlmeister.«

In der nächsten Zeile fand er einen weiteren deutschen Namen.

»Und wer ist Hein Piepstengel?«

Iversen druckste ein wenig herum. »Lustiger Name, was? Der heißt wirklich so. Ein Hamburger Original. Der ist schon ewig bei unserer Reederei. Man könnte fast meinen, er wäre das Maskottchen.«

»Und welche Funktion übt er an Bord aus?«

»Hein ist für alles unter Deck zuständig. Er duzt jede Schraube im Maschinenraum. Ich kenne niemanden, der so mit der Schiffsbetriebstechnik vertraut ist wie Piepstengel.«

»Der technische Offizier.«

»Nun ja«, zögerte Iversen. »Ohne Hein geht nichts, obwohl er kein studierter Ingenieur ist.«

»Dürfen Sie denn jemandem die Technik anvertrauen, der kein Patent hat?«

»In Antigua sieht man das nicht so eng. Und in der Praxis gibt es keinen besseren Mann als Piepstengel.«

Bevor Lüder die Rückfahrt antrat, vereinbarte er mit Hauptkommissar Herdejürgens, dass sie sich gegenseitig über den aktuellen Stand der Ermittlungen informieren würden. Er wusste, dass die Ermittlungen im Mordfall bei den Flensburgern in guten Händen waren.

Im Landeskriminalamt suchte er das Geschäftszimmer auf, wechselte ein paar Worte mit Edith Beyer, füllte seinen Kaffeebecher und klopfte an der Verbindungstür zum Arbeitsraum des Abteilungsleiters an. Er wartete nicht auf die Aufforderung, einzutreten.

Dr. Starke sah auf, erhob sich und umrundete seinen Schreibtisch. Er kam Lüder entgegen.

»Mein lieber Herr Lüders. Das war Gedankenübertragung. Ich wollte gerade nachfragen, ob Sie schon aus Flensburg zurück sind. Nehmen Sie bitte Platz.« Er sah auf Lüders Kaffeebecher. »Das war doch nicht nötig. Frau Beyer hätte uns einen Kaffee gebracht.«

Lüder ließ sich auf einem der Besucherstühle nieder und verzichtete auf eine Antwort. Er berichtete von seinem Aufenthalt an der Flensburger Förde.

Dr. Starke wiegte den Kopf. »Das ist wirklich merkwürdig. Ich stimme Ihnen zu, dass es einen Zusammenhang zu geben scheint.«

»Davon bin ich überzeugt. Die ganze Sache ist ohnehin sehr dubios. Ich habe noch keine Antwort darauf gefunden, weshalb sich die Regierungsspitze in Berlin für diesen Fall interessiert.«

»Das ist erklärbar«, erwiderte der Kriminaldirektor. Er nahm eine Körperhaltung ein, die Lüder missfiel. Es wirkte, als würde er einem Kind etwas von oben herab erklären. »Es gibt eine starke Verunsicherung in der Wirtschaft, wenn die Handelswege nicht mehr sicher sind.«

»Es ist nicht die erste Schiffsentführung«, gab Lüder zu bedenken. »Natürlich ist die mediale Aufmerksamkeit groß. Dann wird alles diskret abgewickelt. Die Reederei zahlt, und das Schiff ist frei. Natürlich schmerzt es auch die großen Reedereien. In diesem Fall kann das Lösegeld aber vermutlich nicht aufgebracht werden. Das geht durch die Presse. Was wird aus den Geiseln? Wir dürfen die Menschen nicht vergessen, die sich in den Händen erbarmungsloser Kidnapper befinden.«

»Die Entführung der ›Holstenexpress‹ schlägt höhere Wellen als in anderen Fällen, mein lieber Lüders. Das werden Sie schon bemerkt haben. Es ist der berühmte Tropfen, der das Fass zum Überlaufen bringt. Wenn sich keine Lösung findet, zieht das weite Kreise. Für die Bundesrepublik, aber auch für Schleswig-Holstein. Wir sind eine der führenden Handels- und Exportnationen. Sie können sich selbst ausmalen, was es bedeutet, wenn das Vertrauen in unsere Leistungsfähigkeit, vor allem aber in unsere Handlungsfähigkeit gestört ist.«

»Deutschland hat hinreichend Möglichkeiten, sich zu wehren«, entgegnete Lüder. »Wir haben eine schlagkräftige Bundespolizei, es gäbe die Möglichkeit der militärischen Intervention, oder der Bund übernimmt die Lösegeldzahlung.«

»Das ist politisch alles nicht machbar«, widersprach Dr. Starke. Es widerstrebte Lüder, dem Kriminaldirektor zuzustimmen, obwohl der recht hatte.

»Die Optionen, die Sie aufgezählt haben, sind in Berlin politisch nicht durchsetzbar. Dem steht die Opposition entgegen. Außerdem ist es stets deutsche Politik gewesen, vorsichtig und mit Augenmaß zu agieren. Die ganze Welt, auch befreundete Staaten, würden über uns herfallen, wenn wir überreagieren würden. Sie kennen das Gerede, dass die Piraten nur aus der Not heraus so agieren.«

Lüder erinnerte sich an Pressemeldungen, dass ein in Hamburg vor Gericht stehender Kidnapper behauptete, ohne seine Beteiligung an den Überfällen hätte er das Geld für die lebensnotwendige Behandlung seines Sohnes nicht aufbringen können. Mit solchen Aussagen wurde Mitleid geweckt und um Verständnis für die kriminellen Handlungen geworben.

»Alle Verantwortlichen sind sich einig, dass nur stille Diplomatie weiterhilft. Deshalb gibt es nur eine Lösung: Jemand muss die Lage sondieren.«

»In Somalia?«, fragte Lüder erstaunt.

Dr. Starke schüttelte den Kopf. »Das ist zu gefährlich. Nein, man glaubt, dass die Fäden im benachbarten Kenia zusammenlaufen.«

»Dann soll Berlin jemanden dorthin schicken.«

»Genau diese Idee hat der Krisenstab ja auch entwickelt. Offiziell ist das nicht möglich. Die jungen afrikanischen Staaten sind zu stolz, um eine Einmischung in ihre inneren Angelegenheiten zu dulden. Sie empfinden das bis heute als postkoloniales Handeln der Europäer. Deshalb sollte die Mission inoffiziell erfolgen.«

Lüder lächelte. »Eine Undercover-Aktion?«

»So ist es gedacht. Man glaubt, dass es am unauffälligsten ist, wenn Sie als Journalist reisen. Ein Reporter kann Nachforschungen anstellen, darf fragen und erhält vielleicht auch Antworten, weil man glaubt, über diesen Weg sein Anliegen der Weltöffentlichkeit vortragen zu können.«

»Das klingt nachvollziehbar«, antwortete Lüder. »Es gibt nur einen Haken daran. Sie sagten, *ich* solle reisen.«

»Es gibt keinen anderen, der diese Aufgabe übernehmen könnte. Es ist schon alles vorbereitet. Die Flüge sind gebucht, die Legende ist erstellt.«

»Bitte?« Lüder musterte den Kriminaldirektor ungläubig. »Das wirkt wie in einem ›James Bond‹.«

»Es ist die raue Wirklichkeit. Alle Beteiligten sind an Ihrer Sicherheit interessiert.« Er sah auf die Armbanduhr. »Sie haben noch heute Nachmittag einen Termin im Schifffahrtsmedizinischen Institut der Marine in Kiel, genau genommen in Kronshagen. Den hat Ihnen Flottillenadmiral Steinbrecher verschafft. Sie werden in Kenia als Achim Wolfram auftreten.«

»Den Namen habe ich schon einmal gehört«, sagte Lüder.

»Achim Wolfram ist ein erfahrener und angesehener Journalist der Kieler Nachrichten. Wenn jemand nachfragen sollte, so gibt es Sie wirklich. Das Original befindet sich derzeit nach einem Sportunfall in der Reha in Damp, ist also aus dem Verkehr gezogen. Die Redaktion der Zeitung ist informiert und spielt mit. Aus Zeitgründen bekommen Sie die Ausweispapiere sowie ein Dossier mit den wichtigsten persönlichen Eckdaten Ihres Namenspaten in Nairobi. Dort wird man Sie auch unterstützen.«

»Moment mal«, protestierte Lüder. »Ich habe nicht gesagt, dass ich in dieser Agentenburleske mitspiele. Das klingt alles sehr abenteuerlich. Welche Ausweispapiere soll ich erhalten?«

»Ausweis, Reisepass, Presseausweis, Scheckkarte, Führerschein, Versicherungskarte. Alles, was man an Papieren üblicherweise mit sich führt.«

»Und wer will diese plumpen Fälschungen herstellen?«

»Fälschungen?« Der Kriminaldirektor lachte. »Es sind alles Originale. Dafür sorgt Herr de Buur.«

»Der Bundesnachrichtendienst«, erinnerte sich Lüder an den schweigsamen Teilnehmer der Berliner Besprechung.

»Richtig. Ihr Foto ist digital so bearbeitet worden, dass es in jedem Dokument ein wenig anders aussieht. Sonst würde man darüber stolpern.«

»Das ist eine ganz andere Welt als die, in der wir uns bewegen«, staunte Lüder.

Der Kriminaldirektor nickte andächtig.

»Meine gefällt mir besser«, stellte Lüder fest.

Dr. Starke schwieg dazu. »Frau Beyer wird Sie in die Reiseplanung einweihen«, erklärte er stattdessen, stand auf und drückte dem überraschten Lüder die Hand. »Ich wünsche Ihnen viel Glück und viel Erfolg.« Er begleitete ihn bis zur Tür.

Neugierig blickte ihm Edith Beyer entgegen.

»Was ist das für eine Aktion?«, fragte die junge Frau interessiert. »Warum fliegen Sie so überraschend nach Nairobi?«

»Sein Wunsch.« Lüder zeigte in Richtung Dr. Starkes Büro. »Er möchte mich dahin schicken, wo der Pfeffer wächst. Da hat er Madagaskar mit Kenia verwechselt.«

»Wenn das so ist, sollte er selbst fliegen.« Sie schmunzelte. »Dann würde sein künstliches Braun einem echten weichen.«

»Frau Beyer …« Lüder klang gespielt entrüstet.

Sie suchte auf ihrem Schreibtisch nach Unterlagen. »Ah, hier. Das ging alles holterdiepolter. Mich hat eine Frau Dienst aus Berlin angerufen. Ihr Flug geht morgen um fünfzehn Uhr zwanzig ab Hamburg. Das Ticket und die Reiseunterlagen liegen bei der Bundespolizei für Sie bereit.«

»Hat jemand etwas von einem Visum erzählt?«, fragte Lüder.

Edith Beyer sah ihn ratlos an. »Davon weiß ich nichts. Es hieß, alle erforderlichen Unterlagen lägen in Hamburg.« Sie seufzte. »So eine Reise möchte ich auch antreten.« Gedankenverloren spielte sie mit einem Kugelschreiber. »Afrika. Sonne. Strand. Urlaub. Das ist doch etwas anderes als hier in diesem Büro.« Die junge Frau ahmte die Bewegung eines Flügelschlags nach. »Wozu brauchen Sie mich eigentlich?«, fragte sie.

Er schenkte ihr ein strahlendes Lächeln. »Sie kochen den besten Bürokaffee der Welt. Und ohne Sie wäre das da«, er nickte in Richtung des Nachbarbüros, »unerträglich.«

Dann wünschte er Edith Beyer ein schönes Wochenende und fuhr nach Kronshagen.

Eine Stabsärztin in Marineuniform erwartete ihn schon ungeduldig. Sie gab sich wortkarg, antwortete auf seine Frage, was sie ihm spritzen würde, mit »Alles, was erforderlich ist« und jagte ihm lustlos die Nadel unter die Haut, dass es schmerzte.

Vom Marineinstitut kehrte er nach Hassee zurück. Margit zeigte sich erfreut.

»Du kommst aber früh«, sagte sie. »Dann haben wir ein schönes langes Wochenende für uns.«

Lüder suchte nach den richtigen Worten. »Da ist etwas dazwischengekommen«, sagte er kleinlaut.

Sie schüttelte den Kopf, als könnte sie damit die Situation ändern. »Heute ist Freitag.« Mehr fiel ihr nicht ein.

»Den wollen wir auch genießen. Morgen muss ich zu einem Polizeikongress.«

»Am Wochenende?« Margit trat einen Schritt zurück und sah ihn misstrauisch an.

»Es geht um die Bekämpfung des internationalen Terrorismus.«

Sie stemmte die Fäuste in die Hüften. »So so.«

»Die Veranstaltung findet in Kapstadt statt.«

»Kapstadt? Afrika?«

»Ja«, gestand er leise.

»Und da musst du hin? Ein internationaler Kongress? Ausgerechnet du?«

»Eigentlich war ein Kollege aus Niedersachsen vorgesehen. Der ist krank geworden. Da hat man Schleswig-Holstein angesprochen. Das ist eine Auszeichnung für das LKA.«

»Aber warum du?«

»Weil ich …« Er versuchte zu grinsen. »Weil ich der Beste bin.«

»Hmh.«

Er sah, wie es in Margits Mimik arbeitete. »Und wie lange?«

»Das ist alles vage. Ich weiß es nicht. Die Abordnung hat mich auch überrascht.«

»Begeistert bin ich nicht«, sagte sie.

»Ich auch nicht.« Seine Antwort war ehrlich und entsprach seinem Gefühl. Er nahm sie in die Arme und drückte sie fest an sich.

Margit konnte sich im Laufe des Abends immer noch nicht für Lüders überraschende Reise begeistern, half ihm aber beim Packen. Nicht nur für ihren klugen Rat und die praktische Hilfe war er dankbar.

DREI

Margit hatte ihn zum Hamburger Flughafen bringen wollen, doch Lüder hatte abgelehnt und ab Kiel den »Kielius« genommen, den von der Autokraft betriebenen Flughafenzubringer.

Am Hamburger Flughafen suchte er die Wache der Bundespolizei auf. Dort herrschte reger Betrieb. Es dauerte eine Weile, bis sich ein Beamter fand, der nach den Dokumenten suchen wollte.

»Rufen Sie den Leitenden Polizeidirektor von Schwinges an«, sagte Lüder.

»Ich habe eine Standleitung zum Kaiser von China«, erklärte der rundliche Beamte und bewegte sich provozierend langsam. Schließlich hatte er den Umschlag gefunden, prüfte umständlich Lüders Dienstausweis und händigte ihm die Unterlagen aus. »Bitte, Herr Kollege«, sagte er.

Lüder zog sich in den Sanitärbereich zurück und öffnete den Umschlag. Nach all der Perfektion, die man ihm vorspiegelte, war er enttäuscht. Das Flugticket sowie das Visum waren auf seinen richtigen Namen ausgestellt. Obwohl scheinbar viele hinter den Kulissen an irgendwelchen Rädchen gedreht hatten, der Admiral hatte die Impfung organisiert, der BND die falschen Papiere, und auch von Schwinges hatte das Seine beigetragen, reiste Dr. Lüder Lüders nach Kenia ein.

Immerhin hatte jemand ein Originalvisum des kenianischen Konsulats besorgt, für das man in der Regel fünf bis sechs Tage benötigte. Das war nicht professionell, überlegte Lüder. Damit waren die Ostafrikaner vorgewarnt. Wenn sie über ein gutes und eingespieltes Meldesystem verfügten, wussten die zuständigen Dienststellen in Nairobi, dass ein geheimnisvoller Mann einreisen würde. Lüder würde sich an deren Stelle den Ankömmling genau ansehen.

Er hatte noch etwas Zeit, bis sein Flug aufgerufen wurde. Die nutzte er, um noch einmal zu Hause anzurufen. Dann checkte er ein, mischte sich unter die Wartenden und folgte den Reisenden durch den »Finger« in den Airbus A340−500 der »Emirates«. Eine freundliche Stewardess zeigte ihm seinen Platz im mittleren Viererblock.

Die Maschine war gut ausgelastet, und Lüder hatte nur zur linken Seite einen freien Sitz. Rechts saß ein heftig schwitzender Mann, der Mühe hatte, seinen korpulenten Körper im Sitz unterzubringen.

Der Service an Bord entsprach dem hervorragenden Standard, von dem Lüder gehört hatte. Aufmerksames Personal verwöhnte die Passagiere, und Lüder schmunzelte, als er wie zahlreiche andere Fluggäste seinen Tomatensaft trank. Es gab mittlerweile mehrere wissenschaftliche Untersuchungen zur Frage, weshalb über den Wolken Unmengen des roten Getränks konsumiert wurden. Eine Erklärung hatte noch niemand gefunden.

Gern hätte Lüder einen Blick aus dem Fenster geworfen, in der Hoffnung, etwas von Europa, dem Schwarzen Meer, der Türkei oder der Weite der arabischen Halbinsel entdecken zu können. Aber das war von seinem Platz aus nicht möglich.

Nach etwas mehr als sechs Stunden Flugzeit setzte die Maschine sanft auf dem Flughafen in Dubai auf. Es war mittlerweile fast Mitternacht Ortszeit. Ein redseliger indischer Taxifahrer brachte Lüder ins Hotel. Vom Auto aus konnte er einen Blick auf die glitzernde Stadt werfen, die wie ein Phantasiegebilde aus Tausendundeiner Nacht wirkte. Selbst zu dieser späten Stunde herrschte ein Trubel und Gedränge auf den breiten alleenartigen Straßen wie zur Adventszeit in deutschen Fußgängerzonen.

Auch das Hotel erwies sich als außergewöhnlicher Hort orientalischer Gastlichkeit. Pomp und Glamour gingen einher mit liebenswürdiger Betreuung durch aufmerksames Personal. Lüder bedauerte, dass ihm nicht mehr Zeit zur Verfügung stand. Dubai – so nahm er sich vor – würde mit Sicherheit in nächster Zeit ein Ziel für ihn und Margit sein.

Am folgenden Morgen ließ er sich zum Flughafen bringen, checkte ein und saß kurz darauf in einem Airbus des gleichen Typs, der ihn über den Oman und Jemen sowie den Golf von Aden in die kenianische Hauptstadt brachte. Nach fünf entspannten Stunden Flug landeten sie in Nairobi. Du bist jetzt auf der südlichen Halbkugel der Erde, wurde Lüder bewusst. Die Stadt lag knapp südlich des Äquators.

Am Ausgang erwartete ihn ein sonnengebräunter Mann, Lüder

schätzte ihn auf Mitte dreißig, der ihn mit einem festen Händedruck begrüßte.

»Mein Name ist Sebastian Herzog«, stellte er sich vor. »Ich bin
der Somaliareferent der deutschen Botschaft. Ich darf Sie auch im
Namen der Botschafterin herzlich begrüßen. Leider ist unsere Che-
fin verhindert.«

Er wollte Lüders Reisegepäck an sich nehmen.

»Danke, das geht.«

»Ihr Kommen ist uns aus Berlin avisiert worden«, erklärte Herzog und lotste Lüder zu einem 3er BMW.

»Von welchem Ministerium?«

»Vom Auswärtigen Amt. Uns wurde gesagt, Sie wären in einer
wichtigen Mission hier. Allerdings hat man uns keine Einzelheiten
zukommen lassen, lediglich die Bitte, Sie zu unterstützen. Außerdem ist mit diplomatischem Kurierdienst ein versiegeltes Päckchen
aus Deutschland eingetroffen.«

Lüder wunderte sich über das erträgliche Klima. Sein Begleiter
schien es bemerkt zu haben.

»Für Europäer ist es um diese Jahreszeit recht angenehm hier.
Das liegt daran, dass Nairobi etwa eintausendsechshundert Meter
hoch liegt. Der Juli ist zudem der kälteste Monat. Im Mittel haben
wir hier fünfzehn Grad.«

Sie verstauten das Gepäck im Kofferraum, und Herzog fuhr über
die Autobahn ins Stadtzentrum. Vom Auto aus wirkte Nairobi wie
eine inhomogene Mischung aus verschiedenen Baustilen. Neben
modernen Gebäuden, die auch überall in Europa hätten stehen können, fanden sich malerische Häuser im Kolonialstil ebenso wie her-
untergekommene Komplexe.

»Afrika ist bunt«, erklärte Herzog und setzte Lüder vor dem
schlichten Betonbau des Hotels ab. »Wie wollen Sie weiter vorgehen? Sich erst einmal frisch machen?«

Lüder entschied sich, seine Sachen ins Hotelzimmer zu bringen.
»Das dauert nicht lange. Wenn Sie Zeit haben, würden ich Ihnen
anschließend gern ein paar Fragen stellen.«

»Gern«, erwiderte Herzog. »Ich warte am Pool auf Sie.«

Nachdem Lüder eingecheckt und sein Zimmer bezogen hatte,
begab er sich zum Pool. Er fand Sebastian Herzog dort an einem
Tisch. Der junge Mann zeigte auf sein Getränk.

»Empfehlenswert«, sagte er. »Ananas, Mango und Kokos. Dazu ein Geheimnis des Barkeepers. Alles ohne Alkohol.«

Lüder beschloss, dem Vorschlag zu folgen. Herzog zeigte in Richtung der das Areal begrenzenden Büsche.

»Auf der anderen Straßenseite liegt das Jomo Kenyatta Mausoleum. Man nennt ihn hier bis heute ›den Vater der Nation‹. Er war der große alte Mann Afrikas und Gründer dieses Staates.« Herzog nahm einen Schluck seines Cocktails, dann musterte er Lüder.

»Was führt Sie nach Nairobi?«

»Ein Spezialauftrag«, wich Lüder aus.

Herzog war Diplomat. Er fragte nicht nach. »Wir haben den Auftrag, Ihnen zwei professionelle Kameras mit Zubehör zu besorgen«, erklärte er. »Leider müssen Sie bis morgen warten. Auch hier ist das Leben an Sonntagen eingeschränkt. Ich bin Ihretwegen hiergeblieben.«

Lüder hob ein wenig die Augenbraue.

»An den freien Wochenenden unternehmen meine Partnerin und ich gern Ausflüge ins Landesinnere. Sie müssen nicht weit fahren, um dem ursprünglichen Afrika zu begegnen. Natur, liebenswerte Menschen … So, wie man es als Tourist nicht erleben kann.« Ein schwärmerischer Ausdruck trat in seine Augen. »Ich muss Sie allerdings davor warnen, sich leichtfertig im Lande zu bewegen. Abseits der touristischen Zentren lauern viele Gefahren auf den unbedarften Reisenden.«

Lüder registrierte, wie Herzog ihn einschätzte.

»Die Kriminalität ist durch eine hohe Gewaltbereitschaft geprägt. Menschenleben und die Gesundheit haben hier einen anderen Stellenwert als in Europa. Deshalb sollte man die Reisewarnungen und Sicherheitshinweise des Auswärtigen Amts beachten. Die Gefahrenlagen sind oft unübersichtlich und können sich rasch ändern. Bedenken Sie, dass die Durchführung der Reise allein in Ihrer Verantwortung liegt. Das gilt für die Kriminalität, die besondere politische Lage in diesen Breitengraden, aber auch andere Rechtsvorschriften und Normen, ganz abgesehen von den gesundheitlichen Risiken.«

»Können Sie für mich Kontakte zu Leuten herstellen, die in Verbindung mit den Piratenüberfällen stehen könnten?«

»Bitte?«, fragte Herzog überrascht. »In Somalia?«

47

»In Kenia«, erwiderte Lüder.

Herzog runzelte die Stirn. »Das ist ein heißes Eisen. Aufgrund einer Vereinbarung zwischen den Europäern und Kenia sollen die Piraten hier vor Gericht gestellt werden. Man darf dabei aber nicht vergessen, dass die Polizei und auch die Justiz hier anders arbeiten, als wir es gewohnt sind.«

»Sie meinen, die wären nicht unabhängig oder gar korrupt?«

»So würde ich es nicht nennen. Wie soll ich sagen ...« Herzog suchte nach den geeigneten Worten. »Anders.«

»Gibt es hier vor Ort aussagekräftigere Informationen zum geplatzten Prozess gegen die Piraten, die das deutsche Schiff ›Courier‹ überfallen haben und daraufhin von den Soldaten der Fregatte ›Rheinland-Pfalz‹ festgesetzt wurden?«

»Der Prozess in Mombasa ist geplatzt. Die Richter wurden entlassen. Das kenianische Justizministerium verweigert dazu jede Stellungnahme.«

Lüder wiegte den Kopf.

»Wir sollten aber nicht den Afrikanern die Schuld geben«, fuhr Herzog fort. »Einer der Entführer hat gegen die Bundesrepublik geklagt. Es ist nicht ausgeschlossen, dass er mit seiner Klage durchkommt und Schadenersatz von Deutschland erhält, weil die Auslieferung an Kenia rechtswidrig war.«

Lüder schwieg. Er war Jurist und kannte die Entscheidungsgrundlagen, doch er wusste, dass die Welt der Juristen nur selten von den Menschen verstanden wurde, die meinten, nach ihrem gesunden Menschenverstand zu urteilen. »Ich werde als Journalist auftreten«, sagte er. »Können Sie mir Kontakte im Justizministerium nennen?«

»Soll ich sie Ihnen vermitteln?«

»Nein«, sagte Lüder. »Ich will als unabhängiger Reporter auftreten.«

»Ich werde Ihnen Namen nennen«, sagte Herzog zu. »Sie sind hinter den Piraten her?«

»Das ist Ihre Interpretation.«

»Die sitzen aber in Somalia.«

Lüder betrachtete sein Gegenüber. Das blonde Haar war gescheitelt. Es passte gut zur gesunden Gesichtsbräune. Herzog hatte ein kantiges, aber freundliches Gesicht. Seine sportliche Figur und die gepflegte Erscheinung unterstrichen den sympathischen Eindruck.

»Gibt es Kontakte zwischen den beiden Ländern?«

»Zwei Länder?« Es klang ein wenig spöttisch. »Somalia hat 1991 aufgehört, ein Land zu sein. Alle staatlichen Strukturen sind zerschlagen. Seitdem gibt es keine funktionierende Zentralregierung mehr. Der nordwestliche Teil strebt die Anerkennung als eigenständige Nation an, verschiedene Provinzen haben sich als autonom erklärt, und selbst in der Hauptstadt Mogadischu wechseln die Herrscher von Stadtteil zu Stadtteil. Das Land wird von lokalen Clans beherrscht, in anderen Teilen von Warlords, manchmal von radikalislamischen Gruppen und in einigen Gegenden auch von den Piraten. Sie haben keinen Ansprechpartner. Es gibt kein funktionierendes Rechtssystem, keine Polizei oder sonstige übergeordnete staatliche Gewalt. Man kann es sich als Außenstehender nicht vorstellen. Die deutsche Botschaft in Somalia ist geschlossen. Deshalb finden Sie in Somalia auch keinen Ansprechpartner, geschweige denn konsularischen Schutz. Selbst in Ländern, in denen die Bundesrepublik nicht vertreten ist, können sich unsere Bürger in Notfällen an konsularische Vertretungen befreundeter Staaten wenden. Das ist internationaler Usus. Das gilt nicht für Somalia. Dort gibt es nichts. Absolut nichts. Für Ausländer ist es lebensgefährlich, sich dorthin zu begeben. Reisende gehen ein extrem hohes Sicherheitsrisiko ein. Ausländer werden dort immer wieder Opfer von Entführungen und Mordanschlägen.«

»Also gibt es keine Möglichkeit, mit den Piraten in Kontakt zu kommen?«

»Richtig.«

»Und wie treten die mit den Reedereien in Verbindung? Wo bleibt das Lösegeld?«

Herzog saugte an seinem Trinkhalm. »Das kann ich Ihnen nicht sagen.« Er sah Lüder nachdenklich an. »Sie sollten mit Dr. Stephen Mbago sprechen. Der ist Rechtsanwalt, und man sagt ihm gute Kontakte nach.«

»Welcher Art?«

»Hier sagt man: Gute Kontakte. Dafür gibt es keine Definition, die unseren europäischen Vorstellungen entspricht.«

Herzog bot Lüder an, mit ihm zur deutschen Botschaft zu fahren und ihm das Paket auszuhändigen.

Die deutsche Botschaft befand sich am Riverside Drive, nordwestlich vom Stadtzentrum gelegen.

»Das sind etwa fünf Kilometer«, erklärte Herzog.

Der Stadtbezirk war mit viel Grün ausgestattet. Wenn die unterschiedlichen Baustile nicht gewesen wären, hätte man es mit den Wohnvierteln der Wohlhabenderen in europäischen Metropolen vergleichen können.

Herzog führte Lüder in sein Arbeitszimmer und händigte ihm das Paket aus.

»Ich lasse Sie jetzt allein«, sagte er und zog sich diskret zurück.

Lüder brach das Siegel auf. In dem Päckchen fand er eine Pistole P6, die eine leichte modifizierte Variante der P255 des Eckernförder Waffenherstellers SIG Sauer war und von zahlreichen deutschen Polizeibehörden eingesetzt wird. Außerdem hatte man achtundvierzig Neun-Millimeter-Patronen beigefügt. Lüder staunte.

In der Heimat mussten die Beamten jede Patrone quittieren. Hier sandte man ihm die Waffe unbürokratisch hinterher. Das galt auch für die Papiere. Pass, Führerschein, Scheck- und Kreditkarte und ein Presseausweis waren mit seinem Bild versehen und lauteten auf den Namen Achim Wolfram. Man hatte sein Bild elektronisch modifiziert, sodass es aussah, als hätte er für unterschiedliche Aufnahmen Modell gestanden. Außer einem Zettel mit einer deutschen Handynummer befand sich nichts weiter im Paket.

Lüder verstaute die Pistole und die Munition wieder, suchte Sebastian Herzog und ließ sich zeigen, wie er nach Deutschland telefonieren konnte. Dann wählte er die Nummer an.

»Guten Tag, Herr Lüders«, meldete sich ein Mann.

Lüder war überrascht. Die Stimme kam ihm bekannt vor.

»Mit wem spreche ich?«

»Walter Rukcza. Sie haben das Paket gefunden? Dieses Handy ist nur für Sie freigeschaltet. Deshalb sollten Sie nicht überrascht sein, dass ich Sie sofort mit Namen angesprochen habe. Ist alles in Ordnung? Falls etwas fehlen sollte, rufen Sie mich zu jeder Tages- oder Nachtzeit an. Haben Sie schon etwas erreicht?«

»Ich bin gerade angekommen. Haben sich die Entführer schon mit einer Lösegeldforderung gemeldet?«

»Nein. Noch nicht.«

»Gibt es eine Positionsmeldung von der ›Holstenexpress‹?«

»Ja. Es scheint, als hätten die Entführer das Schiff an einen vor-
übergehenden Ankerplatz gebracht.«

»Vor Eyl?«

»Nein. Das ist das Überraschende. Die Marine hat das Schiff etwa
einhundertfünfzig Kilometer südlich des Horns von Afrika georte-
tet. Das ist eine menschenleere Gegend. Dort gibt es direkt vor der
Küste eine unwirtliche Insel. In deren Schatten ankert die ›Holstenexpress‹.«

»Ist die Besatzung noch an Bord?«

Für einen Augenblick war es still in der Leitung. »Wir wissen
es nicht. Wir kennen lediglich den Standort des Schiffes«, gestand
Rukcza und wünschte Lüder viel Erfolg.

Anschließend nahm Lüder sich die Freiheit und wählte seinen
Kieler Anschluss an.

»Hallo, Lüder«, meldete sich Jonas in seiner hastigen Sprechwei-
se. »Bist du in Südafrika? Stimmt das, dass da massenweise Neger
mit 'ner Maschinenpistole rumlaufen?«

»Man spricht nicht von Negern. Es heißt Schwarzafrikaner.«

»Ich weiß«, erwiderte Jonas. »Und die sagen ›Weißeuropäer‹ zu
uns. Also, was ist? Tragen die ihre Ballermänner offen?«

»Ich muss dich enttäuschen. Die Menschen hier sind viel weiter.
Die haben alle ihren eigenen Schützenpanzer. Der örtliche Polizei-
chef erzählte gestern, dass zwei Nachbarn Streit um einen Apfel-
baum hatten: Den haben sie mit Granaten ausgetragen.«

»Ha ha«, lachte Jonas. »Das kannst du Sinje erzählen, die glaubt
auch noch an den Weihnachtsmann.«

»Jetzt gib mir Mama. Das ist ein Ferngespräch.«

Kurz darauf meldete sich Margit. »Bist du heil angekommen?
Wie ist das Hotel? Hattest du einen guten Flug? Erzähl, wie ist das?
Musst du viel ins Freie? Sei vorsichtig.«

»Wie gut, dass du zwischendurch mal Luft holen musst«, sagte
Lüder lachend. »Sonst komme ich überhaupt nicht zum Erzählen.
Mach dir keine Sorgen. Alles ist wunderbar. Und im Hotel wohnen
lauter Polizisten aus aller Herren Länder. Sicherer kann man nicht
wohnen.«

»Sei vorsichtig«, sagte sie, »und melde dich oft. Ich habe dich lieb.«

»Ich dich auch.« Dann legte er auf.

Wenig später kam Herzog zurück und brachte ihm ein Netbook. »Damit können Sie hier in Nairobi ins Internet.« Er nannte ihm den Zugangscode. »Was haben Sie jetzt vor?«, fragte er. »Wollen wir essen gehen?«

»Gern«, sagte Lüder.

»Dann gehen wir in die Pango Brasserie im Fairview«, schlug Herzog vor. »Dort gibt es eine gute und ehrliche Küche, die nicht zu sehr von Experimentierfreude geprägt ist.«

Herzog fuhr Lüder zum Hotel, damit er Pistole und Munition im Hotelsafe verstauen konnte. Dann steuerte er das Restaurant an.

»Zwischen Ihrem Hotel und dem Restaurant liegen eine Reihe von Ministerien und der Gerichtshof«, erklärte er. »Einen Steinwurf entfernt finden Sie mitten in der Stadt einen exzellenten Golfplatz, an den direkt ein großer Slum anschließt. Das ist Afrika. Nur in Somalia ist alles anders«, fügte er leise an.

Das Essen war in der Tat ausgezeichnet, und Lüder erfuhr noch manche interessante Einzelheit über Kenia. Herzog erwies sich als glänzender Unterhalter und vermochte in sympathischer Weise zu erzählen.

Bevor Sebastian Herzog Lüder vor dem Hotel absetzte, gab er ihm noch eine Telefonnummer.

»Das ist das Justizministerium. Dieser Mitarbeiter kann Ihnen eventuell weiterhelfen, wenn Sie Auskünfte als vermeintlicher Journalist einholen wollen«, erklärte er und wünschte Lüder einen schönen Abend.

Den verbrachte Lüder damit, die Ausweispapiere zu studieren und sich die persönlichen Daten Achim Wolframs, dessen Identität er vorübergehend angenommen hatte, einzuprägen. Bei aller Professionalität war das Vorgehen trotzdem stümperhaft, überlegte Lüder. Ihm lag keine Vita vor, er wusste nicht, ob Wolfram Familie hatte, woran er gearbeitet und wodurch er sich in eingeweihten Kreisen ausgezeichnet hatte. Lüders Kenntnisse beschränkten sich auf die eines Zeitungslesers. Er schalt sich selbst einen Narren, dass er sich hatte überrumpeln lassen und jetzt hier in Nairobi saß. Wonach sollte er suchen? Ihm war die Stadt fremd, er war nicht mit der Kultur und den Eigenheiten der Menschen vertraut, es gab nicht einmal Hinweise darauf, dass die Entführer der ›Holstenexpress‹ Drähte in die kenianische Metropole hatten.

52

Einzig der geplatzte Prozess gegen die früheren Entführer und die Nachbarschaft Kenias zu Somalia blieben als Anhaltspunkte. Das war sehr vage. Ob man in Berlin Aktionismus zeigen wollte und ihn deshalb hierhergeschickt hatte? Außerdem bedrückte ihn, dass er Margit belogen hatte. Aber die Wahrheit hätte er ihr nicht sagen dürfen. Mit Gedanken an seine Familie fiel er in einen unruhigen Schlaf.

Am nächsten Morgen wimmelte es im Frühstücksraum des Hotels von Menschen aus allen Teilen der Welt. Es herrschte ein heilloses Durcheinander. Auch deutsche Laute waren zu vernehmen.

Lüder bediente sich am Frühstücksbuffet und zog sich anschließend auf sein Zimmer zurück. Er versuchte, den Kontaktmann im Justizministerium zu erreichen. Es dauerte ewig, bis jemand das Telefon abnahm und ihm kurz und bündig erklärte, Mr. Otieno sei nicht zu sprechen. Sein Versuch, Rechtsanwalt Mbago zu erreichen, war ebenfalls erfolglos.

Lüder loggte sich ins Internet ein, suchte Meldungen über die Entführung der ›Holstenexpress‹ und musste feststellen, dass es keine neuen Informationen gab. Nach einer weiteren Stunde probierte er erneut, Otieno im Justizministerium zu erreichen. Man beschied ihm, es später noch einmal zu versuchen.

»Wann?«, fragte Lüder.

»Später!«

Zumindest in der Anwaltskanzlei hörte sich jemand seinen Wunsch an, Dr. Mbago sprechen zu wollen. Einen Termin? Nein. Das ginge nicht. Lüder solle sich noch einmal melden. Später.

Er bemühte sich stündlich, einen Kontakt herzustellen. Um die Mittagszeit verließ er das Hotel, suchte eine Bank auf und hob mit der überlassenen Kreditkarte Geld ab. Fünfzigtausend Kenia-Schillinge ließen ihn nicht zum reichen Mann werden. Es entsprach dem Gegenwert von knapp vierhundertsiebzig Euro. Er schlenderte durch das Stadtzentrum, bewunderte den großen Platz mit dem Kenyatta Denkmal, bog am runden Turm des Hilton in die Moi Avenue ab und fand sich schließlich auf der Kenyatta Avenue wieder.

Hier herrschte nicht nur ein buntes und geschäftiges Treiben, triste Betonklötze wechselten mit modernen Häusern ab, dazwi-

53

schen Gebäude im Kolonialstil. Palmen säumten die Straße und gaben ihr einen exotischen Rahmen. Durch Zufall entdeckte er an einem modernen Glaspalast ein blank poliertes Messingschild, das auf die Kanzlei Dr. Stephen Mbago verwies. Der Anwalt warb auf Englisch damit, dass er *Barrister-at-Law* sei, und bekundete damit seine Zulassung beim obersten Gericht.

Entschlossen betrat Lüder das Gebäude. In der aus Marmor gestalteten Eingangshalle plätscherte ein Springbrunnen. Der streng dreinblickende Wachdienst erwies sich als erstes Hindernis.

»Haben Sie einen Termin bei Dr. Mbago?«, fragte der Mann in der phantasievollen Uniform. Unübersehbar war der Revolver, den er in einem Holster am Gürtel trug.

»Ich bin ein neuer Klient«, behauptete Lüder.

Der Wächter schüttelte den Kopf und bedauerte. Er dürfe nur angemeldete Besucher einlassen. Er zeigte auf ein Stehpult, auf dem ein Computer stand. Nur was dort gespeichert sei, sei für ihn maßgebend.

Es entspann sich eine Diskussion, die Lüder erst beenden konnte, als er die »Eintragungsgebühr« entrichtete.

Der Mann sah in seinen Computer, grinste und sagte erfreut: »Sorry, Sir. Ich hatte es übersehen. Ihr Besuch ist doch eingetragen.«

Er geleitete Lüder zum Fahrstuhl und betätigte den Knopf für die vierzehnte Etage. Der Fahrstuhl surrte sanft in die Höhe. Nachdem sich die Türen des Lifts geöffnet hatten, stand Lüder in einem modern gestalteten Empfangsbereich. Eine bildhübsche Schwarze in einem Kostüm, das ihre Figur betonte, fragte nach seinen Wünschen.

»Mein Name ist Achim Wolfram«, sagte Lüder. »Ich hätte gern Herrn Dr. Mbago gesprochen.«

Sie schenkte ihm ein bezauberndes Lächeln. »Dr. Mbago ist ein viel beschäftigter Anwalt«, erklärte sie. »In welcher Angelegenheit?«

»Das würde ich ihm gern persönlich erläutern.«

»Dann muss ich Ihnen einen Termin heraussuchen.« Sie gab etwas in den Computer ein, schüttelte den Kopf, versuchte es erneut und sah ihn wieder mit ihrem betörenden Lächeln an.

»Sie haben Glück. Am 4. Oktober.«

Lüder versuchte, keine Miene zu verziehen.

»Das geht nicht«, erwiderte er. »Da bin ich mit Barack Obama zum Golf verabredet.«

Ihr war anzusehen, dass sie ihm keinen Glauben schenkte, aber die Antwort zumindest so originell fand, dass sie erneut in den Computer sah.

»Bevor Sie sich weiter bemühen«, sagte Lüder, »morgen geht es auch nicht. Da spreche ich mit Mwai Kibaki.«

Sie hielt mitten in der Bewegung inne. »Mit unserem Präsidenten?«

Lüder nickte ernst. »Deshalb wäre es wichtig, noch heute mit Dr. Mbago zu sprechen.«

Sie bat Lüder, Platz zu nehmen, führte ein Telefongespräch auf Swahili und sagte dann: »Sie müssen sich noch eine halbe Stunde gedulden. Dr. Mbago ist gerade in einem Gespräch.«

Es vergingen vierzig Minuten, bis ihn ein Boy abholte und in ein großzügiges Büro führte, dessen bis zum Boden reichende Fensterfront, die sich über die ganze Seite erstreckte, einen phantastischen Blick über die Stadt freigab. Der Raum war modern eingerichtet. Glas und Chrom waren geschmackvoll miteinander kombiniert. An den Wänden hingen kostbare Drucke.

Der Anwalt saß hinter einem wuchtigen Schreibtisch, sah Lüder an, stand auf und kam ihm mit ausgestreckter Hand entgegen. Er war einen Kopf kleiner als Lüder, hatte eine kräftige Figur und einen kugelrunden Kopf. Aus dem schwarzen Gesicht stachen das Weiß der Augen und die ebenso weißen Zähne hervor. Das Gesicht wurde von einer Goldrandbrille geschmückt. Dr. Mbago trug einen eleganten dunkelblauen Anzug, ein zartrosa Hemd und eine perfekt dazu passende Krawatte.

»Obwohl ich keine freie Minute habe, interessiert mich der Besucher, der mit unserem Präsidenten verabredet ist«, sagte er und lachte herzlich. Er musste nicht erklären, dass er kein Wort glaubte.

Lüder erwiderte den kräftigen Händedruck und nahm in einem der weichen Büffelledersessel Platz. Dr. Mbago setzte sich ihm gegenüber, schlug die Beine übereinander und zupfte sorgfältig die Bügelfalte zurecht.

Der Anwalt sprach ein exzellentes Englisch, das Lüder an Nachrichtensprecher der BBC erinnerte, wenn man den leicht kehligen Klang überhörte.

»Mein Name ist Achim Wolfram«, erklärte Lüder. »Ich arbeite für ein deutsches Presseorgan.«

»Oh.« Dr. Mbago spitzte die Lippen. »Der Spiegel? Die F.A.Z.? Süddeutsche?«, zeigte sich der Anwalt hervorragend über die deutsche Presselandschaft informiert.

»Die Kieler Nachrichten.«

»Kieler ... was?«

»Kieler Nachrichten.«

Dr. Mbago zuckte die Schultern. »Kenne ich nicht.«

»Das bedeutendste Presseorgan der Landeshauptstadt.«

»Ah ... Berlin.«

Lüder erklärte ihm, dass Deutschland ein föderaler Staat sei und Kiel eine »Provinzhauptstadt«.

Ein erkennendes Lächeln huschte über Dr. Mbagos Gesicht. »Wie München. Oktoberfest.«

Lüder nickte. »Genau. Nur dass München im Süden liegt und Kiel im Norden.«

»Hamburg?«

»Yes. Hamburg. Und Kiel ist die Hauptstadt.«

»Von Hamburg?«

Erneut nickte Lüder.

»Kiel«, sagte Dr. Mbago und ließ jeden Buchstaben auf der Zunge zergehen, als würde er sich den Namen für alle Ewigkeiten einprägen. Dann hob er den Zeigefinger. »Süddeutsche in München und das Pendant – die Kieler Nachrichten.«

Genauso sei es, versicherte Lüder. »In Deutschland macht man sich Sorgen wegen der Folgen der Piraterie. Besonders Norddeutschland als Standort für Häfen und Schifffahrt ist davon betroffen. Man glaubte, mit der Vereinbarung zwischen den Europäern und Ihrem Land, dass die Piraten hier vor Gericht gestellt werden, einen guten Weg eingeschlagen zu haben.«

Der Anwalt hob die rechte Hand. »Da bin ich der falsche Ansprechpartner. Sie sollten mit dem Justizministerium sprechen.«

»Oder dem Gericht«, warf Lüder ein.

»Mit dem Ministerium«, sagte der Anwalt bestimmt, ohne seinen Einwand zu begründen. »Verstehen Sie etwas vom Rechtswesen?«

»Nur Allgemeinwissen«, erwiderte Lüder. »Was man als Laie so weiß.«

»Die Rechtsprechung ist sehr kompliziert. Und in diesem Fall besonders. Die Taten sind nicht in Kenia begangen worden. Es handelt sich um ausländische Staatsbürger. Was sollen unsere Richter entscheiden? Vor einem deutschen Gericht verhandeln Sie auch nicht gegen einen Franzosen, weil der in England einem Schweden das Portemonnaie gestohlen hat.«

Lüder unterließ es zu antworten. Dr. Mbago hatte recht.

»Ich suche Gesprächspartner, die mir mehr über die Piraten und ihre Hintermänner berichten können.«

Der Anwalt zeigte sich amüsiert. Er wirkte erheitert, als er antwortete: »Glauben Sie, dass Piraten zu meinem Freundeskreis gehören?«

»Nicht zu Ihren Bekannten«, sagte Lüder schnell. »Es ist aber anzunehmen, dass hinter den Aktionen Leute stehen, die die Entführungen planen und organisieren. Mich interessieren die Hintergründe, die Motivation dieser Leute.«

Dr. Mbago machte einen nachdenklichen Eindruck. »Und wie soll ich Ihnen da behilflich sein?«

»Man sagte mir, Sie wären nicht nur ein prominenter Anwalt in diesem Land, sondern auch außergewöhnlich gut informiert.«

Dr. Mbago nestelte an seinem Windsorknoten. »Sagt man? Hmh. Ich selbst kann Ihnen nicht weiterhelfen. Aber vielleicht weiß jemand aus dem Kreis meiner Anwaltskollegen weiter.«

»Könnten Sie mir einen Namen nennen?«

Dr. Mbago beherrschte sein Mienenspiel in Perfektion. Er hätte gar nicht antworten müssen. Das Bedauern stand ihm ins Gesicht geschrieben. »Das ist kein Thema, über das man gern spricht. Ich fürchte, Ihnen nicht weiterhelfen zu können.«

»Sie kennen aber jemanden«, blieb Lüder hartnäckig.

»Nicht direkt. Ich müsste mich ein wenig umhorchen.« Er hob die Schultern. »Doch dazu fehlt mir die Zeit. Ich bin ein viel beschäftigter Mann.«

Lüder glaubte mittlerweile, das »Prinzip Kenia« verstanden zu haben.

»Meine Redaktion würde Ihren Aufwand natürlich entschädigen.«

Am Flattern des Augenlids, das nur einem geübten Beobachter auffiel, erkannte Lüder, dass der Anwalt angebissen hatte.

»Gut«, sagte Dr. Mbago. »Kommen Sie gegen Abend wieder.«

57

Er stand auf und geleitete Lüder bis zur Tür, hinter der ein Boy wartete, der ihn bis zum Sicherheitsdienst im Foyer eskortierte.

Lüder bummelte die Straße zurück, überquerte die Moi Avenue und kurz darauf eine weitere viel befahrene Hauptstraße. Er begann, sich an den noch aus der englischen Kolonialzeit stammenden Linksverkehr zu gewöhnen, und tauchte nach wenigen Schritten in eine andere Welt ein, die das Ursprüngliche dieser Region ausmachte. Es war eine bunte, lärmende Welt, in der alles laut war und durcheinanderzulaufen schien.

Geschäfte wurden auf dem Gehweg gemacht, die Läden glichen eher Fensterhöhlen, und Strom- und Telefonkabel hingen quer über die Straße. Ob Dr. Mbago jemals in diesem Teil der Stadt war?, überlegte Lüder und ließ das muntere Treiben auf sich wirken. Er schlug einen Bogen, bis er wieder zur Avenue zurückkehrte, die das Ursprüngliche vom Glitzernden trennte.

Nach zwei Stunden betrat er die Lounge des Hilton und gönnte sich eine Kaffeepause. Er wählte einen abseits gelegenen Tisch und versuchte erneut, das Justizministerium zu erreichen. Man bemühte sich, ihn abzuwimmeln, aber er blieb hartnäckig und wurde schließlich mit jemandem verbunden, der vorgab, über die notwendige Kompetenz zu verfügen.

Mr. Moi hörte sich Lüders Anliegen an und entschied dann: »Wir erteilen keine Auskünfte. Sprechen Sie mit Ihrer Regierung. Oder mit Brüssel. Für Anfragen der Presse stehen wir nicht zur Verfügung.«

»Könnten Sie mir einen Interviewtermin beim Justizminister verschaffen?«, fragte Lüder kess.

Für ein paar Sekunden war es still in der Leitung. Dann hörte Lüder ein kehliges Lachen.

»Ausgeschlossen. Was glauben Sie, wo Sie hier sind? Meinen Sie wirklich, der Herr Minister hat Zeit für Sie, nur um hinterher in Europa einen manipulierten Artikel über unsere Justiz zu lesen? Interviewen Sie Ihren Justizminister in Deutschland und fragen Sie ihn, warum der Prozess nicht dort stattfinden konnte.«

Mr. Moi verabschiedete sich ziemlich unfreundlich von Lüder. Nun musste er auf den Anwalt hoffen. Das war Lüders einziger Anhaltspunkt.

Er wartete noch eine Stunde und kehrte dann zur Anwaltskanzlei zurück.

Der Wächter erkannte ihn wieder und versuchte das Spielchen mit der »Anmeldegebühr« ein zweites Mal. Lüder zog sein Handy aus der Tasche und erklärte: »Ich werde Dr. Mbago anrufen und ihn bitten, ins Foyer herabzukommen, da mir der Zutritt zu seinem Büro verwehrt wird.«

Blitzartig beeilte sich der Mann zu versichern, es sei ein Irrtum, und natürlich würde der Rechtsanwalt ihn erwarten. Der Wächter schlug sich mit der Faust leicht gegen die Schläfe.

»Sie glauben gar nicht, Sir, welchen Stress ich hier zu bewältigen habe. Da kann einem schon einmal ein Irrtum unterlaufen.«

Er geleitete Lüder zum Fahrstuhl, der ihn in die vierzehnte Etage trug. Dort empfing ihn die elegante Schwarze, schenkte ihm erneut ein bezauberndes Lächeln und führte ihn in Dr. Mbagos Büro.

Der Anwalt zeigte ein freundliches Gesicht, kam auf Lüder zu, packte seine Hand und mit der Linken Lüders Unterarm. Es wirkte, als würde er einen alten Freund nach vielen Jahren Trennung begrüßen.

»Ich weiß nicht, wie ich es meinen Mandanten erklären soll«, jammerte Dr. Mbago. »Ich habe keinen der für heute Nachmittag zugesagten Termine einhalten können, so sehr hat mich Ihr Anliegen beschäftigt. Kenia ist ein wunderbares Land, aber leider fehlt es uns noch an einer größeren Anzahl gut ausgebildeter Menschen. Ich selbst habe in Oxford studiert.«

Lüder wunderte sich nicht mehr über das ausgezeichnete Englisch des Anwalts.

»So entfällt auf die wenigen Leute mit einer internationalen Ausbildung unendlich viel Arbeit. Jede Minute ist verplant.« Er schüttelte den Kopf. »Da bleibt kein Privatleben. Ich weiß nicht, wie ich es meinen Mandanten erklären soll.«

Dann vertrödele nicht die Zeit mit Gejammer, dachte Lüder, lächelte den Anwalt an und sagte: »Könnte meine Zeitung versuchen, Ihren Einsatz zu vergüten?«

Dr. Mbago senkte den Kopf und blinzelte Lüder von unten herauf an. »Was sollen Sie von mir denken? Sie würden noch glauben, ich möchte Ihre Situation ausnutzen.« Er war ein hervorragender

Schauspieler. Diese Betrübnis hätte bei manch anderem sicher nicht so echt geklungen.

»Das würde ich nicht vermuten«, sagte Lüder. »Ich möchte damit nur anerkennen, dass Sie alles hinten angestellt haben, um mir behilflich zu sein.«

Dr. Mbago zog die Stirn kraus. »Das ist nicht nur mir so ergangen, sondern auch meinen Kollegen, die ich in dieser Sache konsultiert habe.«

»Über welchen Betrag reden wir?«, fragte Lüder direkt und verletzte damit die Regeln der Höflichkeit.

Dr. Mbago hatte in England studiert und war britisch geprägt. Lüder war bewusst, dass ein »Engländer« nie sagen würde: »Das ist falsch.« Er würde stets formulieren »Könnte es sein, dass es auch eine andere Lösung gibt?«

Lüder sah dem Anwalt an, dass er über diesen »Frontalangriff« ein wenig erzürnt war.

»Wir haben es hier nicht so gut wie Sie in Europa. Die gesamte Infrastruktur einer Kanzlei wie meiner verschlingt Unsummen an Kosten. Wir müssen für Technik viel mehr investieren.«

»Dr. Mbago. Ich möchte Ihre kostbare Zeit nicht über Gebühr in Anspruch nehmen.«

»Ich möchte nicht, dass Sie einen falschen Eindruck von mir oder meinen Kollegen gewinnen. Wenn Sie allerdings Ihr Gewissen beruhigen möchten … Ich mag es nicht annehmen. Aber wenn Sie es wirklich möchten, so werde ich es Ihnen nicht abschlagen können. Das gebietet die Höflichkeit und die Gastfreundschaft.« Der Anwalt griff einen Füllfederhalter. Mit Erstaunen sah Lüder, dass es sich um einen Montblanc aus der limitierten Edition »Johannes Gutenberg« handelte, der mit fast zwanzigtausend Euro gehandelt wurde. Dr. Mbago schrieb eine Zahl auf einen Zettel und schob ihn Lüder zu.

»Welche Währung?«, fragte Lüder.

»Ihre«, erwiderte der Anwalt kühn.

Lüder schluckte. Der Anwalt erwartete zweitausend Euro für die »kleine Hilfe«, den gleichen Betrag wollte er noch einmal für die Kollegen haben, die ihn angeblich unterstützt hatten.

»Mir würde sonst nie wieder jemand einen kleinen Dienst erweisen«, erklärte er.

»Ich bedaure, aber so viel Geld trage ich nicht mit mir herum.«
Jetzt zeigte sich ein Lächeln auf Dr. Mbagos Antlitz. »Sie haben eine Kreditkarte.«

Er betätigte einen Knopf auf seiner Telefonanlage, und als hätte sie hinter der Tür gelauert, erschien die attraktive dunkelhäutige Mitarbeiterin mit einem mobilen Kreditkartenterminal. Sie zog Lüders Karte durch das Gerät, tippte den Gesamtbetrag ein und reichte es ihm zur Bestätigung. Mit einem Lächeln – einem sehr teuren, fand Lüder – nickte sie dem Anwalt unmerklich zu und verließ den Raum.

Dr. Mbago lehnte sich zurück, legte die Spitzen seiner gepflegten Finger zu einem Dach aneinander und sagte: »Zum gescheiterten Prozess gegen die somalischen Piraten möchte ich mich nicht äußern. Das ist eine heikle Angelegenheit. Dazu kann nur das Justizministerium eine Stellungnahme abgeben.«

»Ist es nicht außergewöhnlich, dass ein Ministerium in ein laufendes Verfahren vor einem unabhängigen Gericht eingreift?«, fragte Lüder.

»Überall auf der Welt gibt es unterschiedliche Rechtssysteme. Nehmen Sie die Unterschiede zwischen der Art der Rechtsfindung in angelsächsischen Ländern und bei Ihnen in Deutschland. Auch wenn Sie kein Jurist sind, werden Sie wissen, dass über schuldig oder nicht schuldig in England eine Jury aus Bürgern entscheidet, während in Deutschland zwar Schöffen beteiligt sind, das Urteil aber durch Berufsrichter gesprochen wird. In unserem Land achtet das Ministerium auch auf die Darstellung Kenias in den Augen der Welt. Wir sprachen schon darüber, dass Sie überlegen müssten, weshalb man die Aburteilung der Piraten unbedingt Kenia überlassen wollte. Liegt darin nicht ein Rechtsverstoß der Europäer gegen deren eigenes Verständnis vor? Widersprechen Sie sich nicht selbst? Das sollten Sie einmal recherchieren und mit einem guten Juristen diskutieren. Ich maße mir nicht an, Mutmaßungen über die Gedanken unseres Justizministers anzustellen.«

Lüder war enttäuscht. Dr. Mbago gab Allgemeinplätze von sich, die die »Aufwandsgebuhr« nicht rechtfertigten, auch wenn er den Ausführungen des Anwalts inhaltlich zustimmte.

»Mein Interesse gilt nicht nur diesem einen Prozess, sondern den Hintermännern der Piratenüberfälle allgemein.«

Der Anwalt lächelte. »Somalia«, sagte er versonnen. »Das Land ist keines mehr. Da ist es nicht verwunderlich, wenn Leute, die es sich leisten können, woandershin gehen und dort die Annehmlichkeiten suchen, die ihnen die Heimat nicht mehr bieten kann.«

»Die Drahtzieher haben sich in Kenia niedergelassen?«

»Sind es Drahtzieher, die die Schönheit Mombasas anzieht?«, antwortete Dr. Mbago mit einer Gegenfrage.

Lüder verstand den Anwalt. Natürlich konnte er nicht bestätigen, dass sich die Anführer der Piraterie – auch – in Kenia aufhielten. Konnte man Kenia einen Vorwurf machen? Schließlich zog die Schweiz auch Steuerflüchtlinge an, die nach deutschem Recht Straftäter waren. Und niemand würde den Eidgenossen pauschal vorwerfen, dass die Schweiz ein Unrechtsstaat sei.

»Sind es Somalier? Oder mischen auch Einheimische mit?«, fragte Lüder.

»Wo das Geld lockt, kennen die Nationalitäten keine Grenzen. Sie werden erstaunt sein, aber für Geld verrät der Teufel seine Großmutter, Amerikaner ihr Land und andere aus der ganzen Welt jede Moral.«

»Geht es ein wenig konkreter?«

Erneut lächelte Dr. Mbago. »Namen?«

»Zum Beispiel.«

»Wer kennt die schon. Niemand bezahlt die exklusive Strandparty in Mombasa, die Villa am Meer oder die Rechnung des Juweliers mit den Worten: ›Dieses Geld stammt von einem Reeder.‹«

Lüder entsann sich Dr. Mbagos britischer Erziehung. »Sie halten es für möglich, dass sich auch Leute aus dem Bereich der Piraterie unter den vielen ehrenwerten Gästen Mombasas befinden?«

»Auszuschließen ist es nicht. Man sagt, dort werden Partys gefeiert, die jede Teilnahme zu einem Erlebnis werden lassen. Was früher die Reichen nach Saint-Tropez führte, lockt sie heute nach Mombasa.«

Lüder hielt die Aussage für stark übertrieben, widersprach aber nicht. Immerhin hatte er erfahren, dass die Spur der Hintermänner zumindest zum Teil nach Kenia führte.

»Sie meinen, ein Ausflug nach Mombasa würde sich lohnen? Gibt es dort jemanden, den Sie empfehlen könnten, der mir ein wenig über die ›Kultur‹ an der Küste berichten würde?«

»Namen kann ich Ihnen nicht nennen. Ein gewiefter Journalist findet das allein heraus.« Dr. Mbago fuhr sich mit der Zunge über die Lippen. »Wenn Sie eine gepflegte Atmosphäre zu schätzen wissen, würde ich einen Sundowner im ›Devil's Beach‹ trinken.«

»Ist der Name Programm?«

Der Anwalt antwortete mit einem Lächeln. »Viele wollen in den Himmel, nur wenigen gelingt der Zutritt zum ›Devil's‹.«

»Wer gibt dort als Gastgeber die besten Partys?«

Noch immer zeigte sich das Lächeln auf Dr. Mbagos Gesicht. »Finden Sie es heraus. Übrigens gibt es einen besonders feinsandigen Strandabschnitt, der Teil des mehrere Kilometer langen Bamburi Beach Resorts ist.« Er legte eine kleine Kunstpause ein. »Dieser Teil des Strandes heißt Piratenstrand.«

Jetzt lächelte auch Lüder. »Sagt Ihnen die ›Holstenexpress‹ etwas?«

Zu Lüders Überraschung leugnete der Anwalt es nicht. »Ich informiere mich über die BBC-Weltnachrichten«, erklärte er.

»Wenn ich dem Kielwasser der ›Holstenexpress‹ vom Golf von Aden folge, lande ich dann am Piratenstrand in Mombasa?«

»Vielleicht sind manche Schiffe virtuell in Mombasa gestrandet«, erwiderte Dr. Mbago ausweichend. Er legte den Zeigefinger an die Nasenspitze. »Wenn ich die BBC richtig verstanden habe, dümpelt das Schiff irgendwo weiter nördlich vor der Küste Somalias.«

»Auch virtuell?«

Der Anwalt nickte ernst. »Auch virtuell.«

»Sie sind der Überzeugung, die Party, die auf den Erfolg mit der ›Holstenexpress‹ gefeiert wird, findet an einem somalischen Strand statt?«

»Davon gehe ich aus, dass auf kenianischem Boden mit keinem Cocktail auf die ›Holstenexpress‹ angestoßen wird.«

Dr. Mbago verstand, sein Wissen auf gekonnte Weise in bare Münze umzuwandeln, und seine Auskünfte schienen fundiert zu sein. Eine Garantieerklärung für den Wahrheitsgehalt war damit sicher nicht verbunden. Lüder hatte auch Verständnis dafür, dass der Anwalt seine Informationen mit einer gewissen Zurückhaltung erteilte.

»Dann gibt es keine Verbindung zu den Entführern?«

Dr. Mbago zog die Mundwinkel in die Höhe. »Somalia! Das ist ein schwieriges Terrain.«

63

»Könnte es sein, dass in diesem Fall die Verantwortung allein bei Somaliern liegt?«

»Ja und nein.«

Als Lüder den Anwalt fragend ansah, fuhr der fort: »Man mag es den Somaliern nicht zutrauen, dass sie solche Aktionen ohne Unterstützung ausführen. Sicher. Die Männer, die die Entführung vornehmen, machen das ohne Detailplanung. Sie wissen in der Regel nicht, welches Schiff ein lohnendes Objekt sein könnte. Wenn sie auf Gutdünken ein Schiff überfallen, könnten sie Pech haben und einen Seelenverkäufer angreifen, für den es kein Lösegeld gibt. Was sollen sie dann mit Schiff und Besatzung machen? In die Luft sprengen und die Besatzung ermorden? Oder sie freilassen? Würde das geschehen, nähme niemand mehr die Piraten ernst. Und wie sollen die Männer, ungebildete und absolut nicht weltgewandte Fischer oder Nomaden, den Kontakt zur Reederei herstellen? Viele von ihnen können nicht lesen oder schreiben und schon gar kein Englisch. Sie wüssten nicht, wie und wo sie ihre Lösegeldforderung platzieren sollten. Wie würde der Austausch des Lösegeldes erfolgen? In bar? Ein Konto, schon gar im Ausland, haben die Leute nicht. Nein. Dahinter steckt mehr. Eine, wenn auch primitive Infrastruktur. Und was heißt primitiv? Immerhin funktioniert das System.«

Dr. Mbagos Vermutung, dass bei der »Holstenexpress« die Entführung anders verlief, traf zu. Warum hatten die Kidnapper sich noch nicht gemeldet? Noch keine Forderungen gestellt? Warum hatte sich das Bundeskanzleramt eingeschaltet? Und was hieß *Bundeskanzleramt*? Das war nur die Dienststelle, die für die Regierungsspitze tätig war. Es sollte nicht publik werden, durchfuhr es Lüder, dass der Entführung der »Holstenexpress« das Interesse von ganz oben galt. Deshalb saß er jetzt in diesem vornehmen Anwaltsbüro in Nairobi. Ob Dr. Mbago ahnte, worin er verwickelt wurde?

»Auch wenn ein Land völlig am Boden zerstört ist, es keine Infrastruktur und keine staatlichen Stellen mehr gibt, muss es doch noch informelle Quellen geben.«

Der Anwalt breitete die Arme aus. »Deutschland als eine der führenden Nationen der Welt ist dort nicht mehr vertreten. Nicht einmal mit einem Honorarkonsul oder durch ein anderes Land. Es geht nicht. Niemand ist in Somalia seines Lebens sicher.«

»Das heißt, es gibt nicht einen Kontakt zu Ihren nördlichen Nachbarn?«

Dr. Mbago zeigte zum wiederholten Mal ein Lächeln. »So ist es. Selbst das abgeschottete und isolierte Nordkorea wirkt gegen Somalia wie eine Plaudertasche, wie ein …« Er suchte nach einem Vergleich. »Wie ein offenes Buch.«

»Dann hält sich dort kein Ausländer mehr auf?«

»Wer sich dorthin wagt, spielt mit dem Leben.« Der Anwalt schob die Unterlippe vor. »Nach meinem Wissen gibt es nur einen einzigen Europäer, der es noch in Mogadischu aushält.«

»Wer ist das?«

»Ein Schweizer.«

»Als ein international anerkannter Neutraler«, sagte Lüder. »Ein Diplomat?«

»Privatmann.«

»Repräsentant des Roten Kreuzes? Oder einer Hilfsorganisation?«

Dr. Mbago sah Lüder lange an. Dann wiederholte er: »Ein Privatmann. Urs Hürlimann.«

»Was macht Hürlimann in Mogadischu?«

Dr. Mbagos Körper straffte sich. »Sie müssen mich entschuldigen«, sagte er mit Bestimmtheit. »Aber jetzt muss ich mich wirklich um meine Geschäfte kümmern.«

»Nur diese eine Frage«, bat Lüder.

Der Anwalt stand auf. »Ich habe Ihnen mehr Zeit geschenkt, als ich vertreten kann. Sorry.«

»Wie kann ich Kontakt zu Hürlimann aufnehmen?«

»Ich wünsche Ihnen viel Erfolg bei Ihren Ermittlungen«, sagte Dr. Mbago und schob Lüder höflich, aber bestimmt Richtung Tür. Er verabschiedete sich ohne Handschlag, tippte dafür aber mit dem Zeigefinger auf die Pistole, die Lüder im Schulterhalfter mit sich führte. »Sie sind ein merkwürdiger Journalist, Mr. Wolfram. Statt Aufnahmegerät tragen Sie eine Waffe. Was sagten Sie, für welche Zeitung schreiben Sie? Süddeutsche?«

»Kieler Nachrichten«, erwiderte Lüder.

»Für wen auch immer Sie arbeiten, seien Sie vorsichtig. In Afrika gilt ein Menschenleben nicht viel.«

Er schloss hinter Lüder die Bürotür. Die hübsche Assistentin verabschiedete Lüder mit einem reizenden Lächeln. Wäre er eingebildet, hätte er denken können, sie würde auf eine Einladung zum Essen warten.

Der Wachmann im Foyer dienerte, als Lüder seinen Platz passierte. »Waren Sie erfolgreich, Sir?«

»Sicher. *Ich* bin immer erfolgreich.«

Auf der Straße atmete er die frische Luft ein. Es war ein angenehmes Klima. Nicht zu warm, mild, gerade so, dass man einen schönen Sommerabend genießen konnte.

Der Verkehr in der fast Drei-Millionen-Stadt war gewöhnungsbedürftig. Es gab kein U- oder Schnellbahnnetz, kaum Ampeln oder den Verkehr regelnde Polizisten. Die Fahrspuren, sofern überhaupt vorhanden, waren schmal. Auch Bürgersteige gab es nicht durchgängig. Alles wuselte durcheinander, die überfüllten Busse und die Matatus, eine Art Sammeltaxis, die eine meist feste Strecke befuhren und deren Fahrer Passanten durch lautes Rufen zum Mitfahren zu animieren versuchten.

Lüder bog in die lebhafte Wabera-Street ein und näherte sich dem Roundabout an der City Hall. Er lächelte über das Straßenschild »Mama Ngina Street«, als er am Ärmel gepackt wurde und jemand an ihm zerrte.

Überrascht wollte er sich umdrehen, als ihm eine unbekannte Stimme zuraunte: »Biegen Sie links ab. Dort finden Sie nach einhundert Metern eine blaue Uhr, ein wenig weiter steht ein schwarzweiß gestreifter Pfahl mit Richtungsschildern. Drehen Sie sich nicht um. Gehen Sie dorthin und warten Sie.«

Die Hand hatte ihn kurz nach der ersten Berührung wieder losgelassen. Er widerstand der Versuchung, hinter sich zu blicken, folgte der Anweisung und fand die beschriebene Stelle. Dies schien ein beliebter Treffpunkt zu sein. Es warteten hier mehrere Leute, zum Teil auch kleine Gruppen. Wenn der Erwartete dazustieß, ertönte ein großes Hallo, es folgten Umarmungen, es wurde geherzt, und dann zog man laut schwatzend von dannen. Lüder wurde nur kurz die Aufmerksamkeit der anderen zuteil, obwohl er sich durch seine helle Hautfarbe deutlich von ihnen abhob. So musste es dunkelhäutigen Menschen in Europa ergehen, überlegte er.

»Folgen Sie mir unauffällig«, wisperte ihm die Stimme zu, die ihn an diesen Ort gebeten hatte.

Lüder wartete noch ein paar Sekunden und schlenderte dann scheinbar ziellos am Citycenter und am Hilton entlang. Jetzt sah er den Mann zum ersten Mal. Er schätzte ihn auf Anfang bis Mitte dreißig. Die Füße steckten in abgelaufenen Turnschuhen, die Jeans war ramponiert, und das Hemd sowie der leichte Pullover wiesen auch deutliche Gebrauchsspuren auf. Der Mann mit den kurzen krausen Haaren hatte die Hände in den Hosentaschen vergraben und wich mit seinem leichtfüßigen Gang fast tänzelnd anderen Passanten aus. Geschickt schlängelte er sich durch die schier unendliche Autobusschlange auf der Moi Avenue, ließ die Tom-Mboya-Statue seitlich liegen und wechselte in eine Nebenstraße.

Es war, als würden sie in eine andere Welt eintauchen. Abrupt endeten die nur aus Glas und Chrom bestehenden modernen Häuser. Hier wirkte alles ursprünglicher, so, wie sich der Tourist eine afrikanische Metropole vorstellt.

Der Mann hatte sich nicht ein einziges Mal umgedreht.

Die Keekorok Road wirkte ziemlich heruntergekommen. Lüder fühlte sich eine Spur unbehaglich. Hier schienen nur Einheimische zu verkehren. Und unter denen fand sich kein »Dr. Mbago«.

Vor einem Haus mit abbröckelnder Fassade stoppte der Mann und verschwand durch eine offene Tür. An der Hauswand prangte in verwitterten, kaum noch erkennbaren Buchstaben ein Schriftzug, aus dem Lüder mit viel Phantasie die Bezeichnung »Bar« entziffern konnte. Der Eingang wurde durch einen spanischen Vorhang verdeckt.

Als Lüder die Streifen teilte, fand er sich in einem finsteren Loch wieder, in dem Männer an einem Tresen herumlungerten oder an Tischen saßen und versuchten, gegen den Lärm der Musikbox anzuschwatzen. Ihm schien, als würden alle Gespräche augenblicklich verstummen, als er eintrat. Seine Augen mussten sich einen kurzen Moment an die Dunkelheit gewöhnen, bis er seinen Führer entdeckte, der am Ende des schäbigen Tresens stand. Lüder stellte sich dazu. Jetzt konnte er den Mann das erste Mal genauer betrachten. Er hatte ein rundes Gesicht, das von Pockennarben überzogen war. Vom rechten Haaransatz zog sich zudem eine lange Narbe über die Wange fast bis zum Unterkiefer. Die Zahnreihen wiesen eine deutliche Lücke auf. Dennoch strahlten Lüder zwei weiße Augen an.

»Danke«, sagte der Mann in einem hart klingenden Englisch, »dass Sie mir vertraut haben. Wenn nicht, hätte ich es verstanden.« Er sagte etwas zum Barkeeper auf Swahili und erklärte Lüder: »Hier trinkt man Bier. Am besten aus Flaschen«, fügte er an, als er Lüders kritischen Blick gewahrte. Der Barmann schob zwei Flaschen Budweiser über den Tresen, die er zu Lüders Zufriedenheit vor dessen Augen öffnete. Das amerikanische Bier war für Lüder keine kulinarische Offenbarung, aber es war gut gekühlt.

»Sie sind Mr. Wolfram«, sagte Lüders Begleiter. »Journalist aus Deutschland.« Es war keine Frage, sondern eine Feststellung. Anstelle einer Antwort schenkte Lüder dem Mann nur einen langen Blick. Dann tranken sie.

»Wir sind Kollegen«, überraschte der Mann Lüder. »Mein Name ist John Kiambi. Ich arbeite für den ›Kenia Mirror‹, eine Zeitung, die nicht bei allen die ungeteilte Zustimmung findet. Nicht jeder mag unsere Art der Berichterstattung, manche Kreise können keine Kritik vertragen. Deshalb war mir daran gelegen, nicht zu viel Aufmerksamkeit für unser Gespräch zu wecken.«

»Sie meinen, wir werden beobachtet?«

Kiambi nickte ernst. »Sie. Ich.«

Lüder ärgerte sich über sich selbst. Er war Profi. Warum hatte er nicht daran gedacht? Offensichtlich hatte sein Erscheinen in Kenia schon mehr Aufmerksamkeit erweckt, als ihm lieb sein konnte.

»Wie sind Sie auf mich gekommen?«, fragte er.

»Offenbaren Sie als Journalist Ihre Quellen?«, wich Kiambi aus.

Lüder spürte, dass der Mann ihm das nicht verraten würde. War es Dr. Mbago? Jemand aus dem Hotel? Oder gab es andere Quellen? Auch das Justizministerium wusste von seiner Anwesenheit und dem Interesse am Piratenprozess.

»Sie interessieren sich für die somalischen Piraten«, zeigte sich der Kenianer gut informiert.

»Wenn Sie es schon wissen«, tat Lüder die Behauptung lapidar ab.

»Ich verstehe.« Kiambi nickte. »Sie haben begriffen, dass man hier vorsichtig sein muss, sein Herz nicht auf der Zunge tragen darf. Man mag es nicht, wenn man in Dingen herumstochert, die nicht für die Öffentlichkeit bestimmt sind. Gewisse Kreise verstehen nicht, weshalb Sie wissen möchten, warum der Prozess gegen die

Piraten geplatzt ist. Die einheimische Presse darf die Tatsache veröffentlichen, aber nicht nach den Beweggründen fragen. Genau das tun Sie.« Kiambi trank einen Schluck aus der Flasche. »Und wir vom ›Mirror‹. Nur unterscheiden wir uns dadurch, dass Sie nach Ihrer Recherche wieder nach Hause fliegen. Meine Heimat ist hier.«

Nachdenklich fuhr sich Kiambi mit dem Zeigefinger über die lange Narbe im Gesicht. »Das war ein Messer. Den Kriminellen, der das verursacht hat, konnte man nicht ermitteln.« Dann zeigte er auf sich. »Sehe ich aus, als würde ich Reichtümer mit mir herumtragen? Wer für den ›Mirror‹ arbeitet, wohnt nicht in Karen. Ach so«, erklärte er, als er Lüders fragenden Ausdruck sah. »Karen ist das bevorzugte Wohngebiet im Süden der Stadt, benannt nach Karen Blixen. Sie kennen sicher ihr großes Werk ›Jenseits von Afrika‹. Hier in Kenia ist das große Literatur. Was wollte ich sagen? Richtig. Diese Narbe hier … Das war eine Warnung. Und der Lohn für die Arbeit beim ›Mirror‹ ist eher ein gutes Gefühl, als dass man es in Kenia-Schilling bemessen könnte. Vielleicht kann ich Ihnen helfen. Und Sie uns.«

»Inwiefern?« Lüder ließ die Frage desinteressiert klingen. Er wollte, falls hinter Kiambis Bemühungen ehrliche Absichten steckten, keine falschen Hoffnungen wecken. Andererseits war er vorsichtig genug, nicht jeder Beteuerung zu glauben, die ein Unbekannter vortrug.

»Ich möchte nicht in Ihre journalistischen Freiheiten hineinwirken. Was das bedeutet, erleben wir hier täglich. Bei Ihnen in Europa heißt es, die Presse sei die vierte Macht.« Kiambi seufzte. »Hier gibt es de facto nur eine einzige Macht.«

»Und die zeigt sich jetzt unter anderem beim geplatzten Piratenprozess?«

»Sie sollten dazu Ihre eigenen Gedanken anstellen«, wich Kiambi wieder aus. »Unter der Sonne hier am Äquator ist vieles anders. Ich muss gestehen, über keine Informationen zu verfügen, die erklären, weshalb das Justizministerium so gehandelt hat. Und Spekulationen führen uns nicht weiter.«

»Schön.« Lüder trank den Rest aus der Bierflasche und signalisierte dem Barkeeper, dass sie zwei neue wünschten. »Nehmen wir einmal an, ich bin Journalist und möchte einen Hintergrundbericht über das Piratenunwesen schreiben.«

Kiambi ließ seinen Blick durch das Lokal schweifen. »Das ist ein heikles Thema. Sie könnten in ein Bienennest stechen. Dort gibt es nicht nur die Arbeiterinnen, sondern auch die Honigsammler und mittendrin die Königin. Die sieht ein Außenstehender nicht, geschweige denn, dass er an sie herankommt. Die Bienen verteidigen ihren Stock und ihre Königin.«

Lüder ging auf das Gleichnis ein. »Man kann den Bienenstock aber ausräuchern.«

»Dazu müssten Sie aber gewaltiges Gerät auffahren. Wenn Sie allein im Wald unterwegs sind, dürfte es Ihnen kaum gelingen.«

Der Barkeeper schob ihnen die beiden nächsten Bierflaschen herüber. Lüder deutete ein »Prost« an, und sie tranken. »Verraten Sie mir, wo sich der Bienenstock befindet.«

Kiambi nagte an seiner Unterlippe. »Bienenstöcke gibt es auf der ganzen Welt. Und manche Insekten legen einen weiten Weg zurück, um Honig zu sammeln. Sie würden erstaunt sein, welche Entfernungen es von der Blüte, wo der Nektar sitzt, bis zum Bienenstock sind. Aber es ist nicht nur die Königin, sondern dahinter steckt noch der Imker. Der lässt die fleißigen Bienen für sich arbeiten und eignet sich schließlich den ganzen Honig an.«

»Und die Honigsammler speist er mit Zuckerwasser ab.«

Der dunkelhäutige Journalist nickte zustimmend. »Es kommt nicht oft vor, dass ich mit einem klugen Kollegen offen Gedanken austauschen kann.«

»Ich würde Sie gern an meinen Forschungsergebnissen teilhaben lassen«, sagte Lüder. »Helfen Sie mir ein bisschen. In welchem Wald muss ich suchen?«

»Interessieren Sie sich für eine bestimmte Sorte Honig?«

Lüder nickte. »Man hat mir gesagt, die Sorte ›Holstenexpress‹ sei besonders vitaminreich. Kennen Sie die?«

»Ich habe davon gehört. Sie ist eine spezielle Art. Die gibt es nicht in Kenia. Man munkelt, das Bienennest würde in Somalia liegen.«

»Wenn ich mich mit dem dazugehörigen Imker unterhalten möchte … Wo finde ich den?«

Kiambi sah sich um, als fürchtete er, abgehört zu werden. »Wenn ich mehr wüsste, würde ich Ihnen helfen.«

»Und wer könnte mir behilflich sein?«

»Somalia ist ein Land, das absolut tödlich ist«, wechselte der Kenianer urplötzlich in die Klarsprache. »Dagegen sind der Mond und der Mars nichts mit ihrer lebensfeindlichen Umgebung.«

»Wo finde ich einen Gesprächspartner? Ich würde mich Ihnen gegenüber mit Informationen erkenntlich zeigen.«

»In diesem Fall liegt vieles noch mehr im Dunkeln als sonst. Ich habe nur von einem Einzigen gehört, über den Drähte nach Somalia laufen.«

»Wer?«

Kiambi rückte ein wenig näher an Lüder heran. »Ein Schweizer«, wisperte er.

»Urs Hürlimann?«

Als hätte Lüder Masern, wich Kiambi ein Stück zurück.

»Ich habe den Namen nicht genannt«, sagte der Journalist erschrocken.

Merkwürdig, dachte Lüder. Sein Begleiter sprach offen zu ihm. Zumindest konnte man den Eindruck gewinnen. Warum reagierte er fast panisch, als Lüder den Namen des Schweizers in Mogadischu erwähnte? Kiambi hatte zuvor erklärt, dass er und seine Kollegen vom »Kenia Mirror« sich trotz aller Widrigkeiten für eine möglichst objektive Pressearbeit einsetzten. Offensichtlich gab es doch gravierende Unterschiede zwischen dem politischen Druck, dem sie ausgesetzt waren, und der Gefahr, die von einer kriminellen Szene ausging. Und dieser Unterschied schien absolut tödlich zu sein. Lüder wunderte es nicht. Hier waren nicht Kleinkriminelle am Werk, es ging um Millionenbeträge für die Freigabe eines gekaperten Schiffes.

»Wie komme ich an Hürlimann heran?«, fragte Lüder.

Kiambi legte den Zeigefinger auf die Lippen. »Psst. Nicht so laut.« Erneut sah er sich um, ob irgendjemand den beiden Männern besondere Aufmerksamkeit widmete. Dann rückte er wieder an Lüder heran. »Ich habe gehört, man gibt in einer Zeitung eine Suchanzeige auf: ›Suche die Adresse des Schweizer Honorarkonsuls.‹«

»Sehr sinnig«, meinte Lüder. »Mit dem Zusatz: ›in Mogadischu‹?«

»Nein, natürlich nicht.«

»Und wer liest die Zeitung? Von wem erhalte ich die Adresse des ›Honorarkonsuls‹?«

Kiambi breitete die Hände aus. »Das weiß ich nicht.«

»In welcher Zeitung muss ich inserieren?«, fragte Lüder.

»Zum Beispiel in unserer.«

Lüder war überrascht. Es wurde immer mysteriöser. Sein Begleiter hatte sich viel Mühe gegeben, ihm das Bild eines unerschrockenen Journalisten zu vermitteln, und jetzt konnte Lüder den Verdacht nicht zerstreuen, Kiambi sei daran gelegen, dass Lüder Kontakt zu Hürlimann knüpfte.

»Gut«, sagte er entschlossen. »Wo kann ich die Anzeige aufgeben?«

»Das würde ich für Sie übernehmen.«

Lüder fingerte ein paar Scheine Kenia-Schillinge aus seiner Tasche. »Was kostet das?«

Kiambi warf einen kurzen Blick auf das Geld. »Das reicht. Es ist sogar zu viel.«

»Behalten Sie den Rest.«

»Ich bin unbestechlich«, erwiderte der Kenianer, und Stolz schwang in seiner Stimme mit.

»Reichen Sie die Differenz an den Fonds für in Not geratene Journalisten weiter«, sagte Lüder.

Afrika war ein nur schwer zu verstehendes Land. So dicht lagen Korruption und Stolz beieinander. Inzwischen hatten sie die zweite Flasche Budweiser geleert. Lüder wollte keinen weiteren Alkohol zu sich nehmen. Sicher würde er von einer weiteren Flasche nicht betrunken sein, aber jeder Tropfen verminderte die Aufmerksamkeit und Reaktionsfähigkeit. Und er befand sich in einem unbekannten Viertel in Nairobi, abseits der City, in dem Europäer nicht gern gesehen wurden.

»Ich möchte gehen«, sagte Lüder.

Kiambi nickte. »Ich gebe Ihnen meine Mailadresse«, erklärte er und nannte Lüder gleich mehrere. »Drei gehören mir, zwei befreundeten Kollegen, falls es einmal *technische* Störungen geben sollte.«

Die Art, wie er es betonte, ließ Lüder verstehen, welche Vorsichtsmaßnahmen man hier anwenden musste.

Lüder zahlte, und als sie aufbrachen, bemerkte er, wie Kiambi zwei finster dreinblickenden Schwarzen zunickte. Der größere bestätigte es durch ein Lüder nicht entgangenes Signal, indem er kaum wahrnehmbar seine Körperspannung veränderte.

»Was soll das bedeuten?«, fragte Lüder und hielt seinen Begleiter am Ärmel fest.

Kiambi ließ den Anflug eines Lächelns auf seinem zernarbten Antlitz erkennen.

»Sie sind ein aufmerksamer Beobachter. Dann werden Sie auch bemerkt haben, in welchen Stadtbezirk ich Sie geführt habe. Hier ist es besser, mit einem Bodyguard unterwegs zu sein. Zumindest für Sie. Ich kann mich hier frei bewegen. Die beiden sind Freunde von mir.«

Lüder war skeptisch. Ihm blieb nichts anderes übrig, als Kiambis Zusicherung Glauben zu schenken. Mit einem unguten Gefühl betrat er die schmale Straße.

Inzwischen war die Dunkelheit hereingebrochen. Er tastete mit der Hand nach der Pistole, löste den Druckknopf des Holsters und fühlte sich nur unzureichend beruhigt, als er das Metall der Waffe spürte. Sie würde ihm bei einem überraschenden Angriff nichts nützen, da er den Verschluss nicht gespannt hatte.

Kiambi ging fünf Schritte voraus. Lüder versuchte, den Abstand nicht zu verringern, beobachtete gleichzeitig die anderen Passanten, die ihn zum Teil neugierig musterten, aber reaktionslos vorbeiließen. Einer der Bodyguards folgte auf der anderen Straßenseite, während der größere aus Lüders Blickfeld verschwunden war. Er vermutete den kräftig gebauten Mann hinter sich.

Es war sicher nicht mehr als ein Kilometer, bis sie am runden Turm des Hilton standen. An dieser Stelle nutzte Kiambi eine Lücke im nicht versiegenden Strom der Fahrzeuge, um behände und ohne sich noch einmal umzudrehen in Nairobis Nacht zu verschwinden.

Kurz darauf war Lüder in seinem Hotel. Er ging auf sein Zimmer, stellte fest, dass es während seiner Abwesenheit betreten und durchsucht worden war, ohne dass etwas fehlte. Dann rief er zu Hause an.

»Wie geht es dir in Kapstadt?«, fragte Margit.

»Danke. Gut. Warum?«

Margit zögerte, bevor sie mit belegter Stimme fortfuhr. »Jonas hat News im Internet gefunden. Ganz aktuell. Wir verfolgen deine Reise«, fügte sie leise an. »In Kapstadt gab es heute eine Schießerei zwischen rivalisierenden Banden mit mehreren Toten.«

»Ja«, sagte Lüder. »Ich war mittendrin.«

»Du warst … was?« Margit klang entsetzt.

73

»Ich gehörte der einen rivalisierenden Bande an. Wir hatten auf der Konferenz eine Meinungsverschiedenheit. Europol, also wir Europäer, gegen das FBI. Und wie lösen Polizisten so etwas? Sie duellieren sich. Und da du jetzt mit mir telefonierst, weißt du, wer gewonnen hat.«

»Ich mag solche Späße nicht«, sagte Margit unwirsch.

»Dann vergiss nicht, dass hier lauter Polizisten zusammengekommen sind. Da traut sich keiner heran.«

»Gerade das könnte für Terroristen ein Ziel sein, um ein Zeichen zu setzen, zumal ihr das Thema ›Terrorismus‹ behandelt.«

»Du musst keine Sorgen haben. Hier ist alles friedlich.«

»Wann kommst du nach Hause? Wir wollen am Wochenende in den Urlaub.«

»Bald«, erwiderte er und wusste, dass Margit sich mit einer solch vagen Antwort nicht zufriedengab. »Das ist eine Open-End-Veranstaltung. Wir erarbeiten verschiedene Themen in international besetzten Arbeitskreisen. Und da Polizisten Beamte sind, geraten die Besprechungen manchmal langatmig. So kann ich nicht genau sagen, wann ich wieder da bin.«

»Komm bald«, sagte sie. »Und heil und gesund.« Sie hauchte einen Kuss in den Hörer, bevor das Gespräch beendet war.

Lüder fühlte sich unwohl dabei, dass er seine Familie belog. Aber die Wahrheit hätte er erst recht nicht erzählen dürfen.

Sein nächster Anruf galt Hauptkommissar Herdejürgens von der Flensburger Kripo.

»Wir sind ein Stück weiter«, erklärte der Leiter des K1. »Offensichtlich gibt es im Mordfall Gerd Wollenhaupt kein Motiv, das im privaten Bereich des Opfers zu finden ist. Wollenhaupt war ein ruhiger Zeitgenosse. Es gab weder Drohungen noch Streit. Er ist nicht vorbestraft, spielt nicht, ist nicht abhängig, scheint keine Laster zu haben. Es liegt auch kein Eifersuchtsdrama vor. Andererseits scheint man den Mord gezielt an ihm verübt zu haben. Es sieht nicht so aus, als wäre er ein zufälliges Opfer. In diesem Punkt sind wir noch nicht weitergekommen.«

»Da sind Sie nicht allein. Ich teile Ihre Vermutung, dass Wollenhaupt über Wissen aus dem beruflichen Umfeld verfügte, das ihm zum Verhängnis wurde.«

»Sie meinen, er hat etwas entdeckt und es für eine Erpressung genutzt?« Herdejürgens klang überrascht. »Er scheint nicht der Mann für so etwas gewesen zu sein.«

»Auszuschließen ist das nicht«, sagte Lüder. »Vielleicht hat er aber auch etwas gesehen, das so brisant ist, dass er für seine Entdeckung hat sterben müssen.«

»Das klingt ja aberwitzig. Befinden wir uns unfreiwillig mitten in einem Spionagethriller? Wir sind hier in Flensburg. Das ist Randdeutschland. Tiefste Provinz.«

»In Deutschlands Spitze. Ganz oben. Topp«, korrigierte ihn Lüder.

Herdejürgens lachte. »Wie gut, dass wir das wissen. Wenn wir neue Erkenntnisse haben, informiere ich Sie. Wie erreiche ich Sie?«

»Ich melde mich.« Lüder verabschiedete sich. Anschließend rief er Walter Rukcza an.

»Sie rufen spät an«, sagte der Staatsminister unwirsch zur Begrüßung.

»Mein Kaffeekränzchen hat ein wenig länger gedauert«, erwiderte Lüder und amüsierte sich, dass am anderen Ende der Leitung Stille herrschte. »Die Kommunikation *nach* Kenia ist sehr dürftig. Selbst das allumfassend informierte Boulevardblatt ist hier nicht zu erwerben. Ist es ein Staatsgeheimnis, oder liegt inzwischen eine Lösegeldforderung der Kidnapper vor?«

Die Antwort klang ein wenig atemlos. »Wie sprechen Sie mit mir? Was erlauben Sie sich?«

»Alles«, antwortete Lüder. »Ich fühle mich an der Nase herumgeführt. Was wird hier gespielt? Sie schicken mich nach Afrika, und ich stochere hier ohne vernünftige Grundlage im Nebel herum. Offenbar weiß jeder, wer ich bin und was ich hier will. Nur ich selbst nicht. Was halten Sie davon, wenn ich meine Koffer packe und nach Hause fliege? Das freut sicher den deutschen Steuerzahler.«

»Sie sind Beamter und unterliegen einer Treuepflicht«, sagte Rukcza aufgebracht.

»Sie vergessen, dass ich Landesbeamter bin. Schleswig-Holstein ist ein wunderschönes Land, endet im Süden aber an der Elbe. Also! Gibt es inzwischen einen Kontakt zu den Entführern?«

»Nein.« Rukcza klang wesentlich kleinlauter. »Wir wissen nicht, was dort gespielt wird. Der Vorgang steht unter direkter Beobachtung des Kabinetts. Er ist zur geheimen Chefsache erklärt worden. Ich muss zweimal täglich Bericht erstatten.«

»So so«, sagte Lüder spitz. »Wem verdanke ich die Vorbereitungen für die Reise und die großzügige Ausstattung mit Kreditkarte und Material?«

»Für die Organisation ist Herr de Buur zuständig.«

De Buur vom Bundesnachrichtendienst. Das half Lüder nicht weiter. Wenn es sich um eine brisante politische Angelegenheit handeln würde, hätte man nicht die Polizei eingeschaltet, schon gar nicht eine Landespolizei. Das fiel weder in deren Kompetenzbereich, noch waren sie dafür ausgerüstet.

»Herr Rukcza. Ich erwarte morgen – spätestens! – eine verbindliche Auskunft darüber, was die ›Holstenexpress‹ geladen hat. Finden Sie es nicht auch merkwürdig, dass der einzige Mensch, der vermutlich etwas über die Ladung hätte sagen können, ermordet wird? Dabei gehe ich davon aus, dass Wollenhaupt auch nicht informiert war. Papier ist geduldig.«

»Ich weiß es nicht.« Rukcza sprach leiser, als fürchtete er, man würde zuhören.

»Auch wenn Sie flüstern, hört der BND bei unserem Telefonat mit«, sagte Lüder bestimmt. »Hallo, Schlapphüte!«

»Herr Lüders!« Der Staatsminister klang empört.

»Wir werden uns nach meiner Rückkehr unterhalten«, sagte Lüder.

Es klang wie eine Drohung. Es war eine Drohung. Als er auflegte, ließ er einen unzufrieden klingenden Berliner Spitzenpolitiker zurück.

Sein nächster Anruf galt Sebastian Herzog von der deutschen Botschaft.

VIER

Lüder hatte unruhig geschlafen. Auch der Besuch in der Hotelbar hatte ihm nicht die Bettschwere verschaffen können, die für eine erholsame Nachtruhe vonnöten gewesen wäre. Immer wieder war er wach geworden, und seine Gedanken kreisten um die entführte »Holstenexpress«.

Im Frühstücksraum herrschte ein lebendiges Treiben. Neben europäischen Gästen traf er auf Afrikaner, die mit ihrer zum Teil folkloristisch anmutenden Kleidung bunte Farbtupfer bildeten. Zu den farbenfrohen Gewändern passte auch ihre Lebendigkeit. Die Mehrheit unter ihnen schien die Fröhlichkeit für sich gepachtet zu haben.

Lüder entschied sich, auf Experimente zu verzichten, und wählte aus dem reichhaltigen Buffet ein Frühstück, das dem gewohnten am ehesten entsprach.

Er suchte vergeblich nach einer Ausgabe des »Kenia Mirror«. Es gab eine Reihe einheimischer Zeitungen, die in Englisch erschienen, aber Kiambis Blatt war nicht darunter zu finden.

Nach dem Essen machte er sich auf den Weg ins Stadtzentrum. Er musste eine Weile suchen, bis er eine Verkaufsstelle fand, die den »Mirror« führte. Noch auf der Straße schlug er die Zeitung auf und suchte nach der Anzeige. Vergeblich. Hatte er sie in der ersten Eile übersehen?

Mit der Zeitung unterm Arm suchte er eine Bank in einer Grünanlage nahe dem Kenyatta Conference Centre. Für Juli war es zu dieser Stunde eigentlich zu kühl, fand Lüder. Noch einmal nahm er sich die Zeitung vor und suchte Seite für Seite nach der Anzeige. Er fand sie nicht. Möglicherweise war es gestern Abend zu spät gewesen, und Kiambi hatte die Annonce nicht mehr für heute platzieren können.

Es war bereits Dienstag, und am Sonnabend wollte Lüder mit seiner Familie in den Schweden-Urlaub aufbrechen. Margit würde sich wenig begeistert zeigen, wenn er nachkommen musste. Sie fuhr ungern allein ins Ausland, selbst wenn das Autofahren in Schweden ein Vergnügen war, sie dank GPS an den Ort geleitet wurde und Mar-

77

git sich in Nordeuropa auch auf Englisch und Deutsch verständigen konnte.

Enttäuscht stand Lüder auf, als sich das Handy meldete.

»Sie suchen die Adresse des Schweizer Honorarkonsuls?«, fragte eine kehlig klingende Stimme in einem leichten Singsang.

»Mit wem spreche ich?«, antwortete Lüder mit einer Gegenfrage.

»Stellen Sie keine überflüssigen Fragen«, sagte die Stimme. »Sie haben nur eine einzige Chance: Fliegen Sie morgen um zwölf Uhr fünfunddreißig mit Jetlink Express nach Mogadischu.«

»Und dann?«

»Dort erwartet man Sie am Flughafen.«

Bevor Lüder die nächste Frage stellen konnte, wurde die Verbindung unterbrochen. Er war ratlos. Die ganze Sache wurde immer rätselhafter. Wer wusste von der Anzeige, die nicht erschienen war? Woher kannte der Anrufer seine Telefonnummer? Das Handy, das Lüder von Herzog erhalten hatte, hätte eigentlich für Dritte nicht erreichbar sein dürfen. Welche Verbindungen gab es hinter den Kulissen, die für Lüder immer undurchsichtiger wurden? Er hielt ein Taxi an und ließ sich zur deutschen Botschaft auf dem Riverside Drive bringen.

Sebastian Herzog befand sich in einer Besprechung, die er aber sofort unterbrach, als ihm Lüders Besuch angekündigt wurde.

»Was kann ich für Sie tun?«

»Ich soll morgen nach Mogadischu fliegen«, sagte Lüder.

Herzog sah ihn entgeistert an. »Unmöglich.«

»Das denke ich auch. Aber es ist die einzige Möglichkeit, mit Urs Hürlimann Kontakt aufzunehmen.«

»Hürlimann?« Herzog holte tief Luft.

»Sagt Ihnen der Name etwas?«

»Wir sind uns nicht sicher, ob es Hürlimann als reales Wesen wirklich gibt oder sich hinter diesem Pseudonym eine Organisation verbirgt. Man sagt, Hürlimann sei der einzige Nicht-Somalier, der in Mogadischu überlebt. Bisher jedenfalls. Meinen Worten entnehmen Sie, dass Sie sich unmöglich nach Somalia begeben können. Das geht nicht.« Herzog schüttelte energisch den Kopf.

»Ich muss mit Hürlimann sprechen. Vielleicht besteht die Mög-

lichkeit, mit der nächsten Maschine wieder nach Nairobi zurückzukehren.«

Der Botschaftsmitarbeiter war fassungslos. »Dafür können wir
nicht die Verantwortung übernehmen. Ich habe Ihnen schon erklärt,
dass in Somalia neben den politisch völlig chaotischen Verhältnissen
auch eine extrem hohe Allgemeinkriminalität herrscht. Es gibt ge-
zielte Mordanschläge, besonders gegen Ausländer, sofern sie nicht
entführt werden. Niemand übersieht so recht die Lage zwischen
den marodierenden Banden der Clans. Die ziehen regelmäßig auch
Unbeteiligte in Mitleidenschaft, ganz abgesehen von den Kampfhandlungen zwischen den Bürgerkriegsparteien.«

»Ich will nur bis zum internationalen Flughafen in Mogadischu«,
erklärte Lüder.

»Und wenn Sie dort festsitzen? Wenn Sie keinen Rückflug bekommen? Sich irgendetwas Unvorhergesehenes ereignet?«

»Ich werde auf mich aufpassen.«

»Trotzdem«, blieb Herzog hartnäckig. »Das geht nicht. Das kann
ich nicht zulassen.«

»Schön.« Lüder stand auf. »Dann werde ich meine Reise ohne
Ihre Hilfe antreten.«

»Herr Lüders«, sagte Herzog eindringlich. »Es ist nicht nur meine Aufgabe, Sie zu warnen, sondern auch eine Herzensangelegen-
heit. Wir sprechen nicht über einen lustigen Abenteuertrip, einen
Nervenkitzel. Das ist hochbrisant. Und mehr als gefährlich. Ich
bringe hier keine hohlen Warnungen vor. Wie wichtig Ihre Aufgabe auch immer sein mag, Sie sollten von einer Reise nach Mogadischu Abstand nehmen. Ich schätze Sie nicht als Hasardeur ein.«

Lüder betrachtete sein Gegenüber lange. Herzog meinte es ehrlich. Trotzdem war Lüder entschlossen, diesem einzigen konkreten
Hinweis nachzugehen.

»Wie streng sind die Sicherheitskontrollen am Flughafen?«, fragte er.

Herzog runzelte die Stirn. »Die Sicherheitskontrollen auf den
beiden internationalen Flughäfen Kenias in Nairobi und Mombasa
sind weit von europäischen Standards entfernt. An der Effizienz muss
erheblich gezweifelt werden. Noch schlimmer ist es am regionalen
Flughafen Nairobi Wilson. Von dort starten nicht nur zahlreiche
›Flying Safaris‹, sondern auch sämtliche Flüge nach Somalia. Ich

würde die Kontrollen nicht als mangelhaft, sondern als nicht existent bezeichnen.«

»Gut«, zeigte sich Lüder zufrieden. »Das kommt mir entgegen. Können Sie mir bis heute Abend Munition für meine Pistole besorgen? Ich brauche«, er überlegte kurz, »vierzig Schuss vom Kaliber neun Millimeter. Neun mal neunzehn.«

»Bitte?« Herzog sah ihn ungläubig an.

»Und ein Satellitentelefon, da ich annehme, dass es in Mogadischu nicht möglich ist, über ein normales Netz zu telefonieren.«

»Wir sind keine Außenstelle des Geheimdienstes«, sagte Herzog, und es schwang ein leichter Vorwurf mit.

»Außergewöhnliche Umstände erfordern ungewöhnliche Maßnahmen.«

Der engagierte Botschaftsmitarbeiter schien zu resignieren. »Wir erfüllen hier eine Aufgabe, die ohnehin nicht einfach ist. Dazu gehört auch, dass wir vor Risiken warnen, besonders vor solchen, die unübersehbar sind. Ich weiß«, dabei wedelte er mit der Hand in der Luft, »auch am Alexanderplatz, auf dem Stachus oder der Mönckebergstraße kann es gefährlich sein. Aber trotzdem …« Herzog hielt mitten im Satz inne. »Ich werde mein Möglichstes versuchen.« Dann lächelte er. »Sie haben keine Vorstellung davon, wie oft wir improvisieren müssen, aber das macht den Reiz meiner Tätigkeit aus, dass man sich immer wieder neuen Herausforderungen stellen muss.«

Das ist bei mir nicht anders, dachte Lüder. Laut sagte er: »Können Sie sich vorstellen, dass Dr. Mbago Kontakt zu Hürlimann pflegt?«

Herzog zog die Augenbrauen hoch. »Das ist schwer zu sagen. Dr. Mbago mischt in vielen Bereichen mit und hat an vielen Stellen seine Finger im Spiel. Er ist einflussreich und nutzt das auch aus. Meistens zu seinen Gunsten. Ich kann Ihnen die Frage nicht beantworten.«

»Könnte es sein, dass der Anwalt an den erpressten Lösegeldern partizipiert?«

»Auszuschließen ist nichts. Ich habe mich mit dieser Frage noch nicht beschäftigt. Sie werden darauf auch nur schwer eine Antwort erhalten. Wenn Sie in einem Land wie Kenia so agieren wie Dr. Mbago, benötigen Sie dafür Rückendeckung.«

»Und die hat er?«

»Davon können Sie ausgehen.«

»Heißt das, an Dr. Mbagos Futtertrog hängen noch andere?«

»So funktioniert das System.« Herzog hielt einen Moment inne. »Alles, was wir jetzt besprechen, ist rein hypothetisch und nicht etwa die Meinung der Botschaft. Ich möchte das ausdrücklich betonen.«

»Das habe ich verstanden, ich versichere es Ihnen«, sagte Lüder. »Kennen Sie John Kiambi vom ›Kenia Mirror‹?«

»Ein sehr engagierter und couragierter junger Mann, der ebenso wie seine Redaktionskollegen für eine relative Pressefreiheit eintritt. Vielleicht geht der ›Mirror‹ in seinem Bestreben, die Dinge beim Namen zu nennen, manchmal ein wenig zu weit. Es gibt Menschen, die meinen, man muss überziehen, um gehört zu werden.«

»Es ist nicht alles glaubwürdig, was dort geschrieben wird?«, fragte Lüder.

Herzog zeigte sich skeptisch. »Wo wollen Sie die Grenze ziehen? Es ist gefährlich, wenn Sie als kritischer Journalist die Missstände direkt benennen, den Einflussreichen und Mächtigen zu nahe kommen. So frei wie in Europa ist die Presse hier sicher nicht, andererseits aber auch nicht zentral gelenkt. So bleiben Nischen, die Leute wie Kiambi ausfüllen.«

»Ist er glaubwürdig? Vertrauenswürdig?«

»Das ist eine Ermessensfrage, die von Fall zu Fall entschieden werden muss«, antwortete Herzog ausweichend.

Das half Lüder nicht weiter. Er wusste nicht, was er von Kiambi und Dr. Mbago halten sollte. Die Umstände der Kontaktvermittlung nach Mogadischu waren merkwürdig, aber Lüders einzige Spur. Er war kein Draufgänger, der sich unüberlegt in Abenteuer stürzte und dabei jede Vorsicht missen ließ. Andererseits hatte man ihn in Berlin und Kiel in die Pflicht genommen und ihn in eine Situation gebracht, die er befriedigend lösen wollte. Es war ein schmaler Pfad, der vor ihm lag.

Lüder stand auf. »Ich wäre Ihnen dankbar, wenn Sie mir die Dinge besorgen könnten«, sagte er. »Wo kann ich ungestört nach Deutschland telefonieren?«

Herzog führte ihn in ein unbenutztes Büro und erklärte ihm, wie er einen deutschen Anschluss erreichte.

Nachdem er eine endlos lange Zahlenreihe eingetippt hatte, dauerte es eine Ewigkeit, bis sich eine verschlafen klingende Stimme meldete.

»Große Jäger. Polizei Husum.«

»Moin. Lüder hier.«

»Herr Dr. Lüders. Welche Überraschung. Was macht das Wetter in Kiel?«

»Heiter, nein, sonnig. Angenehme Temperaturen.«

»Wie bei uns. Nur dass der leichte Sommerwind hier nach Salz schmeckt.«

»Hier schmeckt er nach Steppe und Tropensonne.«

»Nun geben Sie nicht so an.«

Der Husumer Oberkommissar konnte oder wollte sich nicht daran gewöhnen, dass Lüder ihm in der Vergangenheit mehrfach das Du angeboten hatte. So sahen unbeteiligte Dritte stets irritiert auf, wenn einer der beiden den anderen duzte, selbst aber mit »Sie« angesprochen wurde.

»Ich bin in Afrika«, sagte Lüder und wurde sogleich von Große Jäger unterbrochen.

»Das kann ich mir gut vorstellen. In Kiel, ach was, an der ganzen Ostküste, da laufen doch nur Buschmänner herum.«

Lüder klärte Große Jäger auf, dass er und warum er tatsächlich in Nairobi war.

»Um Himmels willen. Und das ohne meinen Schutz?«

Lüder schmunzelte, obwohl er sich bei seiner bevorstehenden Mission in Große Jägers Gegenwart sicher wohler gefühlt hätte.

»Solche Worte habe ich immer von Hadschi Halef Omar gehört«, sagte Lüder. »Der wollte stets seinen Sidi beschützen.«

»Mit Hadschi habe ich nur eines gemeinsam: Wir haben beide viele und komplizierte Namen.«

Lüder berichtete, dass er am nächsten Tag nach Mogadischu fliegen wolle. Er hatte es nicht anders erwartet, Große Jäger fiel verbal über ihn her und versuchte, ihn mit markigen Worten davon abzubringen.

»Das ist eine unumstößliche Tatsache«, erklärte Lüder. »Dort treffe ich einen undurchsichtigen Schweizer. Ich habe die Bitte, ob du etwas über ihn in Erfahrung bringen könntest. Sein Name ist Urs Hürlimann.«

Große Jäger versprach es. »Und ...«, sagte der Oberkommissar zum Abschluss, »wie immer: alles höchst vertraulich und zu niemandem ein Wort.«

Lüder wusste, dass er sich auf Große Jäger verlassen konnte. Der Oberkommissar würde lediglich Christoph Johannes einweihen. Und für den galt das Gleiche wie für Große Jäger.

Lüder verließ das Hotel, schlenderte durch die lebhafte City und suchte ein Reisebüro auf. Eine blonde junge Frau, deren Englisch auf eine skandinavische Herkunft schließen ließ, sah ihn erstaunt an, als er seine Wünsche vortrug.

»Mogadischu?«, wiederholte sie sein Reiseziel und musterte ihn ungläubig.

Lüder nickte. »Mit der nächsten Möglichkeit. Komme ich am selben Tag wieder zurück?«

Mit einem Achselzucken suchte sie in ihrem Computer eine Verbindung heraus, sah ihn zwischendurch immer wieder mit einem skeptischen Blick an, murmelte leise: »Das geht nicht«, und Lüder glaubte, Norwegisch herausgehört zu haben. Dann wandte sie sich ihm zu.

»Hin können Sie morgen fliegen.«

»Da ist noch etwas frei?«

Ihr Lächeln verriet, dass sie von seiner Naivität überzeugt war. »Mogadischu. Da sind immer Plätze frei.«

»Schön. Dann klappt es auch mit dem Rückflug am selben Tag?«

»Leider nicht. Das geht frühestens mit der nächsten Maschine.«

»Wann wäre das?«

»Am Freitag. Wenn Sie zurück nach Nairobi wollen.«

»Nicht früher?«

»Mogadischu ist keine begehrte Destination.«

Lüder entschloss sich, den Flug zu buchen, und zahlte die vierhundert US-Dollar. Während die Angestellte auf die Bestätigung durch die Kreditkartengesellschaft wartete, sagte sie: »Das ist ein sehr exotisches Reiseziel.«

»Ich bin Journalist«, erklärte Lüder.

»Aus Deutschland.« Es war eine Feststellung.

Als Lüder nickte, fuhr sie fort. »Woher sonst kommen solch verrückte Reisenden. Wenn mir hier jemand gegenübersitzt, der eine Safari mitten in den Busch sucht, sind es garantiert Deutsche.«

Sie plauderten eine Weile, und Solveig, wie sie sich vorstellte, erzählte, dass sie seit vier Jahren auf einem Trip rund um die Welt sei und schon an den verschiedensten Orten gearbeitet habe. Sie sah es als unbezahlbare Bereicherung in ihrem Beruf als Reiseverkehrskauffrau an.

Nachdem das Administrative abgewickelt war, zeigte sich die Norwegerin enttäuscht, dass Lüder am Abend keine Zeit hatte, das interessante Gespräch fortzusetzen. Sie wünschte ihm viel Erfolg und rief ihm »Kommen Sie heil wieder zurück« hinterher. »Melden Sie sich einmal. Mich interessieren Ihre Eindrücke von Mogadischu.«

Auf die war Lüder auch gespnnt. Das Zimmer im Intercontinental würde er während seiner Reise nach Somalia behalten. Darum sollte sich Sebastian Herzog kümmern, der sich bisher als zuverlässiger Glücksfall erwiesen hatte und auch außergewöhnliche Wünsche zu erfüllen vermochte.

Lüder kehrte ins Hotel zurück und rief Walter Rukcza an.

»Kommen Sie voran?«, fragte der Staatsminister.

»Soweit das unter den hiesigen Umständen möglich ist. Ich werde morgen nach Somalia fliegen.«

»Somalia?« Lüder war nicht entgangen, dass die Frage zwar neugierig klang, aber der warnende Unterton fehlte, den er bei anderen bei der Nennung dieses Reiseziels vernommen hatte. Rukcza versuchte nicht mit einem Wort, ihn davon abzuhalten. »Was wollen Sie dort?«

»Ich habe einen Kontakt herstellen können.«

»Welcher Art?«

»Darüber möchte ich nicht reden. Noch nicht.«

»Haben Sie vergessen, mit wem Sie sprechen? Ich bin der direkte Beauftragte der Regierungsspitze. Die Leitung der Bundesregierung möchte schon auf dem Laufenden gehalten werden.«

Lüder blieb hartnäckig. »Über meine Vorgehensweise entscheide ich ganz allein. Da können Sie eine ganze Kanzlerriege in der Hinterhand haben.«

»Trotz aller Bedeutung Ihrer Mission«, wechselte Rukcza das Thema, »vergessen Sie bitte nicht, mit den Ihnen anvertrauten Finanzmitteln sorgfältig umzugehen. Was war das für ein größerer Posten, der gestern abgebucht wurde?«

»Das waren, ähm … Kosten für eine juristische Beratung.«

»So viel? Ich gehe davon aus, dass Sie einen Beleg darüber haben.«

»Hallo! Sie haben mich nach Afrika geschickt. Hier kennt man keine Steuernummern. Und in Nairobi hat das Umweltprogramm der Vereinten Nationen seinen Sitz. Da werden keine Ressourcen für das Papier von Quittungen verschwendet. Fragen Sie Klaus Töpfer. Der hat hier als Exekutivdirektor und Generaldirektor des Büros der UN gewirkt. Immerhin hat er es bis zum Untergeneralsekretär gebracht. Und das alles ohne Quittungen.«

»Sie haben einen eigenartigen Humor«, sagte Rukcza. Es klang säuerlich.

»Ohne den hätte es mich nie hierhergeführt.«

»Ich appelliere an Ihr Verantwortungsbewusstsein als Beamter«, schloss der Staatsminister das Gespräch. »Gehen Sie bitte verantwortungsbewusst mit dem Spesenkonto um.«

»Deshalb will ich in Somalia auch per Anhalter reisen«, erwiderte Lüder und rief: »Halt! Bevor Sie auflegen, gibt es neue Informationen zur ›Holstenexpress‹? Liegt inzwischen eine Lösegeldforderung vor? Wo ist das Schiff? Wie geht es der Besatzung? Was ist mit der Ladung?«

»Das Schiff liegt immer noch unverändert an der Position, die uns die Marine genannt hat. Die Entführer haben sich noch nicht gemeldet. Zur Ladung wurde alles gesagt. Warum fragen Sie so penetrant danach?«

»Weil ich hier auf einem Pulverfass hocke und wissen möchte, aus welchem Material die Lunte besteht«, antwortete Lüder.

»Sie übertreiben. Was wollten Sie noch wissen?«

Lüder fand es erschreckend, dass Rukcza von sich aus mit keiner Silbe auf das Schicksal der Besatzung einging und jetzt sogar noch einmal nachfragte, was Lüder interessierte.

»Ich sprach von der Besatzung. *Menschen!* Die befinden sich jetzt in der Gewalt der Piraten.«

»Über die Leute an Bord der ›Holstenexpress‹ gibt es keine neuen Erkenntnisse. Wie gesagt – es gibt keinen Kontakt zu den Entführern. In diesem Punkt setzen wir auf Sie und Ihre Ermittlungen.«

Hurensohn, dachte Lüder. Du wäschst dir die Hände wie weiland

85

Pilatus, und mit diesem einen lapidaren Satz verlagert ihr die Verantwortung für die Besatzung auf meine Schultern. Offiziell wird man sagen können, »dass die Regierung nichts unversucht gelassen hat, sich um das Leben und Wohlergehen der Menschen zu bemühen«.

Den Rest des Tages verbrachte Lüder damit, im Internet zu recherchieren, sich noch einmal – vergeblich – nach John Kiambi zu erkundigen und mit seiner Familie in Kiel zu telefonieren.

Abends suchte er noch einmal die Botschaft auf. Sebastian Herzog empfing ihn mit einem Lächeln.

»Sie haben mich vor eine spannende und nicht alltägliche Aufgabe gestellt«, begann er. »So etwas gehört nicht zu meiner üblichen Arbeit. Kommen Sie.« Er führte Lüder in sein Büro und schloss hinter ihnen die Tür. In einem Schrank hatte der Botschaftsreferent die Sachen verstaut. Mit spitzen Fingern reichte er Lüder die Patronen. »Ich hoffe, sie sind richtig. Ich verstehe nichts von solchen Dingen.«

»Die sind richtig«, bestätigte Lüder und nahm das Telefon zur Hand, das nicht größer als ein herkömmliches Handy war, aber im Unterschied dazu eine Antenne aufwies.

»Es arbeitet nach dem System Iridium«, erklärte Herzog, »und ist auf den Satelliten LEO ausgerichtet. Sie können es im Prinzip wie ein herkömmliches Telefon nutzen. Die Rufnummer ist ...« Er suchte einen Zettel hervor und reichte ihn Lüder. »Moment«, sagte er. »Vorsichtshalber möchte ich sie mir noch notieren.«

Lüder nahm sein Handy und wählte die Nummer probeweise an. Es dauerte eine Ewigkeit, bis das Satellitentelefon klingelte.

»Prima«, sagte er.

»Ich habe noch etwas für Sie«, fuhr Herzog fort. »Sie haben nicht explizit danach gefragt, aber ich habe mir gedacht, es könnte eventuell von Nutzen sein.« Er gab Lüder ein kleines Gerät, das an einen Fahrradcomputer erinnerte. »Das ist ein GPS-Empfänger. Sie können damit jederzeit Ihre exakte Position bestimmen. Und sie natürlich auch an Dritte weitergeben. So weiß man zumindest theoretisch, wo Sie sich aufhalten. Auch wenn das im konkreten Fall nicht hilfreich sein dürfte.« Er sah Lüder lange an. »Wollen Sie es sich nicht doch noch einmal überlegen?«

Lüder reichte Herzog die Hand und bedankte sich. Es war ein fester und warmherziger Händedruck. Lüder wusste, dass der Botschaftsmitarbeiter seine Bedenken in echter Sorge und nicht nur, weil es seine Aufgabe war, vortrug.

»Ich hole Sie morgen im Hotel ab und bringe Sie zum Flughafen«, erklärte Herzog.

Lüder kehrte ins Hotel zurück, verstaute die Sachen in seinem Zimmer und suchte das Restaurant auf. Er wählte eine leichte Mahlzeit, die ihm aber nicht recht munden wollte. Er spürte Zweifel, ob seine Entscheidung, nach Mogadischu zu fliegen, richtig war. Er war Polizist, aber kein Abenteurer.

Er verzichtete darauf, es anderen Gästen gleichzutun und nach dem Essen noch die Hotelbar aufzusuchen. Im Zimmer untersuchte er noch einmal die Ausrüstungsgegenstände, machte sich mit der Handhabung vertraut, soweit das möglich war, packte seine Sachen und vergaß auch nicht die Fotoausrüstung sowie das Notebook. Er benötigte eine ganze Weile, bis es ihm gelang, den kleinen Computer mittels des Satellitentelefons ins World Wide Web einzubinden.

Er war mitten in seinen Versuchen, als sich sein Handy meldete.

»Herr Dr. Lüders«, hörte er die ferne Stimme des Husumer Oberkommissars. »Störe ich Sie mitten in einer Dschungelparty?«

»Moin, Wilderich«, erwiderte Lüder Große Jägers Begrüßung. »Die Party startet morgen.«

»Brauchen Sie noch einen Begleiter? Das könnte mir gefallen. Auf einer Lodge, umgeben von Elefantenherden und Giraffen … Die Affen schaukeln in den Bäumen. Klasse.«

»Das trifft fast zu«, erwiderte Lüder. »Fast! Nur sitzen die Affen in Berlin, und statt Elefanten und Giraffen wimmelt es von Raubkatzen.«

»Tiger?« In Große Jägers Stimme lag etwas Lauerndes.

»Ja«, bestätigte Lüder. »Aber nur, wenn die heute Nacht aus Indien kommend den Indischen Ozean durchschwimmen und in Afrika an Land gehen. Tiger gibt es hier nur im Zoo.«

Große Jäger lachte. »Das ist gut. Ein Zoo in Afrika. Ich habe ein paar Informationen für Sie über Urs Hürlimann.« Nun wurde der Oberkommissar ernst. »Leider sind die recht dürftig, da er in Deutschland nicht aktenkundig ist.«

»Und woher hast du deine Weisheiten?«

»Man hat seine Quellen«, wich Große Jäger aus. »Urs Hürlimann ist Schweizer Staatsbürger. Er ist einundvierzig Jahre alt und in Liestal geboren. Das ist der Hauptort des Kantons Basel-Landschaft. Sie kennen sicher die Autos mit dem roten Kreuz und den Anfangsbuchstaben BL.«

»BL?«, scherzte Lüder. »Ich dachte, das heißt Basel-Land.«

»Ja, ich weiß. Aber HL in Deutschland steht auch nicht für Hamburg-Land.«

Lüder wusste, dass diese Redensart eine Beleidigung für alle traditionsbewussten Lübecker war.

»Hürlimann hat die Matur …«

»Matura«, korrigierte Lüder.

»So nennen es die Ösis. In der Schweiz heißt es Matur. Nach der Matur hat er ein Studium in Zürich begonnen, aber offensichtlich nicht abgeschlossen.«

»Was heißt das?«

»Was auch immer … Ich weiß es nicht. Es war irgendetwas Technisches an der Eidgenössischen Technischen Hochschule.«

»In welchem Fach?«

»Keine Ahnung«, gestand Große Jäger. »Er hat sich danach als Mitarbeiter bei ›Blick‹ und ›Der Bund‹ versucht. Das sind zwei angesehene Schweizer Zeitungen.«

»Nun ja«, relativierte Lüder. »Wohl eher Boulevardzeitungen.«

»Hürlimann hat sich auf Auslandsberichte konzentriert. Ich habe im Archiv ein paar Artikel von ihm nachgelesen. Nichts Spektakuläres, aber fundiert und sauber. So erschien es mir jedenfalls. Irgendwann ist er von der Bildfläche verschwunden. Ich habe keine Informationen finden können, wo er sich aufgehalten hat. Später tauchte er in Simbabwe auf, bis man ihn dort hinausgeworfen hat. Seit drei Jahren treibt er sich in Somalia herum.«

»Was macht er da? Wovon lebt er?«

»Das ist alles nebulös. Ich habe leider keine weiteren Informationen vorliegen, weder positive noch negative.«

»Hat er Dreck am Stecken?«

»Falls ja, ist es uns nicht bekannt. Jedenfalls scheint er kein Durchschnittsbürger zu sein.«

»Verheiratet? Familie?«

»Ich nicht wissen«, radebrechte Große Jäger.

Lüder gab Große Jäger die Rufnummer des Satellitentelefons. »Ich bitte dich, diskret ein Auge auf meine Aktion zu werfen, soweit es dir möglich ist.«

»Ich pass auf Sie auf«, sagte Große Jäger, und seine Stimme klang ein wenig belegt. »So gut es geht. Und wenn auch nur aus der Ferne. Machen Sie's gut. Und … Seien Sie vorsichtig und kommen Sie gesund und heil zurück.«

»Danke«, sagte Lüder und meinte es ehrlich. Er wusste, dass sein Husumer Freund im Rahmen seiner Möglichkeiten Lüders Mission verfolgen würde.

FÜNF

Lüder hatte unruhig geschlafen – die zweite Nacht in Folge. Ermittler, die sich unbefangen ins Bett legen und ungeachtet größerer Fragen und Probleme im aktuellen Fall eine tiefe und erholsame Nachtruhe finden, gab es anscheinend nur im Film. Aber Schlaflosigkeit vor großen Aufgaben war sicher nicht auf Polizisten beschränkt. Dieses Phänomen betraf Menschen in anderen Berufen ebenso.

Sebastian Herzog erschien so zeitig, dass er Lüder im Frühstücksraum antraf. Der Botschaftsreferent trank einen Kaffee mit, half Lüder, das Gepäck im BMW zu verstauen, und fuhr in Richtung des zweiten großen Flughafens der kenianischen Hauptstadt. Auf der Gegenfahrbahn standen die Autos auf dem Weg in die City in mehreren Reihen. Lüder schien es, als würde sich die Schlange keinen Zentimeter bewegen und als müssten die Fahrzeuge morgen zur gleichen Zeit immer noch an derselben Stelle stehen. Die Straße führte durch einen mitten im Stadtzentrum gelegenen Golfplatz hindurch und am Hauptbahnhof entlang. Die Eisenbahnstation wirkte noch heute wie ein Relikt aus der Kolonialzeit. Museal anmutende Züge, denen man nicht zutraute, dass sie es bis zur Stadtgrenze schaffen würden, und mit Säulen bestückte Bahnsteige nährten die Illusion, sogleich würde Humphrey Bogart in einer Szene auftauchen.

Herzog kannte sich in Nairobi aus. Gekonnt umrundete er den Bunyala Roundabout und fand eine Lücke in der dicht an dicht stehenden Schlange auf der Gegenfahrbahn. Mit einer Gelassenheit, als hätte er hier seine ersten Fahrstunden absolviert, hupte sich der Botschaftsmitarbeiter den Weg frei.

Der Weg führte am Nationalstadion vorbei, das mit seinem rotweißen Anstrich eher einer Zirkusarena glich. Es galt, noch ein paar Kreisverkehre zu überwinden, bis sie den Flughafen erreicht hatten.

Herzog setzte Lüder vor dem Empfangsgebäude ab, holte das Gepäck aus dem Kofferraum und öffnete den Mund, als wollte er einen weiteren Versuch starten, Lüder von seinem Vorhaben abzuhalten. Doch dann winkte er nur resigniert ab, drückte Lüder kräftig die Hand und sagte: »Viel Glück. Kommen Sie gesund wieder.«

Ohne Lüders Antwort abzuwarten, kehrte Herzog zu seinem Wagen zurück und fuhr davon.

Lüder hatte einige Mühe, sich in dem Tohuwabohu zurechtzufinden. Das Durcheinander erinnerte ihn an die Enge auf einem orientalischen Basar. Mit einigen Schwierigkeiten entdeckte er den Counter, checkte ein und fand sich in einem Warteraum wieder. Interessiert beobachtete er das bunte Treiben um sich herum. Das war Afrika, wie man es sich vorstellte.

Das galt auch für die Sicherheitskontrolle, als sein Flug aufgerufen wurde. Es gab eine Schleuse, aber kein Personal dazu.

Der Grenzbeamte, der die Passagiere kontrollierte, schien seinen Job nicht ernst zu nehmen. Auch Lüder konnte dank eines Geldscheins im Pass ohne weitere Rückfragen oder Kontrollen passieren.

Auf dem Vorfeld herrschte ein heilloses Durcheinander. Überall standen Flugzeuge herum, scheinbar planlos irgendwo geparkt. Das gute Dutzend Passagiere schlängelte sich zu Fuß durch das Chaos und steuerte eine Maschine der Jetlink Airline mit den blau lackierten Triebwerken und dem geschwungenen »Erledigt-Haken« am gelben Leitwerk an.

Das Flugzeug war eine zweistrahlige Bombardier Canadair Regional Jet 200, ein Typ, der früher auch von der Lufthansa Cityline geflogen worden war, aber seit über sieben Jahren nicht mehr gebaut wurde. Was soll's, dachte Lüder. Es ist ohnehin ein großes Abenteuer.

Sie wurden von einem dunkelhäutigen Mann in einer korrekt sitzenden Uniform begrüßt, der einen laschen Blick auf die Tickets warf.

Lüder suchte sich einen Platz vor den Tragflächen und wartete vergeblich auf das Erscheinen des Kabinenpersonals. Bei einem Blick aus dem Fenster gewahrte er auf einer gegenüberliegenden Wiese den hölzernen Tower mit der Flugleitung, der ihn ein wenig an den Turm der Rennleitung auf einer Pferderennbahn in der deutschen Provinz erinnerte.

Er musste sich in Geduld üben, bis zwei Männer die Türen schlossen und sich ins Cockpit begaben. Eine männliche Stimme drang aus dem Lautsprecher, sagte etwas in einer fremden Sprache und wiederholte in gutturalem Englisch die Bitte, die Passagiere möchten sich bitte anschnallen. Es vergingen weitere zehn Minuten, bis die Triebwerke der Maschine angeworfen wurden und sich das Flugzeug langsam in Bewegung setzte. Die Besatzung schaffte es, den Jet aus dem Gewirr der parkenden Flugzeuge hinauszumanövrieren und nach wenigen Metern am Kopf der Startbahn abzustellen. Wie bei einem wartenden Motorrad an der Ampel ließ der Flugkapitän die Triebwerke aufheulen. Dann gab es einen Ruck. Der Regionaljet beschleunigte, dass Lüder in den Sitz gepresst wurde. Sie kreuzten die zweite Startbahn. Kurz darauf tauchte ein dicht bebautes Wohngebiet auf, das sicher weniger als hundert Meter an die Startbahn heranreichte. Noch einmal verstärkte sich der Anpressdruck, dann spürte Lüder, wie die Maschine abhob und steil in den afrikanischen Himmel gerissen wurde.

Es bedurfte guter Koordination, registrierte Lüder, dass ihr Steigflug genau die Landeanflugschiene des zweiten Flughafens Nairobis kreuzte. Die Maschine kippte ziemlich scharf über die linke Tragfläche ab, flog eine Kurve, stabilisierte sich und zog dann ihre Bahn Richtung Nordosten.

Nachdem sie ihre Reiseflughöhe erreicht hatten, gelang es Lüder, sich ein wenig zu entspannen. Er sah sich in der Kabine um. Elf weitere Fluggäste waren auf dem Weg nach Somalia, nur Männer, darunter kein Europäer. Die Leute bildeten eine bunte Schar, teilweise in westlicher Kleidung, teilweise in Landestracht. Niemand schien aufgeregt. Alle wirkten, als wäre der Flug mit diesem Ziel für sie Routine. Kabinenpersonal konnte Lüder nicht entdecken. Vermutlich betrachteten die anderen Passagiere den Flug als eine Art der Fortbewegung wie Schleswig-Holsteiner die Fahrt mit dem Überlandbus.

Unter ihnen dehnte sich die Savanne aus, kaum unterbrochen durch kleine wie ausgestorben wirkende Ortschaften. Nur gelegentlich verriet eine Staubwolke, dass eine Fahrzeugkolonne unterwegs war, auch wenn Einzelheiten mit bloßem Auge nicht erkennbar waren. Schmale Striche, die Straßen, durchzogen das Land. Irgendwann überquerten sie einen Fluss, der von einem breiten Grüngürtel gesäumt wurde, bis Lüder schließlich den tiefblauen Indischen Ozean entdeckte, dessen Küste den Piloten als Orientierung diente. Sie folgten der Wasserkante, bis die Maschine nach achtzig Minuten Flugzeit in den Sinkflug überging. Der Vorgang wurde durch eine Veränderung des Turbinengeräusches eingeleitet.

Lüder konnte einen Blick auf Mogadischu werfen, bevor an seinem Fenster große Korallenriffe vorbeirauschten und die Wasseroberfläche bedenklich näher kam. Es sah aus, als würde der Jet wassern wollen. Die Piloten vollführten eine mustergültige Landung auf dem internationalen Flughafen Mogadischu, bremsten die Maschine ab und ließen sie bis zum Ende der Landebahn ausrollen. Dort wendeten sie und kehrten auf der Landebahn bis zur Mitte zurück, um auf das Vorfeld vor dem Empfangsgebäude abzubiegen. Lüder konnte nur zwei andere Maschinen älterer Bauart entdecken. Es war kein Vergleich zum Gewusel auf dem Airport in Nairobi.

Hier hatte 1977 die spektakuläre Befreiung der Lufthansa Boeing »Landshut« stattgefunden, dachte Lüder, die den legendären Ruhm der GSG9 begründete. Heute flog wieder ein deutscher Polizist nach Mogadischu, kein geschultes Spezialeinsatzkommando, sondern ein Einzelner von der Landespolizei Schleswig-Holstein. Was für ein Unterschied.

Nachdem das Flugzeug seine Parkposition gefunden hatte, bedankte sich Flugkapitän Mariga – er nannte erst jetzt seinen Namen – bei den Passagieren für ihr Vertrauen und empfahl seine Fluggesellschaft auch für weitere Dienste. Dann erschienen die beiden Piloten, hantierten an der Tür, öffneten sie und gaben den Ausstieg frei. Als Lüder die Türöffnung erreichte und auf die Gangway treten wollte, schien es, als würde ihn ein Keulenschlag treffen. Es war so unglaublich heiß, dass er, aus dem klimatisierten Flugzeug kommend, nach Luft jappte. Am Fuß der Gangway war er völlig durchgeschwitzt.

Das Empfangsgebäude war klein, schlicht und heruntergekommen; mit den Säulen und dem Balkon im Obergeschoss erinnerte es entfernt an ein typisches Haus aus Downtown New Orleans, hätte an der Ecke nicht der Tower emporgeragt und ein großes Schild »Aden Abdulle International Airport« verkündet.

Lüder reihte sich unter die wenigen Miteisenden ein, nachdem er den überall herumlungernden Bewaffneten einen kritischen Blick zugeworfen hatte. Auch am Ausgang standen mehrere von ihnen, ihre modernen Waffen lässig über der Schulter baumeln lassend.

Ein Uniformierter streckte ihm die Hand entgegen und forderte missgelaunt: »Passport.«

Plötzlich trat von hinten ein Einheimischer, der mit einer Jeans und einem über den Gürtel hängenden Hemd bekleidet war, an den Posten heran und sprach ihn auf Somali an. Dabei drehte er lässig seine Designersonnenbrille, von der Lüder annahm, dass es eine Fälschung war.

Der Kontrolleur erwiderte etwas, und es entspann sich eine lautstark geführte Diskussion, von der Lüder nur ein sporadisch eingestreutes »Hürlimann« zu verstehen glaubte. Schließlich gab der Uniformierte auf und bedeutete Lüder unfreundlich, dass er passieren könne. Das Ganze wurde von den Bewaffneten mit kritischem Blick begleitet.

»Mr. Wolfram«, sagte der Mann mit der Sonnenbrille in holprigem Englisch. »Ich komme von Mr. Hürlimann und soll Sie abholen. Folgen Sie mir.«

Er drehte sich um und ging im Slalom durch die schmutzig wirkende Empfangshalle, in der Menschen mit Gepäck ebenso durcheinanderwuselten wie eine Handvoll fliegender Händler. Dazwischen kreuzten überall Bewaffnete herum, die zum Teil in gefleckter Militäruniform herumliefen, aber auch zivile Kleidung trugen. Der »Brillenmann« steuerte einen Hummer-Geländewagen an, der vor dem Gebäude parkte, und stieg auf der Beifahrerseite ein. Er überließ es Lüder, sich und sein Gepäck selbst auf dem Rücksitz des geräumigen Fahrzeugs unterzubringen. Das Auto war äußerlich verdreckt und verstaubt, machte im Innenraum aber einen relativ gepflegten Eindruck. Lüders Begleiter gab dem Fahrer ein paar Anweisungen auf Somali, dann setzte sich der Hummer in Bewegung. Der Weg führte über einen von Betonbarrieren gesäumten Pfad bis zum nächsten Kontrollposten, an dem der »Brillenmann« das Seitenfenster herabsurren ließ und erneut etwas sagte, in dem »Hürlimann« vorkam.

Die Autos teilten sich die mit Löchern übersäten Straßen mit Radfahrern, Fußgängern, die abenteuerliche Lasten trugen, verbeulten Autobussen und japanischen Lieferwagen ohne Scheinwerfer und Frontscheibe. Trümmer lagen auf den Straßen, Ruinen streckten wie mahnende Finger ihre Fassaden in die Höhe, dazwischen tauchten in leuchtendem Weiß gestrichene Häuser und Moscheen auf, die wie frisch renoviert wirkten. Lüder staunte über die Gegensätze, die sich ihm boten. Und allgegenwärtig waren Männer, die ihre Waffen unterm Arm mit einer Selbstverständlichkeit trugen wie die Franzosen ihr Baguette.

Lüders Versuch, den »Brillenmann« anzusprechen, scheiterte. Der Mann ignorierte ihn.

Das Bild, das sich Lüder zeigte, änderte sich auch nicht, als sie an einem Kreisverkehr abbogen, durch einen ramponierten Triumphbogen über die Straße mit dem eigentümlichen Namen »Kilometer 4« fuhren und nach zwei weiteren Kilometern die Straße verließen. Dicht stehende Akazien verliehen dem Viertel ein nahezu freundliches Aussehen.

Der Hummer hielt an einem zerkratzten blechernen Tor, das in eine hohe Mauer eingelassen war, von der nicht nur die Farbe abblätterte. Der Fahrer hupte, das Tor öffnete sich, und sie fuhren in einen Innenhof, der früher sicher einmal großzügig angelegt gewesen sein musste, jetzt aber Spuren von Verwahrlosung aufwies.

Der »Brillenmann« stieg aus und verschwand, ohne ein weiteres Wort zu verlieren, über eine breite Treppe durch eine überdimensionierte kunstvoll geschnitzte Tür in das Innere des Hauses.

Lüder stieg aus und fühlte sich ein wenig verloren im Innenhof. Er hatte Zeit, einen Blick auf die Pflanzen zu werfen, denen schon länger eine ordnende Gärtnerhand fehlte und die den trockenen Brunnen mit der Figur einer antiken Göttin umgaben.

Der Fahrer sagte etwas zu Lüder auf Somali und zeigte mit der ausgestreckten Hand auf die Tür. Nachdem Lüder nicht sofort reagierte, wiederholte der Mann seine Worte, zog Lüder ein Stück in Richtung der Treppe und bedeutete ihm mit lebhaften Gesten einzutreten.

Eine angenehme Kühle empfing ihn. Sicher trug dazu der Marmorboden bei, auch wenn Teile des Fußbodenbelags rissig und an anderen Stellen handtellergroße Stücke herausgesplittert waren. Die Pracht vergangener Zeiten war dem Inneren des Gebäudes ebenso abhandengekommen wie dem Innenhof. In einem übergroßen Spiegel mit kunstvoll zisicliertem goldenem Rahmen sah er, wie ihn ein Mann beobachtete, der in seinem Rücken aus einer der Türen herausgetreten war.

Lüder drehte sich um. Der Mann mit dem Doppelkinn, auf dem

sich dunkle Schatten von Bartstoppeln abzeichneten, und dem etwas zu groß geratenen runden Kopf glich wie ein Zwilling einem leider viel zu früh verstorbenen deutschen Fernsehkomiker, der für einen die Reste des guten Geschmacks verramschenden Werbesender abgehalfterte Expromis durch den Urwald jagte.

Der Mann kam ihm entgegen, streckte die Hand aus und begrüßte Lüder mit einem laschen Händedruck.

»Grüezi, Herr Wolfram. Willkommen in Mogadischu.«

Hürlimann hielt es nicht für nötig, sich vorzustellen.

»Guten Tag.« Lüder sah auf den Schweizer hinab, der mehr als einen Kopf kleiner war und in einem schneeweißen Leinenanzug steckte.

»Sie hatten eine angenehme Anreise?« Die Frage war eine Feststellung. »Kommen Sie«, forderte er Lüder auf und führte ihn in einen Salon, der Lüder überraschte. Er hatte keine Einrichtung im Louis-seize-Stil erwartet, nicht in Somalia.

Das Interieur bestand aus rechteckigen Schrankmöbeln und Sekretären mit angeschrägten Ecken. Das Repertoire von Kapitellen und Giebeln wirkte fast ein wenig verspielt, passte nicht zum reinen Louis-seize. Die in Edelfurnieren gearbeiteten Intarsien zeigten Zitate aus Flora und Fauna. Das setzte sich im Bezug der Sitzmöbel fort.

Hürlimann wies auf einen Fauteuil, während er eine Bergere ansteuerte und sich schwer atmend hineinfallen ließ. Nachdem der Schweizer Platz genommen hatte, registrierte Lüder belustigt, dass nur die Fußspitzen den Boden erreichten, während die Hacken in der Luft baumelten.

Unaufgefordert erschien ein Einheimischer in einem blauen Kittelhemd.

»Aperol Spritz?«, fragte Hürlimann und ergänzte: »Das ist doch derzeit *en vogue* in Europa.« Mit einer wedelnden Handbewegung schickte er den Bediensteten wieder hinaus, nachdem er etwas auf Somali zu ihm gesagt hatte.

Hürlimann ließ Lüder Zeit, den Raum auf sich wirken zu lassen. Auch hier setzte sich der Verfall fort. An manchen Stellen waren die kostbaren Möbel, auch wenn es Repliken waren, zerschrammt, das Furnier bog sich in die Höhe. Der Teppichboden war zerschlissen, auf den textilen Wandbehängen zeichneten sich dunkle Wasserflecke ab.

»Wenn Sie sich ein Urteil über das Haus und seine Einrichtung machen, vergessen Sie bitte nicht, in welchem Teil der Welt Sie sich befinden. Es gehörte ursprünglich einem begüterten Einheimischen, der es irgendwann vorgezogen hat, die afrikanische Sonne gegen die kalifornische zu tauschen.«

»Womit hat der Vorbesitzer sein Geld verdient?«

»Ich weiß es nicht«, antwortete Hürlimann. Es klang ehrlich. »Ich habe ihn nie kennengelernt.«

»Und jetzt gehört es Ihnen?«

»Ich bin Mieter.«

»Und überweisen die Miete nach Kalifornien?«

Hürlimann winkte ab. »Vergeuden wir nicht unsere Zeit mit solchen Dingen. Wenn Sie Afrika kennen, insbesondere die Verhältnisse in Somalia, muss ich Ihnen nichts erklären. Es gibt hier kein Grundbuchamt.«

»Nur Kriegsgewinnler?«, fragte Lüder.

Der Schweizer kniff die Augen ein wenig zusammen, als er Lüder musterte. »Sie sollten solche Formulierungen vermeiden, wenn Sie von Ihrem Gesprächspartner Auskünfte haben möchten. Akzeptieren Sie es als Realität, dass die Dinge hier anders sind.«

»Wie denn?«

»Anders«, sagte Hürlimann betont. »Ich habe Ihren geringschätzig wirkenden Blick bemerkt, als Sie die Einrichtung betrachteten. Abgesehen davon, dass dieses Gebäude noch sehr gut erhalten ist und wenig unter den Wirren der letzten zwanzig Jahre gelitten hat, können Sic von Menschen, die noch nie etwas von Louis XVI. gehört haben, nicht erwarten, dass sie pfleglich mit dem Mobiliar umgehen. Außerdem ist es gut, dass Haus und Garten ein paar Schrammen haben. Das weckt weniger Neid und Missgunst.«

»Die bringt man Ihnen entgegen?«

»Das finden Sie rund um den Globus.«

»Und wer beschützt Sie?«

»Zunächst ich selbst. Meine Erfahrung und mein Instinkt leiten mich.«

»Das reicht nicht aus. Freundschaften gibt es auf einer anderen Ebene. Können wir es Seilschaften nennen?«

Hürlimann lächelte statt einer Antwort. Der Mann war nicht dumm. Lüder ließ sich nicht durch die äußere Erscheinung irritieren. Umgekehrt versuchte Hürlimann nicht, Lüder etwas vorzumachen. Insofern waren die Fronten geklärt.

Sie wurden durch den Hausbediensteten unterbrochen, der die beiden Aperol Spritz servierte. Der Schweizer griff sein Glas und hob es leicht in Lüders Richtung an. Sie tranken einen Schluck.

»Seilschaften – das klingt negativ.« Hürlimann wiegte den Kopf. »Ich würde es gute Kontakte nennen.« Er zeigte auf das Glas. »Die ermöglichen es zum Beispiel, sich solche kleinen Extravaganzen zu gönnen. Was bei Ihnen in Deutschland normal ist, bedeutet in Somalia Luxus. Strom gibt es nur stundenweise, und das zu unregelmäßigen Zeiten. Also: Sie müssen ihn selbst erzeugen. Vereinzelt gibt es noch wohlhabende Somalier, die aber aus Angst vor Überfällen lieber bei Kerzenlicht sitzen, weil sie Angst haben, dass das Geräusch des Generators Gangster anlockt. Dieses Haus hat einen altersschwachen Generator. Der läuft nicht mit Windkraft, sondern benötigt Diesel. Und der ist rar. Und Sie sollten sicher sein, dass Sie nicht ins Visier schlichter Krimineller geraten. Sehen Sie. Das meine ich mit Verbindungen.«

»Und welche Gegenleistung erbringen Sie?«, fragte Lüder.

»Im Rahmen meiner Möglichkeiten«, antwortete Hürlimann ausweichend.

»Welche Art von Business betreiben Sie?«

Der Schweizer zog eine Augenbraue in die Höhe. »Nur zur Orientierung: Sind wir schon im Verhör?«

»Als Journalist nenne ich es Interview«, erwiderte Lüder.

»So.« Es klang spöttisch. »Was bin ich?«, fuhr er fort, als würde er ein Selbstgespräch führen. »Vielleicht von jedem etwas. Kaufmann. Diplomat. Philanthrop.«

»Philanthrop?« Lüder schmunzelte.

»Richtig. Sie müssen Afrika kennen und lieben, um hier zu leben. Ich bin vielleicht der letzte Vorposten Europas an diesem Fleck Erde.« Er lächelte. »Vergessen Sie nicht: Ohne mich würden Sie hier nicht sitzen.«

»Wie bin ich zu Ihnen gekommen?«, fragte Lüder unvermittelt.

Der plötzliche Vorstoß schien Hürlimann überrascht zu haben.

»Na … mit dem Flugzeug.«

Lüder ging in die Offensive. »Ersparen wir uns solche Mätzchen.«

Hürlimann legte die Fingerspitzen gegeneinander. »Man hat mir signalisiert, dass Sie Antworten auf bestimmte Fragen suchen.«

»Wer hat Ihnen das signalisiert?«

»Ich erklärte bereits, dass man ohne Netzwerk nicht überleben kann. Nirgendwo auf der Welt. Vielleicht kommt es Ihnen so vor, als würde ich hier wie ein Eremit leben. Aber ich habe meine Mitarbeiter. Sie haben sich nicht sonderlich viel Mühe gegeben, Ihren Wunsch nach einem Gesprächspartner in einer ganz speziellen Angelegenheit geheim zu halten.«

»Sie wissen, dass ich Journalist bin und mich die Hintergründe der Schiffsentführungen interessieren.«

Hürlimann zog die Stirn kraus. »Das ist nicht eine *Company*, die man besuchen kann. Dahinter stehen unterschiedliche Interessengruppen, manchmal auch miteinander konkurrierende.«

»Die Idee, die Logistik und die Vorfinanzierung liegen nicht in einheimischer Hand«, sagte Lüder.

»Davon können Sie in den meisten Fällen ausgehen.«

»Mich interessieren die Beweggründe, die Hintermänner.«

Hürlimann lachte auf. »Wenn Sie in Frankfurt oder Hamburg herumlaufen und auf dem Kiez verlauten lassen, Sie möchten die Chefs des organisierten Verbrechens nach ihrem Motiv befragen, ist das einfach lächerlich. Hier soll das anders sein?«

»Wir kennen die Fälle, dass die Drahtzieher – übrigens reiche Somalier – in London sitzen und die Entführungen von dort aus organisieren.«

»Und warum sind Sie nicht am Piccadilly Circus, sondern in Mogadischu?«

»Weil die Täter, die die Kaperungen ausführen, hier leben. In Somalia.«

»Sehen Sie sich um in Mogadischu. Wie wollen Sie in einer Stadt ohne Telefon, Elektrizität oder Schulen überleben? Es gibt keine Polizei, keine Justiz. Hier regiert die Hoffnungslosigkeit. Neulich sah ich einen Mann mit einem zerbeulten Eimer voll Sand, der versuchte, Schlaglöcher zu reparieren. Es gibt Menschen, die ihre Heimat wieder aufbauen mochten. Aber der Einzelne ist machtlos. Wundert es Sie, dass Menschen dieser Hoffnungslosigkeit entfliehen und an den lukrativen Schiffsentführungen partizipieren wollen?«

»Sie weichen also nach Nordosten aus und schließen sich dortigen Banden an?«, fragte Lüder.

»Selten. Es kommt oft vor, dass die Banden sich gegenseitig in die Quere kommen und blutige Gefechte untereinander austragen. Ursprünglich ging die Piraterie von Fischern an der Küste aus, denen die Lebensgrundlage entzogen wurde, weil ausländische Fangflotten die ertragreichen Gewässer erbarmungslos leer gefischt haben.«

»Und was ist das Besondere an der Entführung der ›Holstenexpress‹?«

Hürlimann wich Lüders Blick aus. Er sah ihn nicht an, als er nach einer längeren Pause sagte: »Manches. Haben sich die Piraten schon mit einer Lösegeldforderung gemeldet?«

»Wie erfolgt so eine Wortmeldung?«, fragte Lüder im Gegenzug.

»Weichen Sie mir nicht aus«, beharrte der Schweizer auf einer Antwort auf seine Frage.

»Ich bin nicht aktuell informiert.«

Hürlimann schüttelte den Kopf. »Natürlich sind Sie das. Sie haben ein Satellitentelefon. Darüber erhalten Sie alle Informationen aus erster Hand. Sie sind kein Journalist«, sagte der Schweizer. »Heraus mit der Sprache. Wer sind Sie wirklich?«

»Ich bin mit der systematischen Ausführung strafbarer Handlungen, Raubüberfällen auf Bestellung, Diebstählen zu kulanten Preisen beschäftigt. Bei größeren Aufträgen räume ich einen Rabatt ein.«

»Häh?«

Lüder zuckte mit den Schultern. »Ist leider nicht von mir, sondern von Agatha Christie. John Kiambi, einer Ihrer Kontaktleute in Nairobi, hat Ihnen doch gesagt, wer ich bin.«

Bei der Nennung des Namens des kenianischen Journalisten zuckte Hürlimanns Augenlid. Vielen anderen wäre das möglicherweise entgangen. Lüder fand darin die Bestätigung, dass Kiambi ihm den Kontakt zu Hürlimann vermittelt hatte. Die Aussage, die Verbindung über eine angebliche Anzeige im »Kenia Mirror« herzustellen, war eine ziemlich plumpe Ausrede.

»Ich habe von Kiambi gehört«, bestätigte Hürlimann. »Aber in welcher Beziehung soll er zu mir stehen?«

Lüder winkte ab. Das harmlose Erscheinungsbild des Schweizers vermochte ihn nicht zu täuschen. Der Mann war nicht dumm und ließ sich nicht so leicht aufs Glatteis führen. Außerdem war er misstrauisch. Vermutlich konnte man nur so in dieser lebensfeindlichen Umgebung überleben.

»Wer steckt hinter der Entführung der ›Holstenexpress‹? Wissen Sie das, oder vergeude ich meine Zeit?«

»Sie kennen Afrika nicht. Auf dem direkten Weg erreichen Sie hier nichts. Spielen Sie Billard? Versuchen Sie, über Bande zu spielen.«

»Schön. Meine weiße Kugel liegt parat. Was ist der Einsatz?«

»Es ist ein hoher Einsatz.«

»Ein Schiff, eine Ladung und die Besatzung. *Menschen!*«, sagte Lüder überbetont.

»Die zählen nicht. Manchmal geht es um mehr. Wie viel ist ein Mensch wert?« Hürlimann sprach zu sich selbst. »Diese Frage haben viele Philosophen zu beantworten versucht. Der reine Materialwert beträgt etwa fünf bis sechs US-Dollar. Ein gesunder Mensch kann sehr viel wert sein, wenn Sie ihn ausschlachten und seine Organe an Leute verkaufen, für die sie das Überleben bedeuten. Klingt pervers, oder?«

Der Schweizer legte eine Pause ein und musterte Lüder. »In Europa gelten andere Maßstäbe. Was kostet es, wenn Sie betrunken einen Familienvater totfahren? Die Frage entscheiden Juristen.« Es klang abfällig. »Und die kommen manchmal zu dem Schluss, dass ein Deckhengst aus der Vollblutzucht wertvoller ist als ein Mensch. Wollen Sie, der aus einer Gegend der Welt stammt, wo eine solche Moral herrscht, sich erdreisten und mahnend den Zeigefinger erheben und über die Somalier urteilen?«

»Ich bin Journalist. Das ist die vierte Gewalt im Staat. Als solcher versuche ich, mich neutral zu verhalten und mir keine Urteile anzumaßen.«

»Haben Sie keine persönliche Meinung?«, fragte Hürlimann lauernd.

»Mich interessieren Fakten. Wissen Sie etwas über die ›Holstenexpress‹?«

»Hier gibt es keine Tagesschau.«

»Sie haben von sich selbst behauptet, *der* Mensch mit den besten Kontakten in Somalia zu sein.«

Hürlimann spitzte die Lippen. Dann fuhr er sich mit der Zunge darüber. »Niemand weiß, wie es weitergeht in diesem Land. Ich muss Ihnen nicht erzählen, dass es die unterschiedlichsten Interessengruppen gibt.«

»Die Clans«, unterbrach ihn Lüder.

»Richtig. Die haben Somalia unter sich aufgeteilt. Auch wenn das Land zerstört ist, die Bevölkerung unermessliche Not leidet, gibt es wie überall auf der Welt Leute, die daraus Profit schlagen.«

»Sie machen das hier doch nicht als Menschenfreund«, wandte Lüder ein.

»Ich werde für meine mitunter gefährliche Arbeit entlohnt«, gestand Hürlimann. »Möchten Sie mit mir tauschen?« Er räusperte sich. »Die Chefs der Clans sind in ihrem Einzugsbereich Herr über Leben und Tod. Sie selbst leben aber auch nicht ungefährlich, da sich die Clans untereinander bekriegen. So schaffen sich die Kriegsfürsten eine finanzielle Absicherung, ein Polster, auf dem sie im Notfall weich landen. Doch sie brauchen nicht nur Geld, sondern auch Know-how und Kontakte, um im Ausland Unterschlupf zu finden.«

»Und die vermitteln Sie?«

»Das ist mein Teil der Leistung«, gab Hürlimann zu.

»Ich verstehe«, setzte Lüder den Gedanken fort. »Man duldet Sie, weil keiner weiß, ob er nicht irgendwann der Verlierer ist und Ihre Hilfe benötigt.«

Der Schweizer vermied es zu antworten. Das war nicht erforderlich. Lüder hatte das System durchschaut. Man ließ Hürlimann gewähren, auch wenn er mit verschiedenen Kriegsparteien kooperierte.

Hürlimann sah auf die Uhr. »Haben Sie schon ein Hotel in Mogadischu?«

Daran hatte Lüder noch nicht gedacht. War er zu naiv an diese Mission herangegangen?

»Mein Fahrer wird Sie hinbringen.«

»Ich komme allein zurecht«, erklärte Lüder.

Der Schweizer lachte zynisch auf. »Wie weit würden Sie kommen? Bis zur nächsten Straßenecke? Ein Europäer? Alles, was Sie mit sich führen, ist hoch begehrt. Geld. Telefon, Kamera. Computer. Uhr. Schuhe. Einfach alles wird verwertet. Das ist ganz triviale Alltagskriminalität. Und wenn man Ihnen alles genommen hat, haben Sie als Entführungsopfer auch noch einen Marktpreis. Dann hätten Sie Glück. Es könnte auch sein, dass man einen gezielten Mordanschlag auf Sie verübt. Ausländer sind hier Freiwild, je nachdem, wem Sie zuerst begegnen.«

»Ich verstehe, mich zu wehren.«

»Blödsinn. Ich kann Ihnen Unterkunft in meinem Haus gewähren einschließlich Verpflegung.«

»Zu welchen Konditionen?«

Hürlimann lachte. »Hier muss alles aufwendig herbeigeschafft werden. Das werden Sie sicher verstehen.« Er nannte einen Preis in US-Dollar. Für diesen Betrag würde Lüder auch eine komfortable Suite auf der 5th Avenue bekommen. Aber eine Alternative bot sich ihm nicht. Deshalb willigte er ein.

»Ich bin nicht hier, um einen besonderen Kick zu erleben. Meine Redaktion möchte Ergebnisse sehen.«

»Wir werden sehen, was sich machen lässt«, sagte Hürlimann. Er sah auf seine Armbanduhr. »Wenn Sie sich beeilen, können Sie sich frisch machen. Noch haben wir warmes Wasser.« Dann klatschte er in die Hände wie ein orientalischer Großwesir. Im Nu erschien ein Junge. Das Alter war schwer zu schätzen. Vielleicht mochte er dreizehn Jahre alt sein. Der Junge baute sich vor Hürlimann auf.

»Das ist Dieter«, erklärte der Schweizer.

»Dieter?«

Hürlimann nickte. »Den Namen habe ich ihm gegeben. Er stammt irgendwo aus den Slums der Stadt. Dort habe ich ihn aufgegabelt. Wie einen streunenden Hund von der Straße.«

Lüder wollte protestieren, dass man einen Menschen mit einem Straßenköter verglich. Doch der Schweizer fuhr fort mit seiner Erklärung. »Dadurch, dass ich ihn Dieter nannte, ein europäischer Name, also fremd in den Ohren der Einheimischen, ist er in der Achtung der Mitbürger raketengleich gestiegen. Kennen Sie den Song ›A Boy Named Sue‹ von Johnny Cash? Da sucht jemand seinen Vater, weil der ihm, bevor er sich aus dem Staub machte, einen Mädchennamen gegeben hat. ›Sue‹ wurde gehänselt und musste sich durchprügeln. Als er schließlich seinen gebrechlichen Vater fand und ihm Vorwürfe machte, erklärte dieser, dass der Name ›Sue‹ das Einzige war, was er seinem Sohn mitgeben konnte, und dank dieses Namens hätte der Sohn gelernt, sich zu behaupten. So ist es mit Dieter.«

Hürlimann legte dem Jungen seine fleischige Hand auf den Rücken und ließ sie langsam bis zum Gesäß weitergleiten. Dabei sah er Lüder an und registrierte dessen Reaktion.

Lüder empfand es als ekelerregend. Nach europäischem Recht und Moral war das Unzucht mit Kindern. Und ›Dieter‹ musste auch noch froh und dankbar dafür sein, da ihm außerhalb der Mauern dieses Anwesens vermutlich noch Schlimmeres widerfahren wäre.

»Ich will Ihnen alle Annehmlichkeiten bieten, die mir möglich sind«, sagte Hürlimann. »Nur auf Frauen müssen Sie verzichten. Das ist in diesen Kulturkreisen tabu. Sicher haben Sie sich gewundert, dass es keine Stewardessen an Bord Ihres Flugzeugs gab. Das entspricht dem hiesigen Verständnis von Frauen.«

»Aber die arabische Fluggesellschaft Emirates hat doch auch welche?«, warf Lüder ein.

»Wir sind hier in Somalia. Da ist vieles anders«, sagte Hürlimann. »Jetzt beziehen Sie Ihre Unterkunft. Wir setzen unser Gespräch beim Abendessen fort.«

Das Zimmer, in das ihn Dieter führte, entsprach dem, was Lüder bisher von diesem Haus gesehen hatte. Ein Himmelbett beherrschte den Raum. Wer mochte dort geträumt haben? Die Tochter des Hauses? Die Konkubine des Hausherrn? Er öffnete die Schubladen. Sie waren leer. Wenn auch vieles auf eine überstürzte Flucht der ehemaligen Besitzer wies, so hatten sie doch Zeit gefunden, ihre persönliche Habe mitzunehmen.

Lüder verschloss die Tür, für die es nur einen einfachen Buntbartschlüssel gab. Das Schloss ließ sich mit einer Büroklammer öffnen. Um vor Überraschungen gefeit zu sein, stellte er ein Glas auf die Türklinke. Dann suchte er das Bad auf. Auch hier fand sich Marmor, allerdings ohne Bruchstellen, wenn man davon absah, dass irgendjemand Teile der Ausstattung hatte gebrauchen können. Davon zeugten Dübellöcher in der Wand.

Zunächst rief Lüder Walter Rukcza an.

»Haben Sie neue Erkenntnisse gewinnen können?«, überfiel ihn der Staatsminister.

»Sie haben mich mit unzureichenden Informationen in eine fremde Welt gehetzt«, erwiderte Lüder.

»Mein Gott. Wir brauchen Ergebnisse. Wie lange soll das noch dauern?«

»Sie könnten ja herkommen und mir zur Hand gehen. Lassen Sie Ihre Kontakte spielen. An wen darf ich mich in Mogadischu wenden und mich dabei auf die Bundesregierung beziehen?«

Es herrschte Stille in der Leitung.

»Hallo?«, fragte Lüder nach einer Weile. »Kuckuck?«

»Ja. Sie wissen, dass es keine diplomatischen Kontakte nach Somalia gibt.«

»Und informelle? Was sagt der BND dazu? Sprechen Sie mit de Buur. Schließlich haben Sie einen Vertreter des Nachrichtendienstes in Ihrem Gremium.«

»So geht das nicht«, beschwerte sich Rukcza.

»Na endlich sind wir einer Meinung. Gibt es inzwischen eine Forderung seitens der Entführer?«

»Nein.« Die Antwort kam zögerlich.

»Dann liegt die Vermutung nahe, dass die Piraten an der Ladung interessiert sind. Warum gibt es keine Auskünfte dazu?«

»Die haben Sie erhalten«, warf Rukcza ein. »Die Reederei hat sich dazu geäußert.«

»Ich glaube Ihnen nicht. Ich bin ein skeptischer Beamter. Wenn ich meine Steuererklärung abgebe, muss ich für jede Zahl einen Nachweis erbringen. Und da geht es um die berühmten Peanuts. Davon können wir im Fall der ›Holstenexpress‹ nicht sprechen.«

»Herr Lüders«, antwortete Rukcza in einem fast beschwörenden Ton. »Verrennen Sie sich nicht. Sie sind auf dem Holzweg. Die Bundesregierung möchte wissen, welche kriminellen Elemente hinter der Entführung stecken. Deshalb hat man auch einen Beamten einer Landespolizei als Ermittler eingesetzt. Wenn wir einen politischen Hintergrund vermuten würden, stünden uns andere Möglichkeiten offen. Das Parlamentarische Kontrollgremium des Bundestages sitzt der Regierung im Nacken. Auch wenn über diese Dinge nicht öffentlich diskutiert wird, gibt es im inneren Zirkel genügend Transparenz. Ich betone es noch einmal: Wir haben es mit Kriminellen zu tun und wollen, dass ein Exempel statuiert wird, um Nachahmungstätern keinen Anreiz zu bieten.«

»Am runden Tisch in Berlin haben die Marine und die Bundespolizei gesessen. Zumindest Letztere könnten Sie einsetzen.«

Deutlich war Rukczas Stoßseufzer zu vernehmen. »Sie haben die Diskussion verfolgt. Die Opposition hat den erweiterten Einsatz in Somalia abgelehnt. Sie hält die Risiken für zu groß.«

»Lächerlich«, unterbrach ihn Lüder. »Das sind gut ausgebildete Experten. Und auch technisch haben die Piraten dem nichts entgegenzusetzen.«

»Das Mandat ist beschränkt. Die Marine darf höchstens am Strand und maximal zwei Kilometer landeinwärts gegen logistische Einrichtungen der Piraten vorgehen. Das ist alles. Dennoch gilt, dass der Einsatz am Boden verboten bleibt. Der Marine ist es nur erlaubt, auf hoher See einzugreifen. Nur im äußersten Notfall dürfen Bundeswehrsoldaten am Boden eingesetzt werden, wenn zum Beispiel ein Hubschrauber abstürzt und dessen Besatzung gerettet werden muss.«

»Das hier ist ein Notfall. Die Piraten haben Geiseln genommen.«

»Die nicht ohne Gefahr für deren Leben befreit werden können«, entgegnete Rukcza.

Die Diskussion war fruchtlos. Natürlich hatte Rukcza keine Entscheidungsgewalt. Lüder zweifelte auch daran, dass es in der parlamentarischen Debatte ernsthaft um die Sache gegangen war, und fragte sich, ob hier nicht nur aus politischen Gründen eine Oppositionsmeinung gebildet wurde. Wie viele Abgeordnete des Bundestages mochten an dieser Debatte teilgenommen haben?, überlegte Lüder. Waren die ersten beiden Reihen des Parlaments besetzt gewesen? Und wer in Berlin verstand etwas von den tatsächlichen Problemen hier vor Ort?

»Wissen Sie, ob sich die Piraten inzwischen der Ladung bemächtigt haben?«, fragte Lüder.

»Darüber haben wir keine Auskünfte.«

»Wie denkt Ihr bayerischer Kollege Graupenschlager über die Sache? Schließlich ist er Staatssekretär im Wirtschaftsministerium und sehr daran interessiert, dass Deutschlands Interessen im Welthandel gewahrt bleiben.«

»Staatssekretär Graupenschlager vertritt natürlich den Standpunkt der deutschen Wirtschaft. Das ist schließlich Aufgabe seines Ressorts. Aber, ganz im Vertrauen, als Bayer hat er keinen Bezug zur Seefahrt.«

»Aus welchem Teil Deutschlands stammen Sie?«, fragte Lüder.

Rukcza blieb die Antwort schuldig. »Es wäre der Sache dienlich, wenn Sie bald Erfolge vorweisen könnten«, sagte er unwirsch zum Abschied.

Lüder sah auf das Satellitentelefon. Dann nannte er in deftiger Umgangssprache jenen Körperteil, für den die Mediziner den lateinischen Ausdruck *Musculus sphincter externum* verwenden.

Das anschließende Telefonat mit Margit war ebenfalls unerfreulich.

Lüder verstand ihre Vorwürfe. Es war nicht nur Enttäuschung, die in ihren Worten mitschwang, sondern auch Sorge um ihn. Aber wie hätte er ihr seine Mission erklären sollen? So versuchte er etwas von »Ausflug auf eine Lodge in einem Nationalpark« zu erzählen. Er spürte, dass sie ihm keinen Glauben schenkte, und war darüber ebenso betrübt wie über die Tatsache, dass er sie anlog. Er wusste, dass er ihr gegenüber ein schlechter Lügner war.

Anschließend nutzte er die Dusche, zog sich um und kehrte mit seinen Kameras und dem Notebook ins Erdgeschoss zurück.

Dieter erwartete ihn und verschwand bei seinem Erscheinen irgendwo in der Tiefe des Hauses. Kurz darauf tauchte Hürlimann auf.

»Ah«, begrüßte er Lüder. »Haben Sie sich ein wenig erfrischen können?« Er fasste ihn am Ärmel und zog ihn zu einem antiken Schrank, hinter dessen Tür sich eine Bar verbarg.

Hürlimann bemerkte Lüders erstaunten Blick. »Nicht jeder Muslim nimmt es mit den Regeln des Propheten so genau. Die Bar habe ich übernommen. Der Inhalt ist mühsam zu beschaffen.«

Ohne Lüders Zustimmung einzuholen, mixte Hürlimann zwei Campari Orange. Er reichte Lüder ein Glas und prostete ihm zu. Dann plauderte er über das Leben in Mogadischu, berichtete davon, dass das Land zwar von kriegerischen Auseinandersetzungen geprägt sei, aber auch hier viele Menschen leben, die sich bemühten, ihr Bestes zu geben.

»Ärzte, die unter unglaublichen Bedingungen Not zu lindern suchen, junge Männer, die ohne Lohn in irgendwelchen Ruinen bemüht sind, den Kindern zumindest ein paar Grundbegriffe des Lesens und Schreibens beizubringen, und viele andere Dinge, die den Alltag der Leute prägen.«

Hürlimann war ein amüsanter Plauderer, und so verging die Zeit, bis er zu Tisch bat, wie im Flug. Nur als Lüder die Kamera hervorholte und Bilder vom Hausherrn und von der Villa machen wollte, sperrte sich der Schweizer.

»Ich weiß, die Leser in Deutschland mögen keine Berichte, die nur aus Text bestehen. Wenig Text und viele bunte Bilder ... Das ist das Erfolgsrezept. Ich bitte Sie, hier nicht zu fotografieren. Wer weiß, ob nicht irgendjemand in Deutschland die Bilder sieht und sie auf verschlungenen Pfaden wieder nach Somalia zurückkehren. *My home is my castle.* Hier bin ich privat. Deshalb keine Bilder.«

»Damit gestehen Sie ein, dass die Schalthebel vieler Dinge, die hier geschehen, von auswärts bedient werden.«

Hürlimann lachte. »Sicher. Sie finden nur wenig Doofe wie mich, die es hier aushalten.«

»Können Sie das geografisch eingrenzen? Wo sitzen die Verantwortlichen, die an den Fäden ziehen, nach denen die Marionetten an Somalias Küste tanzen?«

Hürlimann breitete die Arme aus. »Wenn Sie die Unendlichkeit des Weltalls nehmen, ist unsere Erde ein Nichts.«

»Und wenn Sie in einem Heuhaufen eine Stecknadel suchen, kann das eine Lebensaufgabe sein.«

»Der Sie sich verschrieben haben?«, fragte Hürlimann mit lauerndem Unterton.

»Ich habe einen Beruf. Genauso wie Sie.«

»Bundesnachrichtendienst oder Bundeskriminalamt?«, fragte der Schweizer eher beiläufig und fixierte dabei Lüders Augen. Lüder war froh, nicht lügen zu müssen.

»Weder noch«, erwiderte er.

»Und Sie schreiben wirklich für die Lübecker Nachrichten?«

Lüder lächelte Hürlimann über den Rand seines Glases an. »Lübeck ist eine wunderbare Stadt und zu Recht Weltkulturerbe. *Ich* sagte, dass ich für die *Kieler* Nachrichten tätig bin.«

Der Mann fasste sich an die Stirn. »Ja – richtig. Da habe ich etwas verwechselt.«

Sie wurden durch einen Einheimischen unterbrochen, der dem Hausherrn etwas zuraunte.

»Kommen Sie«, forderte Hürlimann daraufhin Lüder auf. »Das Essen ist fertig. Sie haben Verständnis dafür, dass man sich hier in Mogadischu bei der Menügestaltung ein wenig bescheiden muss.«

Lüder war erstaunt, dass es Zürcher Geschnetzeltes mit Röstis und Gurkensalat gab.

»Eine Reminiszenz an meine Heimat«, sagte Hürlimann strahlend und senkte die Stimme. »Ich muss alles importieren. Dabei erzähle ich, dass alles Fleisch vom Schwein stammt. Damit reduziere ich den Diebstahl in der Küche.«

»Und Ihre Somalier bereiten Schweizer Gerichte zu?«

»Um ehrlich zu sein … Das Kochen ist mein Hobby.«

Versonnen strich er sich über die Wölbung seines Bauchs. Zum Essen gab es einen soliden Trollinger.

»Auf der ›Holstenexpress‹ gab es andere Gerichte«, vermutete Hürlimann plötzlich und sah Lüder an.

»Das ist eine bunt zusammengewürfelte Mannschaft.«

»Sicher mit Osteuropäern in der Schiffsführung und Asiaten als Deckspersonal.«

Lüder unterbrach das Essen. »Sie verfügen über Einzelheiten?«

»Allgemeinplätze«, wiegelte Hürlimann ab. »Eine solche Konstellation ist doch Standard auf den Schiffen.«

Sie schlichen umeinander herum. Keiner wollte sich in die Karten sehen lassen. Und Lüder wusste nicht, ob Hürlimann über seine wahre Identität informiert war. Oder zielten die Fragen des Schweizers darauf ab, sie zu erkunden? Erfahren würde Lüder es nicht.

Hürlimanns Verhalten war schwer einzuschätzen. Auf welcher Seite stand er? Schließlich war nicht auszuschließen, dass er Verbindungen zu den Entführern unterhielt. Würde das zutreffen und Lüder die falschen Fragen stellen, die ein Journalist so gewöhnlich nicht vortrug, könnte das tödlich sein. Wer in Somalia verschwand, tauchte nie wieder auf. Das waren keine verlockenden Aussichten. Erschwerend kam hinzu, dass Hürlimann früher selbst Journalist war und einschätzen konnte, ob sein Gegenüber auch diesem Berufsstand angehörte. Es war keine erfreuliche Situation, in der Lüder sich befand. Und er hatte nicht die Möglichkeit, aufzustehen und zu gehen.

»In Somalia gibt es keine konsularische Mission der Europäer«, erklärte Lüder. »Gleichwohl gibt es ein Interesse der Bundesregierung am positiven Ausgang der Schiffsentführung. Das ist Deutschlands Reputation als Handelsweltmacht geschuldet.«

Hürlimann nickte zustimmend.

»Eine Kaperung durch Piraten ist ein krimineller Akt«, fuhr Lüder fort. »Da sind den offiziellen Stellen die Hände gebunden. Als Schweizer stammen Sie aus einem urdemokratischen Land.«

»Das Ihre Heimat mit der Kavallerie überfallen will«, unterbrach ihn Hürlimann.

»Das hat der damalige Finanzminister gesagt«, winkte Lüder ab. »Ich stamme aus Schleswig-Holstein und lebe dort. Wir haben eine heimliche Nationalhymne, das Schleswig-Holstein-Lied. Es beginnt mit ›Schleswig-Holstein, meerumschlungen‹. Das besagt alles. Deshalb haben die Menschen bei uns ein besonderes Interesse an diesem Fall. Darüber möchte meine Zeitung berichten. Ein Nebeneffekt ist, dass offizielle Stellen natürlich der Berichterstattung große Aufmerksamkeit widmen werden, da sie kaum andere Informationsquellen haben.« Lüder zeigte auf seine Kamera. »Sie baten mich vorhin, in diesem Haus nicht zu fotografieren. Als Insider wissen Sie auch, dass man bei seiner Recherche viel mehr Informationen zusammenträgt, als später in den Medien zu lesen ist. Gehen Sie davon aus, dass die Behörden meines Heimatlandes mich nach der Rückkehr intensiv befragen werden. Sie wären sicher daran interessiert zu erfahren, welche informellen Kontakte man knüpfen kann. Das funktioniert natürlich nur mit vertrauenswürdigen Quellen.«

Erleichtert registrierte Lüder, dass seine Ausführungen richtig dosiert schienen.

»Hmh«, brummte Hürlimann mehrfach hintereinander. Es war ein verlockendes Angebot, das Lüder ihm unterbreitet hatte, ein großer Schinken, mit dem der vermeintliche deutsche Journalist nach der Schweizer Wurst warf.

»Hmh.« Der Schweizer strich sich mit Daumen und Zeigefinger über die Mundwinkel. »Somalia ist als Staat derzeit nicht existent. Konzentrieren wir uns auf die Lage im Norden. Dort haben sich zwei Regionen etabliert. Oder drei.« Er lächelte. »So genau lässt sich das nicht sagen. Somaliland hat sich für unabhängig erklärt, wird aber international nicht anerkannt. Auch Puntland hat sich für unabhängig erklärt, strebt aber die Stellung einer autonomen Teilrepublik innerhalb eines föderalen Gesamtstaats an. So liegen die beiden Regionen im Krieg miteinander. Stellen Sie sich vor, zwischen Bayern und Baden-Württemberg würde es immer wieder zu bewaffneten Scharmützeln kommen. Um Sie zu verwirren: Ein Teil Puntlands ist das Gebiet Galmudug, das sich wiederum auch einseitig für unabhängig erklärt hat. Schwierig, was? Um diese Gegenden zu erreichen, müssen Sie allerdings von Mogadischu aus durch das Gebiet der Harakat al-Shabaab Mudschahidin, die die machtlose Zentralregierung bekämpfen und am Horn von Afrika einen islamischen Gottesstaat auf der Basis der Scharia errichten möchten. Zurück zu Puntland. Dort bemüht man sich im Rahmen der Möglichkeiten, ein wenig Ordnung in das Chaos zu bringen. Auf Piraterie steht die Todesstrafe. Die ist mangels staatlicher Strukturen nicht durchsetzbar, und diese Strafandrohung schreckt die Piraten nicht ab.«

»Und wer steckt hinter der Entführung der ›Holstenexpress‹?«

»Das möchte die autonome Regierung Puntlands auch wissen.« Hürlimann zögerte. »Mangels diplomatischer Vertretungen in Somalia laufen manche Kontakte über mich. Man hat mir zugetragen, dass sich der Innenminister Puntlands an einer Lösung gerade dieses Falls überaus interessiert zeigt. Er sieht das als Chance, die Position seiner Regierung einer breiten westlichen Öffentlichkeit vorzutragen. Sonst interessiert sich niemand für das, was in diesem leidgeprüften Land passiert.«

Das könnte eine ganz neue Option sein, überlegte Lüder. Eine der drängendsten Fragen war, warum sich die Piraten bisher noch nicht gemeldet hatten. Wenn die Separatisten Puntlands den Westen an den Verhandlungstisch zwingen wollten, wäre der Umweg über die Kaperung der ›Holstenexpress‹ eine Möglichkeit. Wenn das zuträfe, setzte er seinen Gedanken fort, wäre auch verständlich, weshalb Berlin jeden offiziellen Kontakt mied und auch die eigentlich viel besser geeigneten Sicherheitsbehörden aus dem Fall heraushielt. Und er, der Kriminalrat aus Kiel, wurde ins Feuer geschickt, um ein diffiziles politisches Problem zu lösen.

»Wie kann ich Kontakt mit dem Innenminister aufnehmen?«, fragte Lüder.

Es schien, als hätte Hürlimann nur darauf gewartet. Es sollte so aussehen, als wäre es Lüders Idee gewesen, und Lüder fühlte sich manipuliert.

»Sie müssten nach Garoowe reisen. Das ist die Hauptstadt Puntlands.«

»Kann man einen Flieger dorthin buchen?«

Der Schweizer schüttelte den Kopf. »Dahin gibt es keine Flugverbindungen. Garoowe erreichen Sie entweder auf dem Landweg. Das sind nicht ganz tausend Kilometer. Mit ein wenig Glück können Sie es in zwei Tagen schaffen. Aber ... eine Spazierfahrt ist das nicht. Oder Sie nehmen einen Charterflieger.«

»Können Sie mir einen besorgen?«

Hürlimann nickte. »Mit Pilot und Begleitschutz.«

Lüder widersprach nicht. Er hatte verstanden, dass er allein nicht durchkommen würde. Stattdessen rieb er Daumen und Zeigefinger gegeneinander.

Der Schweizer wiegte den Kopf. »Der Flug ist gefährlich. Das wird nicht billig.«

Nach einem Obstbrand als Digestif verabschiedete sich Hürlimann sehr schnell mit der Begründung, er müsse die Reise organisieren. Er ging zu einem Ecktisch und kehrte mit einem zerfledderten Buch wieder.

»Das ist die einzige Zerstreuung, die ich Ihnen bieten kann«, erklärte er und überreichte Lüder einen Roman. »Ein Landsmann von mir.«

»Wie sinnig«, erwiderte Lüder, als er Max Frischs Buch »Biedermann und die Brandstifter« entgegennahm. Dann zog er sich auf sein Zimmer zurück, sicherte die Tür mit dem Glas auf der Klinke und versuchte zu schlafen.

Es fiel ihm schwer, Ruhe zu finden. Er hatte noch nicht lange im Bett gelegen, als das Licht flackerte. Dann erlosch es ganz. Das Stromaggregat war abgeschaltet worden. Leider wirkte sich das auch auf den Ventilator aus. Im Nu war es stickig im Zimmer. Lüder wagte es aber nicht, das Fenster zu öffnen. Er war sich nicht sicher, welche Insekten er damit anlocken würde. Aus dem schwedischen Sommerurlaub wusste er, wie lästig manche Plagegeister werden konnten. Und nordeuropäische Mücken waren harmloser als afrikanische.

Irgendwann fiel er in einen unruhigen Schlaf. Er wusste nicht, wie lange er sich hin und her gewälzt hatte, als er durch ein Poltern aus Morpheus' Armen herausgerissen wurde. Das Glas war von der Türklinke gefallen, klirrend auf dem Teppichboden gelandet und scheppernd gegen die Tür gerollt.

Lüder sprang aus dem Bett, hastete zu seinem Gepäck, riss die Pistole heraus und zog den Verschluss zurück. Dann stellte er sich neben die Tür und wartete.

Es war stockfinster. Kein Lichtstrahl drang in den Raum. Vorsichtig legte er die Hand auf die Türklinke und berührte sie mit zwei Fingern. Nichts bewegte sich. Auch jenseits der Tür war kein Geräusch zu vernehmen. Er verharrte eine Weile in dieser Position. Das Herunterfallen des Glases musste man im ganzen Haus gehört haben. Offensichtlich nahm niemand Notiz davon.

Nach einer Weile tastete Lüder mit der flachen Hand den Boden ab. Schließlich fand er das Glas. Es war heil geblieben. Er stellte es erneut auf die Türklinke, balancierte es aus und kehrte zum Bett zurück. Sein einfacher Einbruchschutz hatte sich als effizient erwiesen.

Es dauerte eine Weile, bis er erneut einschlief. Es war kein tiefer, erholsamer Schlaf, eher ein Dösen. Er vermochte nicht zu unterscheiden, ob seine Gedanken spazieren gingen oder die Ereignisse der jüngsten Zeit seine Träume beeinflussten.

Plötzlich wurde geschossen. Laut und deutlich war Gewehrfeuer vernehmbar. Eine andere Schnellfeuerwaffe antwortete. Vielleicht waren es nur wenige Sekunden und ein paar Feuerstöße, aber in der Stille der Nacht wirkte der Schusswechsel wie ein Gefecht. Lüder saß senkrecht im Bett. Auch als die Gewehre wieder verstummt waren und in der Folge absolute Stille herrschte, konnte er nicht wieder einschlafen.

Gern hätte er jetzt in dem Buch geblättert, um sich ein wenig abzulenken. Aber der Strom war immer noch abgeschaltet. Es waren Stunden, die an den Nerven zerrten.

SECHS

Da er auch in der vorherigen Nacht wenig geschlafen hatte, überkam ihn irgendwann die Müdigkeit. Er wusste nicht, wie lange und heftig jemand gegen seine Zimmertür geklopft und seinen angenommenen Namen gerufen hatte.

»Mr. Wolfram. Sir. Hello.«

»Hello«, antwortete er.

»Sir. Sir Urs erwartet Sie zum Frühstück, Sir«, sagte die Stimme. Dann entfernte sich der dienstbare Geist.

Lüder suchte das Bad auf und war froh, dass dort warmes Wasser aus der Dusche kam. Trotz der afrikanischen Hitze fröstelte er. Es war schlicht die Müdigkeit. Lange ließ er den dünnen Wasserstrahl über seinen Körper laufen. Es brachte nur wenig Entspannung.

Lüder sah in den Spiegel. Ringe hatten sich unter seinen Augen gebildet. Er sah erschöpft aus. Er putzte die Zähne und verzichtete auf das Rasieren. Vielleicht würden die blonden Bartstoppeln ein wenig die graue Frabe des Gesichts verbergen, hoffte er.

Wenig später traf er im Esszimmer Urs Hürlimann.

»Grüezi.« Der Schweizer schien nicht nur ausgeschlafen, sondern auch gut gelaunt zu sein. »Haben Sie gut geschlafen?«

»Weniger«, knurrte Lüder. »Das Bett war ungewohnt, und ich bin von einem Feuergefecht wach geworden.« Den Einbruchsversuch verschwieg er.

Hürlimann lachte. »Wenn man auf jede Gewehrsalve reagieren würde, käme man nie zum Schlafen. Entweder haben Gangster versucht, ein Haus zu überfallen, und die Bewohner haben sich gewehrt, oder ein paar Burschen war es zu langweilig, und sie haben zum Spaß in die Luft geschossen.«

»Nur in die Luft?«

»Es ist auch schon vorgekommen, dass man aus Langeweile eine Hasenjagd veranstaltet hat.«

»Auf menschliche Hasen?«

»Auf deutschen U-Bahnhöfen werden auch Menschen zu Tode geprügelt. Nur so. Aus Langeweile. Warum regen wir uns also über die Afrikaner auf?«

Der Kaffee roch nicht nur verführerisch, er schmeckte auch. Dazu gab es frisch aufgebackene Brötchen.

»Aus der Dose«, erklärte der Schweizer mit vollem Mund. Butter. Englische Marmelade. Sogar verschiedene Sorten Käse standen auf dem Tisch.

»Wurst hält sich leider nicht«, sagte Hürlimann entschuldigend. »Und Eier waren bei der letzten Lieferung nicht dabei.«

Den Rest des Frühstücks verbrachten sie, indem sie über die allgemeine Situation der Weltpolitik plauderten, die Bankenkrise diskutierten. Hürlimann zeigte sich zum aktuellen Geschehen in den europäischen Fußballligen besser informiert als Lüder. Er musste an »Friedhof« denken, den Mitarbeiter der Haus- und Postdienste im Kieler Landeskriminalamt, einen fast fanatischen Fan des heimischen Fußballvereins Holstein Kiel.

Fast beiläufig zwischen zwei Bissen sagte Hürlimann: »Am späten Vormittag steht Ihre Maschine nach Garoowe bereit.«

Lüder hätte sich fast verschluckt. »Das sagen Sie jetzt?«

»Sie hatten mich gebeten, es für Sie zu arrangieren. Ich kenne den Piloten. Für hiesige Verhältnisse ist er zuverlässig. Ein Äthiopier.«

»Charter?«

»Er fliegt individuell.«

Was immer das bedeuten mochte. Es hörte sich wie ein weiteres i-Tüpfelchen dieses Abenteuers an.

»Übrigens … Hier ist Vorkasse üblich.« Hürlimann nannte einen exorbitanten Preis.

»Ich zahle am Flughafen?«

Der Schweizer schüttelte den Kopf. »Rechnen Sie mit mir ab. Dann können Sie die hier in Mogadischu entstandenen Kosten gleich miteinbeziehen.«

Natürlich war die Forderung unverschämt, aber Lüder hatte keine Alternative. Hürlimann führte ihn an einen Computer und erklärte ihm die Software, mit der Lüder den Transfer des Betrages in Echtzeit vornehmen konnte. Dabei war nicht festzustellen, wo sich das Empfängerkonto befand. Das würde Lüder später, wenn er nach Kiel zurückgekehrt war, ermitteln lassen.

Kiel. Die Stadt war so unendlich weit weg. Und mit ihr seine Familie, die unruhig zu Hause im Ungewissen hockte und neben der Sorge um den Familienvater auch Ärger hegte, weil in zwei Tagen die Urlaubsreise beginnen sollte. Nein. Wohl fühlte Lüder sich nicht.

Immerhin war im Preis der ungehinderte Transfer zum Flughafen inbegriffen. Lüder hatte Gelegenheit, die zerstörte Stadt ein weiteres Mal in Augenschein zu nehmen. Er hatte eine der Kameras hervorgeholt und fotografierte durch die Scheibe des Hummers. Lediglich als er das Fenster herabsenken wollte, knurrte ihn sein schweigsamer Begleiter an und erklärte unfreundlich, dass er das sein lassen sollte. Eine Begründung gab der Somalier nicht ab.

Sie parkten vor dem Flughafengebäude, und Lüder wurde, an allen Kontrollposten vorbei, zu einer abseitsstehenden Maschine geführt.

Die Cessna 172, immerhin der meistgebaute Flugzeugtyp der Welt, sah äußerlich arg ramponiert aus. Das lag sicher nicht nur an der Schmutzschicht, die das Flugzeug komplett einhüllte. Beulen und Dellen im Rumpf, eine gerissene Seitenscheibe … Die Maschine wäre in Deutschland sicher nicht mehr für flugtauglich erklärt worden.

Ein dunkelhäutiger Mann kam auf sie zu, nahm noch einen tiefen Schluck aus einer Wasserflasche, gab Lüder die Hand und stellte sich vor: »Alemayehu Mellesse. Ich bin der Kapitän.«

Er half Lüder, das Gepäck in der engen Kabine zu verstauen. Natürlich wurde es ebenso wenig gesichert wie die Reservekanister mit Treibstoff, die Mellesse vor den Rücksitzen platziert hatte.

»Für den Rückflug«, erklärte der Pilot. »Hier weiß man nie, ob man unterwegs Sprit bekommt.«

Die Tür ließ sich im zweiten Versuch schließen. Drei waren erforderlich, bis der Lycoming-Kolbenmotor ansprang. Mellesse hantierte an irgendwelchen Hebeln, dann klang die Maschine ein wenig runder. Er nahm Kontakt zur Flugleitung auf, ließ die Cessna zur einzigen Landebahn des Flughafens rollen und beschleunigte die Maschine, um sie kurz vor dem Ende der Piste in die Höhe zu ziehen. Zur Rechten lag das einzige Hafenbecken der geschundenen Stadt, links konnte Lüder einen letzten Blick auf ihre Slums und Ruinen werfen, bis Mellesse die Reiseflughöhe von etwa zweitausendfünfhundert Fuß erreicht hatte, die achthundert Metern entsprach.

Von hier oben aus konnte man einen hervorragenden Eindruck von diesem Land mitnehmen, den kargen Feldern, den ärmlichen Siedlungen, von Kamelkarawanen, die die Illusion nährten, in einem früheren Jahrhundert zu leben.

Mellesse schien den Flug zu genießen, zumindest sah er seinen Arbeitsplatz als idealen Ort für ein Picknick an. Lüder hätte es nicht gewundert, wenn sich der Äthiopier, als der er sich herausstellte, im Cockpit eine warme Mahlzeit zubereitet hätte. Ungeniert turnte er über die Sitze, erledigte diverse Arbeiten, sprach dabei unablässig und hatte Lüder in der ersten halben Stunde ungefragt drei verschiedene Versionen seines Lebenslaufes erzählt.

Nach zweieinhalb Stunden Flugzeit wurde Lüder aus seinem Halbschlaf, in den ihn das monotone Motorengeräusch in Verbindung mit der unruhigen Nacht geschickt hatte, geweckt.

Mellesse fing lautstark an zu fluchen, wurde hektisch, drehte an diesem Hebel, klopfte auf jenes Instrument, ging in den Sinkflug über, wackelte mit den Flügeln und zeigte sich schließlich beruhigt, als der Motor wieder in den zuvor gehörten sonoren Klang verfiel.

»Was war los?«, wollte Lüder wissen, der sich inzwischen an das Klappern und Scheppern in der Maschine gewöhnt hatte.

Statt einer Antwort erklärte ihm der Äthiopier, dass dieses Flugzeugmodell das robusteste überhaupt sei und es keinen besseren Typ für diesen Landstrich gebe. Versonnen strich er über die Instrumententafel.

»Die Lady ist über vierzig Jahre alt«, sagte Mellesse und ergänzte: »Und sie fliegt noch weitere vierzig Jahre. Dafür sorge ich. An die Maschine kommt kein Mechaniker heran. Das mache ich alles selbst.«

Lüder überlegte, wie viele Vaterunser vonnöten wären, um den lieben Gott, der nur ein kleines Stück über ihm weilte, so gnädig zu stimmen, dass er sie heil bis nach Garoowe kommen ließ. Ob es half, auch für den altersschwachen Motor ein Stoßgebet zu sprechen?

Es gab einen plötzlichen Ruck, und die Cessna legte sich steil nach links. Doch Mellesse lachte nur. Der Pilot hatte abrupt den Kurs gewechselt. Sie verließen die Küste und flogen eine weitere Stunde über eine karg wirkende Landschaft, bis der Pilot nach vorn zeigte und auf das Ziel wies. Garoowe, die Hauptstadt der selbst ernannten autonomen Region Puntland, lag vor ihnen.

Der Flugplatz bestand aus einer gewalzten Sandpiste, an deren

Rand neben einer Baracke zwei Technicals standen, ungepanzerte Kampffahrzeuge, auf denen Maschinengewehre montiert waren.

Mellesse ließ die Cessna in die Nähe der Baracke rollen, aus der ein Mann in Tarnuniform herauskam und martialisch ein Schnellfeuergewehr schwang. Die drohende Haltung entspannte sich, als er den Piloten gewahrte. Die beiden Männer begannen ein Palaver, dabei zeigte der Bewaffnete immer wieder mit der Gewehrspitze auf Lüder und sagte etwas.

»Passport« war das Einzige, was Lüder verstand.

Der Pilot versuchte zu vermitteln, nachdem Lüder ihm erklärt hatte, dass er kein Visum besitze, aus Mogadischu komme und auf Einladung des Innenministers unterwegs sei.

Nach weiteren zehn Minuten Palaver entschied sich der Bewaffnete, einen anderen »Polizisten«, wie Mellesse die Funktion des Mannes nannte, zu holen, der leidlich Englisch sprach, sich Lüders Geschichte erneut vortragen ließ, wieder verschwand und schließlich freudestrahlend mit zwei weiteren Bewaffneten zurückkehrte.

Lüder und sein Gepäck wurden auf einen Technical verladen, bevor er sich von dem Piloten verabschieden konnte. Er hatte noch gar nicht Platz genommen, als der Fahrer Gas gab und mit dem offenen Pick-up Richtung Stadt davonbrauste.

Im Unterschied zu Mogadischu wirkte die Stadt aufgeräumt. Es gab keine Ruinen, dafür Baustellen. Die Häuser waren in ein freundliches Weiß getaucht, stellenweise waren die Straßen begrünt, und es schien auch im kleinen Rahmen ein geregelter Handel zu florieren.

Seine Begleitung fuhr ihn direkt zum Statehouse, einem eingeschossigen Prunkbau mit einem offenen umlaufenden Säulengang. Die Rundbögen verliehen dem Gebäude eine bescheidene Würde. Auch befanden sich dort Uniformierte, zum Teil bewaffnet, die sogar Dienstgradabzeichen trugen.

Lüder wurde mehrfach kontrolliert und sprach schließlich mit einem schlanken Dunkelhäutigen, der sich als Leutnant Hussein Heersare vorstellte.

Heersare bot Lüder einen Tee an, fragte nach dem Grund seines Besuchs und zeigte sich hilfsbereit, auch wenn er drei Stunden damit beschäftigt war, irgendwelche Kontakte herzustellen. Mehrfach entschuldigte er sich zwischendurch für die Unannehmlichkeiten, die das Verfahren mit sich brachte. Schließlich tauchten zwei stämmige Soldaten auf, durchsuchten Lüder, nahmen ihm die Pistole und die Munition ab, kontrollierten Kamera und Notebook und begleiteten ihn schließlich zum Innenminister.

Abdulla Shiikh mochte knapp über vierzig Jahre alt sein. Er trug eine modische Goldrandbrille, hinter der kluge Augen Lüder musterten. Der dunkelgraue Anzug, das blütenweiße Hemd und die exakt gebundene Krawatte hätten auch zu einem Manager eines westlichen Konzerns gepasst.

Shiikh sprach fast akzentfreies Englisch. Er schüttelte Lüder die Hand mit einer Herzlichkeit, als würde er nach langer Zeit einen lieben Freund wieder begrüßen.

»Sie sind Journalist aus Deutschland?«, fragte der Innenminister.

Als Lüder nickte, begann er ungefragt von der Situation der Provinz Puntland zu erzählen, von den Bemühungen der Provinzregierung, im Rahmen der Möglichkeiten das öffentliche Leben zu organisieren, die Infrastruktur aufzubauen, Schul- und Gesundheitswesen zu beleben.

»Das alles ist nicht einfach«, schloss er seinen Bericht. »Es mangelt an allem. Und internationale Unterstützung erhalten wir nicht. Einzig die Tatsache, dass man bei uns Erdölvorkommen vermutet, lenkt ein wenig Aufmerksamkeit auf Puntland. Und wenn wir Lizenzen vergeben, wirft man uns vor, wir wären dazu nicht berechtigt. Wovon soll das Ganze finanziert werden? Unsere Region ist fast so groß wie die alte Bundesrepublik. Wir vermuten, dass auf dieser Fläche zweieinhalb Millionen Menschen leben.« Als er Lüders skeptischen Blick sah, breitete er in einer hilflosen Geste die Arme aus. »Genau weiß das keiner. Und dann haben wir Probleme an verschiedenen Ecken. Im Süden stehen die Mudschahidin. Ein Teil Puntlands, Galmudug, hat sich von uns losgesagt und seinerseits für unabhängig erklärt. Im Nordwesten führen wir Krieg mit Somaliland, das auch zu Somalia gehört und sich ebenfalls für unabhängig erklärt hat.«

»Und an der Küste haben Sie das Problem Piraterie.«

Shiikh nickte bedächtig. »Darauf steht die Todesstrafe. Aber wie sollen wir das durchsetzen? Wir haben keine Sicherheitskräfte. Keine Polizei, keine ordentliche Armee, keine Küstenwache.«

Lüder erklärte, dass man sich in Deutschland Sorgen um die Sicherheit der Schifffahrt mache. »Das jüngste Beispiel ist die Entführung der ›Holstenexpress‹.«

Shiikh leugnete nicht, von der Tat zu wissen. »Bis Ashira sind es vierhundert Kilometer unwegsames Gelände. Wir haben keine Luftwaffe, keine Polizeihubschrauber, keine Marine, die wir gegen die Piraten einsetzen können. Man sollte verstehen, dass Somalia von Clans beherrscht wird. Das Land ist historisch unter Familien aufgeteilt. Natürlich gibt es Rivalitäten zwischen den Familien, die sich wiederum in Unterclans gliedern. Dort, wo unser Arm nicht hinreicht, wird die Macht von den Clanchefs ausgeübt. Ihr Wort ist Gesetz.« Shiikh zeigte auf Lüders Kamera. »Als ich hörte, dass ein deutscher Journalist zu uns kommt, war ich hocherfreut. Schreiben Sie von unseren Anstrengungen, davon, dass wir Hilfe brauchen. Wir wollen etwas bewegen. Für unsere Heimat.«

Lüder ließ dem Minister viel Zeit, von den Problemen seines Landes zu erzählen. Shiikh trug sein Anliegen mit großer Leidenschaft vor.

»Schreiben Sie darüber«, unterbrach er mehrfach seinen Vortrag. Plötzlich lachte er laut auf und streckte die Hand aus. Mit dem Zeigefinger wies er auf Lüder.

»Hier mangelt es an allem. Das schlägt sich auch in der Versorgung der Bevölkerung mit dem Nötigsten nieder. Die Preise für Nahrungsmittel steigen ins Unermessliche. Wissen Sie, warum? Not macht erfinderisch. Als die Leute die Preise nicht mehr bezahlen konnten, haben sie angefangen, das Geld selbst zu drucken. Die Leute haben einfach mit selbst gemachtem Geld bezahlt, sodass die Händler schließlich keine Somalia-Schillinge mehr angenommen haben. Die Währung ist verfallen. Das klingt fast komisch, wenn darin nicht auch hochrangige Politiker mit verwickelt wären.«

»Und mittendrin haben Sie das Problem mit den Piraten.«

»Ich weiß, es wirkt so, als würden wir uns darum nicht kümmern.« Er breitete die Arme aus. »Aber wie sollen wir dem begegnen? Wenn wir die wenigen Sicherheitskräfte, über die wir verfügen, auf den weiten Weg durch die somalische Wüste schicken, haben wir es mit einem Gegner zu tun, der über neueste Waffen verfügt und gut ausgerüstet ist. Unsere Soldaten und Polizisten werden schlecht bezahlt, wenn überhaupt. Plötzlich sehen sie, was die Piraten an ihren Taten verdienen.«

»Wird das große Geld nicht woandershin gelenkt?«

»Ja«, sagte Shiikh versonnen. »Die erpressten Lösegelder fließen nach London oder sonst wohin. Es gibt mittlerweile fast eine Piratenindustrie. Die Auftraggeber finanzieren die Überfälle vor und stecken hinterher den Großteil der Beute ein. Rechnen Sie das einmal durch, nur modellhaft, ohne dass ich exakte Zahlen kenne. Niemand spricht darüber. Es ist ein großes Geheimnis. Gehen Sie davon aus, dass für ein Schiff …«

»… und die Besatzung«, warf Lüder ein.

Shiikh winkte ab. »Die zählt nicht. Für ein Schiff wird ein Lösegeld von zehn bis fünfzehn Millionen Euro gezahlt. Wenn fünfzig Männer an einem Überfall beteiligt sind und sie jedem – rein rechnerisch – die unvorstellbare Summe von fünftausend Euro zahlen, bleiben den Hintermännern pro Schiff über vierzehn Millionen Euro. Risikolos. Und die Piraten vor Ort profitieren auch. Das Durchschnittseinkommen liegt bei etwa siebenhundert Euro – pro Jahr. Davon sind die Fischer an der Küste weit entfernt. Für einen einzigen Überfall erhalten die Leute den Gegenwert für zehn Jahre Arbeit. Muss man mehr erklären?«

Den Minister störte es nicht, dass Lüder ihn zwischendurch aus verschiedenen Positionen fotografierte.

»Es ist eine politische Grundsatzfrage, weshalb man die Regierung von Puntland nicht in die Lage versetzt, mit den Piraten aus eigener Kraft fertigzuwerden.«

Lüder unterließ es zu erwidern, dass verantwortungsbewusste westliche Politiker es vermieden, Waffen in Konfliktzonen zu liefern. Es traf auch nur bedingt zu. Außerdem bezweifelte er, dass die Puntländer mit weiteren Waffen tatsächlich gegen die Piraten vorgehen würden. Niemand garantierte, dass die Waffen nicht gegen die Nachbarn in Somaliland eingesetzt würden. Oder korrupte Puntländer würden sie an die Piraten verkaufen. Schließlich könnte sich europäische Waffenhilfe im schlimmsten Fall gegen die eigenen Handelsschiffe richten.

»Sie sind aber über die Aktivitäten der Piraten informiert?«, fragte Lüder.

»Auch hier kann man das Weltgeschehen in den Medien verfolgen«, erwiderte Shiikh ausweichend.

»Im vorliegenden Fall scheinen manche Dinge anders zu laufen«,

121

sagte Lüder. »Die Piraten üben ihre Taten im Allgemeinen von Eyl oder Hobyo aus. Die ›Holstenexpress‹ wird aber viel weiter im Norden gefangen gehalten.«

Der Minister sah Lüder nachdenklich an. »Darüber habe ich mich auch gewundert. Dort oben im Nordosten ist nichts. Fast menschenleeres Gebiet. Unwirtlich. Lebensfeindlich. Die somalische Wüste am Horn von Afrika ist kaum erforscht. Dort gibt es nichts.«

»Außer Piraten«, sagte Lüder.

Der Minister wiederholte nachdenklich: »Außer Piraten. Sonst nichts.«

»Können Sie sich vorstellen, dass die Drahtzieher in Puntland sitzen?«

»Ausgeschlossen.« Die Antwort kam viel zu schnell.

»Welche Kontakte haben Sie nach Europa?«

»Wie meinen Sie das?«

»Offizieller Art, zum Beispiel zu Regierungen oder regierungsnahen Institutionen?«

Shiikh zeigte auf Lüders Notebook. »Zu diesem Punkt sollten Sie Recherchen im eigenen Land anstellen.«

»In Berlin? Oder in Flensburg?«

Lüder bemerkte ein kurzes Aufblitzen in Shiikhs dunklen Augen. »Es wäre mir lieb, wenn Sie Ihre Fragen vorformulieren und meinem Büro einreichen würden«, sagte er schließlich entschlossen.

»Wissen Sie mehr von der ›Holstenexpress‹, als Sie zugeben wollen?«

Lüder überlegte, ob er das Thema »Ladung« ansprechen sollte, entschied sich aber dagegen. Er kannte weder Shiikhs Kenntnisstand noch dessen Rolle. Wenn der Minister genauso unwissend war, wie er sich gab, könnte Lüder mit dem Hinweis auf die rätselhafte Frage nach der Ladung Shiikhs Neugierde wecken.

»Ich bin ein viel beschäftigter Mann«, sagte der Minister kurz entschlossen.

Seine anfängliche Freundlichkeit schien sich schlagartig gewandelt zu haben. Es drängte Lüder, weitere Fragen zur »Holstenexpress« zu stellen. Aber Shiikh würde keine Auskünfte mehr erteilen. Der Mann schien gewarnt zu sein.

Der Minister griff zum Telefon und sagte etwas auf Somali. Dann wandte er sich wieder Lüder zu. »Ich habe dafür gesorgt, dass Sie im Gästehaus der Regierung untergebracht werden. Formulieren Sie Ihre Fragen. Schaffen Sie es bis morgen früh? Dann könnte ich Ihnen am Nachmittag für eine halbe Stunde zur Verfügung stehen.«

»Danke«, erwiderte Lüder, der sich nicht in die Abhängigkeit Shiikhs begeben wollte. »Ich möchte in einem Hotel übernachten.«

Der Minister zog eine Augenbraue in die Höhe. »In einem Hotel?«

Lüder bestätigte es.

»Jemand von der Sicherheit wird Sie begleiten«, entschied Shiikh. Erneut griff er zum Telefon, sagte etwas im Befehlston und bat Lüder anschließend, im Vorzimmer zu warten.

Nach zwanzig Minuten erschien ein drahtiger Mann mit dunklen Locken. Er gab Lüder die Hand und stellte sich vor: »Kasayah Peltini. Sie möchten ins Hotel?«

»Ja.«

»Groß ist die Auswahl nicht in Garoowe.« Er forderte Lüder auf, ihm zu folgen.

Sie bestiegen einen älteren Toyota. Peltini überließ Lüder den Fond und setzte sich zum Fahrer auf den Beifahrersitz. Auf den asphaltierten Straßen herrschte wenig Verkehr. Lüder wunderte es nicht. Er befand sich in einer der abgelegensten und am dünnsten besiedelten Regionen der Welt. Rundherum war Einöde. Wer konnte sich hier ein Auto leisten? Und welches Ziel sollte man ansteuern?

Die Häuser waren in freundlichen hellen Farben gehalten und durchweg in einem guten Zustand. Nach Landessitte waren sie fast alle von einer Mauer umgeben.

Das Hotel »Stern von Puntland« war ein weißer Bau in der Nähe des Stadtrands. Peltini kümmerte sich um die Formalitäten, dann führte der Rezeptionist Lüder auf das schlichte, aber saubere Zimmer, während Lüders Begleiter im Foyer auf ihn wartete. Als Lüder zurückkehrte, erklärte Peltini, dass er das Abendessen bereits geordert hatte. Eine Menüauswahl hatte Lüder ohnehin nicht erwartet.

Sie tranken mit Kardamom gewürzten Tee und aßen eine Art Pasta, die ebenfalls mit Kardamom und Kreuzkümmel abgeschmeckt war. Dazu gab es gekochte Bohnen. Lüder empfand das Essen als gewöhnungsbedürftig.

»Pasta?«, fragte er.

Peltini nickte. »Das stammt noch aus der Zeit, als Somalia Kolonie war. Hier im Norden herrschten die Briten, im Süden und im Osten die Italiener.« Er spielte mit einer seiner schwarzen Locken. »Ich habe italienische Vorfahren. Mein Großvater. Daher stammt auch mein Name.«

Peltini interessierte sich für Lüders angeblichen Beruf als Journalist, auch für Details.

»Und welche Funktion nehmen Sie wahr?«, fragte Lüder zu fortgeschrittener Stunde, nachdem er feststellen musste, dass Peltini einen Abstecher Lüders in die Sanitärräume genutzt hatte, um seine Sachen zu durchwühlen.

»Ich bin der Leiter der Sicherheit«, erklärte sein Begleiter unumwunden.

»Was versteht man darunter?«

Peltini lächelte. »Nehmen Sie es wörtlich. Nachrichtendienst. Staatssicherheit. Kriminalpolizei. Alles, was mit der Sicherheit im Zusammenhang steht.«

»Dann sind Sie auch über das Piratenunwesen informiert?« Lüder erklärte, dass er deshalb im Lande sei.

»Auf Piraterie steht die Todesstrafe«, begann Peltini. »Es ist ein schwieriges Unterfangen, dieses Verbrechertums Herr zu werden. Die Täter sind zu allem entschlossen. Kein Wunder. Sie leben auch im Luxus. Die Jungen sorgen für ganze Großfamilien.«

»Jungen?«

»Manche sind erst fünfzehn oder sechzehn Jahre alt.«

»Das sind ja fast noch Kinder«, warf Lüder ein und dachte an Thorolf oder Jonas.

»Kinder?« Peltinis Antwort klang verächtlich. »Wenn die eine Waffe in der Hand haben, sind die gnadenlos. Die haben keine Hemmungen zu schießen.«

»Und was machen Sie mit ihnen, wenn Sie sie fassen?«

»Auf Piraterie steht die Todesstrafe«, wiederholte er lapidar. »Das weiß jeder. Übrigens nicht nur bei uns. Die malaysische Marine hat Piraten, darunter vier Jugendliche, dingfest gemacht und in Malaysia vor Gericht gestellt. Auch dort steht auf Piraterie zwingend die Todesstrafe.«

»Haben Sie kein Mitleid mit den Kindern?«

Peltini schüttelte den Kopf. »Haben die Mitleid mit ihren Opfern? Sie wissen, dass sie die großen Stars der Szene sind, wenn sie Menschen umbringen. Bei denen ist alles bestens organisiert. Das ist Hightech. Da laufen nicht nur schießwütige Jugendliche herum, sondern auch Leute mit Know-how. Ehemalige Fischer setzen ihre Fähigkeiten, auf dem Meer navigieren zu können, ebenso ein wie qualifizierte Techniker, die die Satellitentelefone, GPS-Systeme oder die militärische Ausrüstung betreuen. Die Leute haben Geld, sie üben Macht aus. Wissen Sie, was es für diese Kreaturen bedeutet, ein Auto zu fahren? Ein großes Haus zu bauen? Besuchen Sie ein Krankenhaus in Mogadischu und sehen Sie sich an, wie man dort Menschen behandelt. Und die Piraten? Die können sich sogar eine bescheidene medizinische Versorgung leisten.«

»Das klingt, als würden Sie resignieren.«

»Was sollen wir ausrichten? Die somalischen Piraten können nicht einmal durch die Marine der Weltmächte beherrscht oder gar vertrieben werden. Die Warlords vor Ort sind mächtiger als wir. Die Chance, erwischt zu werden, ist gering. Nachdem ausländische Flotten die Gewässer vor der Küste Somalias leer gefischt haben, betrachten es die Fischer als legitim, sich ihren Anteil auf diese Weise zurückzuholen.«

»Und welcher Kriegsherr steht hinter der Entführung der ›Holstenexpress‹?«, fragte Lüder.

»›Holstenexpress‹?« Peltini tat überrascht.

Es sollte wohl so klingen, als höre er das erste Mal von diesem Schiff. Lüder ging nicht darauf ein.

»Warum liegt die ›Holstenexpress‹ so weit im Norden vor Anker und nicht vor Eyl oder Hobyo, den Zentren der Piraterie?«

»Woher wissen Sie das?« Peltinis Frage kam stockend.

»Nicht nur somalische Piraten, sondern auch die Deutsche Marine bedient sich modernster Technik«, antwortete Lüder.

Peltini hatte seine kurze Unsicherheit überwunden. »Wenn ich die Möglichkeiten hätte, die Sie in Deutschland haben, dann würde kein einziges Schiff überfallen werden.«

Lüder wollte sich nicht an einer Diskussion beteiligen, die schon geführt worden war und deren Ausgang viele Menschen nicht verstanden. Er holte seine Kamera hervor und wollte ein paar Aufnahmen von Peltini machen.

125

»Lassen Sie das«, fuhr ihn der Sicherheitschef an und hielt sich abwehrend die Hand vors Gesicht.

»Haben Sie Angst?«, fragte Lüder süffisant.

»Ich habe viele Feinde. Das ist in meinem Amt begründet.«

»Auch unter den Piraten und deren Hintermännern?«

»Selbstverständlich.«

»Aber die Entführer der ›Holstenexpress‹ bereiten Ihnen keine Sorgen?«

Peltini stutzte. Ärgerlich schüttelte er den Kopf.

»Ich muss jetzt gehen«, sagte er. Deutlich war sein Ärger herauszuhören. Immerhin hatte er nicht ein weiteres Mal geleugnet, das Schiff zu kennen. »Ich habe einen kleinen Sohn zu Hause.«

»Eine der Spuren, die zur ›Holstenexpress‹ führen«, sagte Lüder, »endet hier in Garoowe.«

Peltini hielt mitten in der Bewegung inne. Er kniff die Augen zusammen und funkelte Lüder böse an. »Sie sollten solche Gerüchte nicht in Umlauf bringen. Das ist Verleumdung. Und die ist auch bei Ihnen strafbar, oder?«

»Bei uns gibt es eine freie Presse, die Missstände anprangern darf«, sagte Lüder.

»Ich habe Ihnen zu erklären versucht, dass hier vieles anders ist, Mr. Wolfram. Anders. Und gefährlicher.« Es klang mittlerweile wie eine Drohung.

»Warum sind Sie plötzlich so aufgebracht?«, fragte Lüder und bemühte sich, einen versöhnlichen Ton anzuschlagen.

Doch Peltini ging nicht darauf ein. »Hüten Sie sich vor dem Glauben an falsche Dinge«, sagte er doppeldeutig. »Bei uns im Islam hat man einen kritischen Blick auf Menschen, die einem Irrglauben folgen.«

»Sie meinen, die werden im schlimmsten Fall mit dem Tod bedroht?«

»Gute Nacht«, sagte Peltini und verschwand durch die Tür in die afrikanische Dunkelheit.

Der Hotelmitarbeiter, der ihrem Gespräch gelauscht hatte, tat so, als wäre er intensiv mit irgendwelchen Aufräumarbeiten beschäftigt. Lüder wünschte auch ihm eine gute Nacht. Der Mann tat aber so, als hätte er es überhört. Ganz plötzlich, schien es Lüder, war er zu einem Aussätzigen geworden. Das konnte nur bedeuten, dass die

Vermutungen, die er ausgesprochen hatte, in irgendeiner Weise ein Zipfelchen Wahrheit enthielten.

Er kehrte auf sein Zimmer zurück und stellte fest, dass eine Absicherung der Türklinke sinnlos sein würde, da das Haus im Obergeschoss einen umlaufenden Balkon hatte und jederzeit jemand darüber eindringen konnte. Er hatte ein unbehagliches Gefühl. Angst war es nicht, sondern Vorsicht, die sein Denken bestimmte. Ihm war aber bewusst, dass es in dieser Umgebung für ihn keine absolute Sicherheit geben würde. Ein wenig Glück gehörte auch zu seinem Beruf.

Lüder holte das Satellitentelefon hervor und wählte die Nummer des Berliner Staatsministers. Es dauerte eine Ewigkeit, bis sich Rukczas verschlafene Stimme meldete.

»Ja?« Er klang nicht nur verschlafen. Dem Staatsminister war auch der Alkoholkonsum anzuhören.

»Haben sich die Entführer inzwischen gemeldet?«, fragte Lüder.

Es hörte sich an, als würde Rukcza einen Schluck trinken. »Lüders«, sagte er dann. »Wissen Sie, wie spät es ist? Schwer arbeitende Menschen brauchen ihre Nachtruhe.«

»Die hätte ich jetzt auch gern. Sagen Sie mir, welche Neuigkeiten es gibt. Liegt inzwischen eine Lösegeldforderung vor? Hat man etwas von der Besatzung gehört? Und ich möchte endlich wissen, was die ›Holstenexpress‹ geladen hat.«

Rukcza stöhnte kurz auf.

»Lüders, kommen Sie umgehend zurück. Die Mission Afrika ist beendet.«

»Bitte?« Lüder war überrascht.

»Das war deutlich, oder? Brechen Sie sofort alle Aktivitäten ab. Sofort! Haben Sie mich verstanden?«

»Nein. Das müssen Sie mir erklären.«

»Ich muss Ihnen nichts erklären. Sie treten umgehend die Heimreise an. Ist das klar?« Es klang ausgesprochen unfreundlich.

»Darf ich darauf hinweisen, dass ich Landesbeamter bin.«

»Das ist gleich. Ich erteile Ihnen ganz formell die Weisung zur Rückkehr.«

»Dazu sind Sie nicht berechtigt. Mein Dienstherr ist das Land. Eine Weisung kann nur ein Vorgesetzter erlassen.«

»Ziehen Sie sich nicht auf Formalien zurück. Brechen Sie Ihren Urlaub auf Staatskosten ab.«

Das reichte. Vor wenigen Minuten war Lüder erst die Gefährlichkeit seiner Mission bewusst geworden, und jetzt vernahm er solche Worte. Warum verschwieg man in Berlin etwas? Gab es möglicherweise Verbindungen zwischen der Bundeshauptstadt und Afrika? Eine gewagte These, für die keine Beweise vorlagen.

»*Nemo tenetur se ipsum accusare*«, sagte Lüder.

»Häh?«

»Das war Lateinisch für Juristen und bedeutet, dass niemand gehalten ist, sich selbst anzuklagen. Sonst aber würde ich es Strafvereitelung nennen, wenn Sie irgendjemanden decken, der mit der Entführung der ›Holstenexpress‹ zu tun hat. Das ist nach Paragraf 258 des Strafgesetzbuches strafbar. Auch wenn Sie derzeit kraft Ihres Amtes Immunität genießen, dürfte es unangenehm sein, sich solchen Verdächtigungen auszusetzen.«

»Wollen Sie mir drohen?«

»Empfinden Sie ein deutsches Gesetz als Bedrohung?«

»Sie kommen sofort zurück«, erwiderte Rukcza aufgebracht. »Ich werde veranlassen, dass die Ihnen treuhänderisch überlassene Kreditkarte nur noch morgen einsetzbar ist.«

»Ich bin in Garoowe. So schnell schaffe ich das nicht«, protestierte Lüder.

»Das ist Ihre Sache. Sie setzen sich ja sonst auch über alles hinweg. Morgen!« Dann knackte es in der Leitung.

Das war eine ungeheuerliche Drohung. In der Tat war Lüder ohne die Kreditkarte machtlos. Ihm blieb nichts anders übrig, als mit dem nächsten Flugzeug nach Nairobi zurückzukehren. Eine ohnmächtige Wut erfasste ihn. Hatte man ihn als Spielball irgendwelcher Intrigen missbraucht? Ins afrikanische Feuer geschickt? Womöglich gar auf eine tödliche Mission? Dass Menschenleben wenig zählten, glaubte er daran zu erkennen, dass alle Aufmerksamkeit bisher auf das Schiff gerichtet war. Niemand sprach von der Besatzung, vom Schicksal der Menschen.

Er war zu wütend, um mit seiner Familie zu sprechen. Stattdessen rief er Oberkommissar Große Jäger an und berichtete ihm alles.

»Donnerlüttchen« war alles, was der Husumer zu sagen hatte.

»Ich werde meine Mission hier abbrechen müssen«, erklärte Lü-

128

der. »Es ist aber ungewiss, wann ich wieder in Kiel sein werde. Falls irgendetwas Unvorhergesehenes geschieht, bitte ich dich, mit Jochen Nathusius Kontakt aufzunehmen.«

»Das ist der einzige Leitende Kriminaldirektor, den wir derzeit in Schleswig-Holstein haben. Schade, dass er Husum verlassen hat.«

»Dafür ist er jetzt stellvertretender Leiter des Landeskriminalamts«, sagte Lüder. »Nathusius ist nicht nur ein brillanter Analytiker, sondern auch integer. Wenn ich mich nicht bis morgen Nachmittag bei dir gemeldet habe, informierst du den Kriminaldirektor.«

»Klar«, versicherte Große Jäger. »Und dann?«

»Euch wird etwas einfallen. Noch etwas …« Lüder beichtete die Lüge, die er gegenüber seiner Familie angewendet hatte. »Kümmert euch um sie«, bat er.

»Das hätten Sie jetzt nicht erwähnen müssen«, sagte Große Jäger mit belegter Stimme. Dann berichtete er, dass er mit Hauptkommissar Herdejürgens aus Flensburg gesprochen hatte. »Es gibt keine Anzeichen dafür, dass Gerd Wollenhaupt aus persönlichen Gründen ermordet wurde. Es muss mit seiner Tätigkeit bei der Reederei zusammenhängen. Mehr weiß man noch nicht. Die Flensburger bleiben aber am Ball.«

Das bestätigte Lüders Vermutung, dass Wollenhaupt hatte sterben müssen, weil er hinter das Geheimnis der Ladung gekommen war.

»Viel Erfolg. Kommen Sie heil und gesund wieder. Ist verdammt langweilig hier ohne Sie …«, sagte Große Jäger zum Abschied.

Anschließend versuchte Lüder, Hürlimann zu erreichen. Der Schweizer sollte Alemayehu Mellesse mit der Cessna nach Garoowe schicken. Morgen würde Lüder den Rückweg antreten. Hier konnte er nichts mehr bewirken. Doch Hürlimann war nicht erreichbar. Und der Äthiopier hatte sich geweigert, Lüder seine Kontaktdaten zu nennen. Es wurde eng. Sehr eng.

SIEBEN

Es war der Erschöpfung zuzuschreiben, dass Lüder tief und traumlos geschlafen hatte. Der Blick in den Spiegel zeigte seinen schon seit Tagen sprießenden Bart, aber die tiefen Ringe unter den Augen waren ein wenig verblasst.

Er stellte sich ans Fenster und atmete die klare, noch angenehm kühle Luft ein. Am Horizont konnte man die Weite der Steppe erahnen.

Das Frühstück bestand aus stark gesüßtem schwarzen Tee und einem Brot, das einem Pfannkuchen ähnelte. Noch zwei Tage, dachte Lüder, dann gibt es wieder knackige Kieler Brötchen, holsteinische Landbutter, Holtseer Tilsiter und kräftige Lotsenmettwurst, dazu ein weich gekochtes Ei. Er fuhr sich mit der Zunge über die Lippen. Das wäre jetzt ein kulinarisches Highlight.

Der Mann an der Rezeption verlangte US-Dollar und ließ sich auf dreißig herunterhandeln, nachdem Lüder in die Verhandlungen hatte einfließen lassen, dass er gegebenenfalls Innenminister Shiikh um Vermittlung bitten würde. Wenig später stand er vor der Tür und wartete auf das Taxi.

Urs Hürlimann war auch trotz mehrerer Versuche telefonisch nicht erreichbar gewesen. Lüder wollte zum Regierungsgebäude fahren und versuchen, über offizielle Stellen eine Reisemöglichkeit zu finden. Es war ihm gleich, ob man ihn nach Mogadischu, Addis Abeba oder Dschibuti fliegen würde. Er wollte fort.

Er wartete etwa eine halbe Stunde unter dem Baldachin des Hoteleingangs, als ein klappriger Toyota Starlet auftauchte. Lüder wunderte sich, dass das Fahrzeug mit drei Männern besetzt war. Das konnte nicht das angeforderte Taxi sein. Er griff sein Reisegepäck und wollte sich ins Hotel zurückziehen. Vergeblich. Das Personal hatte die Eingangstür verschlossen.

Die Männer sahen verwegen aus. Sie glichen eher Abenteurern oder Landarbeitern als Stadtbewohnern oder gar Taxifahrern. Der offensichtliche Anführer trug eine Jeans und ein Freizeithemd europäischen Zuschnitts, die anderen eine eigentümliche Mischung aus einheimischer und westlicher Kleidung.

»Kommen Sie«, forderte der Anführer Lüder auf und nickte mit dem Kopf in Richtung des Autos.

Lüder zog in Erwägung, seine Pistole aus dem Hosenbund zu ziehen und der Aufforderung nicht nachzukommen.

»No«, sagte der Anführer, der Lüders Reaktion zu ahnen schien, und zeigte auf den dritten Mann, der im Auto sitzen geblieben war und den Lauf eines Gewehrs auf Lüder richtete. Dabei grinste er und zeigte sein Gebiss. Ein Zahnarzt würde bei der Bestandsaufnahme viele fehlende Zähne dokumentieren, schoss es Lüder durch den Kopf.

Sich gegen die Aufforderung zur Wehr zu setzen, wäre sinnlos gewesen. Der Gewehrschütze hätte jede Aktion vereitelt.

»Wer sind Sie? Was wollen Sie?«, fragte Lüder den Wortführer.

»Kommen Sie mit. Ganz einfach«, erklärte der in einem holprigen Englisch. Dann sagte er etwas zu seinen Kumpanen. Der zweite Mann umrundete Lüder und klopfte ihn ab. Er zog die Pistole aus dem Hosenbund und hielt sie in die Höhe. Dann steckte er die Waffe ein. Der Mann setzte die Durchsuchung fort und beförderte alles zutage, das wertvoll schien. Zwischendurch schlug er von unten gegen Lüders Unterarme, um zu signalisieren, dass diese hochzustrecken seien. Wäre er der englischen Sprache mächtig gewesen, hätte er es vermutlich bei einem schlichten »hands up« belassen.

Das ist die Straßenkriminalität, wurde Lüder bewusst, von der stets berichtet wird. Und er war dem Überfall machtlos ausgeliefert. Lüder konnte sich nicht umdrehen, um zu sehen, ob das Hotelpersonal den Raub beobachtete. Aber was sollte auch geschehen? Hier gab es keinen Polizeinotruf, hier würde keine Streife vom nächsten Revier erscheinen. Und die verschlossene Hoteltür deutete darauf hin, dass man den Überfall erwartete und auf diese Weise jeden Rückzug ausschließen wollte. Ob das Personal mit den Kriminellen unter einer Decke steckte?

Der Mann plünderte ihn in aller Seelenruhe aus. Selbst die Armbanduhr, ein Geschenk von Margit zur Promotion, ließ er in seiner Tasche verschwinden. Mit einem Grunzlaut quittierte der Mann die US-Dollar in bar, die Lüder in einer Brusttasche um den Hals trug. Zwischendurch erhielt Lüder immer wieder Stöße und Rempler von seinem Widersacher. Als der Gangster nichts mehr fand, stieß er Lüder ins Kreuz, dass der vorwärtstaumelte.

»Einsteigen«, befahl der Anführer, während sich der zweite Verbrecher über Lüders Reisegepäck hermachte, alle Taschen öffnete und in der einheimischen Sprache dem Anführer den Inhalt aufzählte. An der Tonlage glaubte Lüder zu erkennen, dass die Männer mit ihrer Beute zufrieden waren.

Lüder quetschte sich auf den Rücksitz des Zweitürers, und der Mann mit dem Gewehr drückte ihm die Spitze des Laufs schmerzhaft in die Rippen.

Die Täter verstauten Lüders Gepäck im Kofferraum, stiegen ein und verließen die Zufahrt des Hotels. Lüder sah sich noch einmal um. Er konnte niemanden vom Personal entdecken. Das Haus schien wie ausgestorben.

Was hatten die Männer mit ihm vor? Herzog hatte ihn vor der Allgemeinkriminalität gewarnt. Ein Menschenleben galt hier nichts. Vielleicht befürchteten sie, Lüder könne sie beschreiben und die Sicherheitskräfte würden sie verfolgen. Lüder war nicht wohl in seiner Haut. Er war den Leuten ausgeliefert. Hilfe konnte er nicht erwarten.

Die Täter unterhielten sich lautstark in ihrer Sprache, lachten dabei und machten einen zufriedenen Eindruck. Sie fuhren die Hauptstraße entlang, durchquerten das Zentrum, wenn man es so nennen konnte, und verließen Garoowe am anderen Ende der Stadt. Gleich hier begann die trostlose Wüste aus rotem Sand. So weit das Auge reichte: Sand.

Lüders Herz schlug heftig. Sein Puls raste. Er versuchte, seine Anspannung vor den Leuten zu verbergen. Vielleicht wollten die Täter Zeit gewinnen und würden ihn irgendwo dort draußen aussetzen?

Nein!, dachte Lüder. So viel Umstände machte man nicht mit Opfern. Er versuchte, der Haltung der drei Männer und der Art und Weise, wie sie miteinander sprachen, etwas zu entnehmen. Es gelang ihm nicht. Zu fremd war die Sprache, um wenigstens am Klang etwas heraushören zu können.

Nach wenigen Kilometern bremste der Fahrer ab und bog auf ein umzäuntes Areal ab. Hinter der Mauer verbarg sich eine armselige Hütte, mehrere Unterstände, ein Brunnen. Ein paar Tiere liefen über den Hof und knabberten an den wenigen verdorrten Grashalmen.

Vor der Hütte stand ein Toyota Pick-up mit Doppelkabine, der arg mitgenommen aussah. Auffallend war das auf der Ladefläche montierte Maschinengewehr. Ein Technical. Fuhren gewöhnliche Kriminelle mit einem solchen Fahrzeug herum? Peltini und seine Leute, auch wenn der Sicherheitschef die mangelnde Reichweite seines Einflusses beklagte, würden das nicht akzeptieren. Nicht in Garoowe.

Was verbarg sich dann hinter diesem Kidnapping?

Entführung!

Lüder atmete durch. Seltsam, dass ihm dieser Begriff plötzlich einen Hauch Hoffnung verlieh. Man wollte Lösegeld für ihn. In einem Anflug von Sarkasmus huschte ein Lächeln über sein Gesicht. Was ist ein deutscher Beamter dem Steuerzahler wert? Und wenn man leugnen würde, ihn zu kennen, ihn auf diese Mission geschickt zu haben? Wenn Rukcza und seine Leute den Standpunkt vertreten würden, die Bundesrepublik ließe sich nicht erpressen? Schlagartig fiel Lüder ein, dass seine Fragen nach dem Befinden der Besatzung der »Holstenexpress« stets unbeantwortet geblieben waren.

Der Mann mit dem Gewehr stieß noch einmal zu. Es war schmerzhaft. Auch ohne Worte verstand Lüder, dass er aussteigen sollte. Er folgte dem Fahrer und dem Anführer, die zum Eingang der Hütte gegangen waren, als es hinter ihm knallte. Natürlich verursachte das Geschoss keinen Luftzug, und doch spürte Lüder es. Abrupt blieb er stehen und zog automatisch den Kopf zwischen die Schultern. Es war ein Reflex. Der Mann hinter ihm brüllte etwas. Lüder hob die Hände und drehte sich ganz langsam um. Der Schütze wedelte mit der Waffe und schrie etwas auf Somali.

»Sprich vernünftig mit mir, du Arsch«, sagte Lüder und baute damit seine Anspannung ab. Der Mann schwenkte die Waffe und deutete auf einen Punkt zwischen sich und dem Pick-up.

Lüder zuckte die Schultern, um anzuzeigen, dass er den Somalier nicht verstanden hatte. Der hob das Gewehr und schoss erneut. Er zielte dabei etwa einen Meter an Lüder vorbei.

Jetzt war hinter ihm Gebrüll zu hören. Mehrere Männer verließen rufend die Hütte. Der Schütze antwortete etwas. Es entspann sich ein hektisch geführter Dialog, bis schließlich der Anführer an Lüder herantrat.

»Rühr dich nicht von der Stelle«, sagte er und befahl Lüder, die Hände auf den Rücken zu legen.

Ein weiterer Täter trat an ihn heran und band ihm die Hände hinter dem Körper zusammen. Dann wurde ihm eine Art Bettuch über den Kopf gestülpt. Kräftige Hände packten ihn, schleiften ihn über den Platz und warfen ihn auf die Ladefläche des Pick-ups. Sie nahmen dabei keine Rücksicht, sodass Lüder mit dem Schienbein gegen die Ladekante stieß und sich eine blutige Wunde einfing.

»Jeder Fluchtversuch wird bestraft«, schrie ihn der Anführer an.

Lüder versuchte sich etwas zurechtzuruckeln und lehnte sich gegen das Gestell des Maschinengewehrs. Dann wartete er. Er vernahm Stimmen, die lautstark palaverten. Nach einer Weile entfernten sie sich. Lüder vermutete, dass sich die Gruppe in die Hütte zurückgezogen hatte.

Die Männer ließen sich Zeit. Lüder wusste nicht, wie lange er dagelegen hatte. Es wurde wärmer, und die Ladefläche, auf der er lag, heizte sich auf. Zudem erschwerte der Sack, den man ihm über den Kopf gestülpt hatte, das Atmen. Endlich erschienen die Leute wieder. Lüder hörte Stimmen, dann stiegen mehrere Männer in den Pick-up ein. Er vernahm das Klappen von drei Türen. Der Motor wurde angelassen, und das Fahrzeug setzte sich in Bewegung.

Aufgrund der Fliehkraft, der er in der Kurve ausgesetzt war, erkannte Lüder, dass sie nach links auf die Straße abgebogen waren, das hieß, sie entfernten sich von Garoowe Richtung Wüste.

Die Straße war mit Schlaglöchern übersät. Lüder spürte jeden Stoß. Die Sonne brannte unerbittlich, auch wenn der Fahrtwind ein wenig Linderung verschaffte. Er hatte jedes Zeitgefühl verloren.

Seit einer Ewigkeit rollten sie über die Straße. Selten wurde die Monotonie durch das tiefe Brummen eines entgegenkommenden Fahrzeugs unterbrochen. Es klang wie Lastkraftwagen. Ebenso selten waren Kurven. Lüder bekam jede zu spüren, weil er gegen die Halterung des Maschinengewehrs stieß. Seine Bemühungen, die Fesseln zu lösen, waren vergeblich. Bei dem Versuch schnitt das Seil noch tiefer ins Fleisch.

Zweimal hielt der Wagen an. Seine Bewacher stiegen aus, unterhielten sich, entfernten sich ein Stück vom Fahrzeug, ließen Lüder aber liegen. Niemand sprach mit ihm.

Erst bei der dritten Pause nahm man ihm den Sack vom Kopf und holte ihn von der Ladefläche. Er durfte ein paar Schritte laufen, bekam Wasser zu trinken, und man gestattete ihm, sich zu erleichtern. Auch die Hände wurden jetzt nicht mehr hinter dem Rücken, sondern vorn zusammengebunden. Ganz langsam begann das Blut wieder zu zirkulieren. Dann ging die Fahrt weiter.

Nach einer Zeit, die gefühlt unendlich währte, verringerte der Wagen die Geschwindigkeit und bog ab. Jetzt ging es langsamer voran. Das Fahrgeräusch hatte sich verändert, und Lüder vermutete, dass sie die Asphaltstraße verlassen hatten. Er nahm an, dass sie mehrere Stunden Richtung Norden gefahren waren. Dort lag die größte und wirtschaftlich bedeutendste Stadt Puntlands: die Hafenstadt Boosaaso. Sie fuhren noch eine Weile, bis sie erneut eine Pause einlegten. Er empfand es als Erleichterung, dass ihm der Sack abgenommen wurde. Er durfte auch wieder einen Schluck Wasser trinken, nachdem man ihn von den Handfesseln befreit hatte. Seine drei Bewacher saßen ein wenig abseits, lachten und tranken Tee.

Es war kühler geworden. Nach der Hitze des Tages war das fast angenehm. Lüder sah sich um. Sie befanden sich mitten in der Wüste. Ringsherum war nur karge Landschaft zu sehen. Lediglich im Norden – er orientierte sich am Stand der untergehenden Sonne – zeigte sich in der Ferne die Silhouette schroffer Berge; Felsungetüme, die nicht vergleichbar mit der vertrauten Kalenderschönheit der Alpen waren.

In diesen Breitengraden gab es nur eine kurze Dämmerung im Unterschied zur langen Phase, die der Tag im heimatlichen Schleswig-Holstein benötigte, um sich zu verabschieden. Und Tag und Nacht waren annähernd gleich. Da sie nördlich des Äquators waren, musste es etwa gegen achtzehn Uhr sein, überlegte Lüder. Dann war er schon neun Stunden in der Gewalt der Entführer.

Man bedeutete ihm, wieder auf den Pick-up zu klettern. Die Männer verzichteten darauf, ihm die Haube über den Kopf zu ziehen und ihn an dem Gestell des Maschinengewehrs festzubinden. Er konnte sich auf der Ladefläche selbst einen Platz suchen, als sie sich wieder in Bewegung setzten.

Kurz darauf war es stockfinster. Es war nichts mehr zu sehen. Der Fahrer musste dennoch den Weg kennen. Traumwandlerisch lenkte er den Toyota über die immer schlechter werdende Sandpiste. Sie durchquerten ein Wadi, schlängelten sich über Serpentinen, ohne im Gebirge zu sein, und erreichten nach einer schier endlosen und qualvollen Fahrt schließlich ihr Ziel.

Gierig sog Lüder die klare frische Luft ein. Er roch das Meer. Der Indische Ozean. Eine sanfte Brise streichelte ihn. Sie waren an einem Ort angekommen, der aus lauter armselig wirkenden Hütten bestand. Nur aus wenigen drang noch Licht. Das ganze Dorf schien zu schlafen. In seiner Trostlosigkeit wirkte es friedlich.

Man hatte ihn an die Küste gebracht. Sollte das bedeuten, dass die Entführer nicht gewöhnliche Kriminelle waren, sondern in Verbindung mit den Piraten standen? Dem Gefühl nach waren sie auch lange Richtung Norden gefahren. Demnach befanden sie sich nicht in Eyl oder einer der anderen Piratenhochburgen. Es musste das Ende der Welt sein, dort, wo die »Holstenexpress« ankerte. Lüder war sich sicher, in Hordio zu sein, unweit des Horns von Afrika.

Wenn es schon nach Mitternacht war, war der Sonnabend hereingebrochen. Heute wollte er mit der Familie in den Sommerurlaub nach Schweden aufbrechen. Und mittags wollte er sich bei Große Jäger gemeldet haben. Ob der Husumer schon mit Kriminaldirektor Nathusius gesprochen hatte? Fragen, auf die Lüder keine Antwort erhalten würde.

Einer der Entführer winkte ihm, den Pick-up zu verlassen und ihm in eine Hütte zu folgen. Lüder war erstaunt. Hinter der heruntergekommenen Fassade zeigte sich eine andere Welt. Die Einrichtung wirkte orientalisch, er sah Schnörkel an den Möbeln. Es sah plüschig aus. Das alles wurde durch eine trübe Funzel an der Decke erleuchtet. Nicht erwartet hatte Lüder den modernen Großfernseher und eine Batterie von Computern.

Ein schlanker Mann saß vor einem der Bildschirme. Er sah den Ankömmlingen entgegen, erhob sich, kam auf Lüder zu und streckte ihm die Hand entgegen.

»Ah, Herr Wolfram«, sagte er auf Deutsch. »Es ist sicher unangebracht, wenn ich Sie willkommen heiße. Andererseits – warum nicht. Sie haben sich von Nairobi bis hierher durchgefragt.«

»Die Art und Weise des Empfangs veranlasst mich nicht, Ihren Gruß in angemessener Weise zu erwidern«, sagte Lüder.

Der Mann schüttelte amüsiert den Kopf.

»Aber, aber«, sagte er.

Er trug die Galabija, was Lüder überraschte. Dieses Gewand trugen Männer heutzutage hauptsächlich in ländlichen Gegenden westlich des Nils.

»Sind Sie Ägypter?«, fragte Lüder.

»Ich? Aus Ägypten?« Für einen Moment war der Mann erstaunt. »Ach so«, sagte er. »Deshalb.«

Dabei hob er mit spitzen Fingern ein wenig den Stoff seines langen hemdartigen Gewandes mit den weiten Ärmeln an. Es war traditionell mit weitem Rockteil und Brustschlitz geschnitten. Der Kragen fehlte. Wie die berühmte Frage nach dem, was die Schotten unterm Kilt tragen, war die Frage in diesem Fall praktisch zu beantworten. Es ging westlich zu mit Unterhemd und Boxershorts, bei Kälte durfte es auch ein Pullover sein.

»Wo sind wir hier? In Hordio?«

»Kennen Sie sich aus am Horn von Afrika? Übrigens … Ich stamme aus Somalia. Ich trage die Galabija nicht nur aus Tradition, sondern weil es bequem ist. Warum ich Deutsch spreche, werden Sie als Nächstes fragen? Ich habe an der Christian-Albrechts-Universität in Kiel Biological Oceanography bis zum Master studiert.«

»Ist Entführung ein Studienschwerpunkt gewesen?«

»Vielleicht haben wir Gelegenheit, ein wenig Licht in die Angelegenheit zu bringen«, erklärte der Mann und stellte sich vor: »Mein Name ist Youssef Galaydh. Aber das werden Sie sicher schon wissen.«

Lüder versuchte, sich seine Überraschung nicht anmerken zu lassen. Wie kam Galaydh zu der Überzeugung, seine Identität wäre schon aufgedeckt? Traute er den deutschen Sicherheitsbehörden so viel zu?

»Mein Name ist Achim Wolfram«, sagte Lüder.

»Ich weiß.« Galaydh lächelte. »Journalist bei den Kieler Nachrichten. Sie interessieren sich für die Entführung der ›Holstenexpress‹. Warum?«

Lüder nahm den angebotenen Platz ein und berichtete vom Interesse in Deutschland, insbesondere im Norden der Bundesrepublik, an einem durch kriminelle Handlungen ungefährdeten Seehandel.

»Interessiert Sie auch die Situation der Menschen hier an der Küste? Gibt es in Deutschland Informationen darüber?«

»Sie können doch nicht die schwierige Lage in Somalia als Begründung nehmen für kriminelle Handlungen. Die gekidnappte Besatzung hat niemandem ein Leid zugefügt.«

»Wir haben keine andere Möglichkeit. Sonst erhört uns niemand. Wären Sie hierhergekommen, wenn Sie nicht das Schiff hier vermuten würden?«

»Ich glaube nicht. Es liegt hier«, sagte Lüder bestimmt. »Und wie soll ich über Ihren Standpunkt berichten, wenn man mich meiner Arbeitsmittel beraubt hat? Kamera. Notebook. Telefon. Alles wurde gestohlen.«

»Leider gibt es eine sehr hohe Allgemeinkriminalität in unserem Land. Das hätten Sie wissen müssen.«

»Ist es nicht eine Farce, wenn Sie mir scheinheilig erklären, ich wollte nach Hordio, und nun sei mein Wunsch erfüllt worden? Die Art und Weise, wie mich Ihre Leute gezwungen haben, ihnen zu folgen, ist Schwerkriminalität. Das wird auch in Puntland bestraft.«

Galaydh lachte herzhaft, als hätte Lüder einen ausgezeichneten Scherz von sich gegeben. »Sie meinen Peltini? Wollen Sie ihm unseren Aufenthaltsort verraten?« Erneut lachte der Somalier wie ein Kind. »Den kennt er, und zwar besser als Sie.«

»Sorgen Sie dafür, dass ich umgehend mein Eigentum zurückerhalte. Ich will mit der Besatzung sprechen und mich vom ordnungsgemäßen Zustand des Schiffes überzeugen.«

Galaydh wurde ernst. »Gar nichts werden Sie«, sagte er. »Sie haben keine Forderungen zu stellen.«

»Ich bin Journalist. Wenn Sie viele Jahre in Deutschland gelebt haben, muss ich Ihnen nicht die Bedeutung einer freien und unabhängigen Presse erklären.«

Der Somalier nahm eine drohende Haltung ein.

»Schweigen Sie«, sagte er im Befehlston. »Hier gelten unsere Regeln. Jeder weiß, dass vor den Küsten Somalias und seiner Nachbarstaaten ... Haben Sie das gehört? Auch die Nachbarn sind betroffen! Dort herrscht ein großes Risiko von Piratenangriffen und Kaperungen. Der Einzugsbereich reicht bis tief in den Indischen Ozean, bis zu den Seychellen und Madagaskar. Jeder weiß das. Auch Ihre Regierung. Man warnt vor der Gefährdung in diesem Seegebiet. Und? Aus purer Profitgier kreuzen dort draußen, direkt vor unserer Haustür, weiter jede Menge Schiffe. Niemand will auf die

Güter verzichten, die dort übers Meer befördert werden. Textilien, Spielwaren und Elektronikartikel könnten Sie auch in Europa produzieren. Aber nein. Es ist viel günstiger, es bei den Underdogs in der Dritten Welt herstellen zu lassen, um es dann ungeachtet der verheerenden ökologischen Folgen über die Meere zu transportieren. Wie viel Cent wäre eine indische Jeans teurer, wenn sie um das Kap der Guten Hoffnung geschifft würde?«

»Und Sie nehmen sich das Recht heraus, wie ein finsterer Wegelagerer Zoll zu erheben. Die Zeiten haben wir seit dem Mittelalter überwunden. Leben Sie hier noch im Mittelalter?«

Lüder registrierte, dass es Galaydh zunehmend schwerer fiel, die Beherrschung zu wahren. Es war ein riskantes Unterfangen, den Mann zu reizen, dabei aber nicht den Bogen zu überspannen. Auch wenn der Somalier in Deutschland studiert hatte und der westlichen Lebensart und Kultur begegnet war, konnte Lüder sein Verhalten nicht einschätzen. Immerhin hatte sich Galaydh den Entführern angeschlossen, schien sogar eine Führungsrolle einzunehmen. Und seine traditionelle Kleidung zeigte, welche Wahl er bei der Entscheidung zwischen Orient und Okzident getroffen hatte.

»Haben Sie ein Stipendium in Deutschland gehabt?«

»Warum?«, fragte Galaydh überrascht.

»Mich würde interessieren, wie sich bei Ihnen Dankbarkeit gegenüber dem Land ausdrückt, das Ihnen das Studium ermöglicht hat.«

»Muss ich mich deshalb westlicher Dekadenz beugen?«

»Sie sollen nicht Ihre Seele verbiegen, aber sich an das erinnern, was Sie als Moral aus Deutschland mitgenommen haben.«

Der Somalier machte eine verächtlich wirkende Geste. »Soll ich mich wirklich daran erinnern, wie mich kahl geschorene Typen in Kiel behandelt haben?«

Es hatte keinen Sinn, dachte Lüder, die fruchtlose Diskussion fortzusetzen. Es gab keine Grundlage, auf der ein Konsens zu erzielen wäre. Und heute hatte Galaydh die handfesteren Argumente. Lüder war ihm ausgeliefert.

»Lassen Sie mich umgehend frei«, forderte Lüder.

»Sie werden das tun, was wir für richtig halten«, sagte der Somalier mit Entschiedenheit. Dann sagte er etwas auf Somali, drehte sich um und setzte sich wieder vor den Computer.

Aus dem Hintergrund löste sich einer der Männer, stieß Lüder die Waffe ins Kreuz und dirigierte ihn hinaus zu einer anderen Hütte, die eine stabile Bohlentür hatte. Er schubste Lüder hinein und blieb im Türrahmen stehen. Kurz darauf erschien ein Kind. Lüder schätzte den Jungen auf höchstens zehn Jahre. Der Bursche brachte einen Krug mit Wasser und ein Stück des pfannkuchenartigen Brotes. Er reichte es Lüder, trat ein Stück zurück und spie vor Lüder aus. Auch Kindern hatte man schon den Hass beigebracht, dachte Lüder voller Bitterkeit. Die Tür wurde geschlossen.

Lüder hörte, wie ein Riegel vorgelegt wurde. Aus dem fensterlosen Raum, in dem es jetzt stockfinster war, gab es kein Entkommen. Wohin hätte er auch fliehen sollen? Rundherum war ein lebensfeindliches Land. Er tastete nach dem Krug, trank angewidert von dem faulig schmeckenden Wasser und brach stückchenweise von dem Brot ab, um seinen Hunger zu stillen. Irgendwann übermannte ihn die Erschöpfung, und er schlief auf dem harten Fußboden ein.

Zunächst vernahm Lüder Lärm von draußen, dann polterte es gegen die Tür, bevor der Riegel beiseitegeschoben wurde. Durch die Ritzen der Bohlen schimmerte es hell. Der Tag musste angebrochen sein. Es war also nach sechs Uhr früh.

Die Tür wurde aufgestoßen, und zwei Somalier kamen herein. Lüder hatte sie noch nie gesehen. Der ältere von beiden war höchstens achtzehn Jahre alt, der jüngere, der eine MPi auf Lüder richtete, war noch ein Kind. Das Alter war schwer zu schätzen. Sicher war er noch keine fünfzehn Jahre alt. Beide schrien auf Lüder ein und fuchtelten mit ihren Waffen. Als der Jüngere Lüders abschätzigen Blick bemerkte, visierte er Lüders Gesicht an und brüllte etwas mit sich überschlagender Stimme. Der Junge war gefährlich. Das tödliche Werkzeug in seiner Hand verlieh ihm eine Macht, die er in seinem Alter nicht zu beherrschen vermochte. Lüder hob die Hände und verschränkte sie im Nacken.

»Ist gut, du kleines Arschloch«, sagte er in besänftigendem Ton und versuchte ein Lächeln. Die Wortwahl diente Lüder dazu, sich selbst zu signalisieren, dass er noch Herr der Situation war, wenn die äußeren Umstände auch dagegensprachen.

Der Gestik der beiden entnahm Lüder, dass er ihnen folgen sollte. Als er aus dem dunklen Verlies ins Freie trat, benötigte er einen Moment, bis sich seine Augen an das grelle Licht gewöhnt hatten.

Hordio erwies sich bei Tag als schmutziges Nest. Die Straßen waren aus Sand und dreckig, die Häuser armselig und verfallen. Wo einst Farbe die Tristesse verschönt hatte, blätterte nun der Lack ab und zeigte schonungslos das vergammelte Holz. Nur wenige Menschen waren zu sehen, ausnahmslos Männer und Kinder, die Lüder und seine Bewacher aus der Distanz mit einer Mischung aus Neugierde und Furcht betrachteten.

Die beiden Jugendlichen dirigierten ihn Richtung Meer. Sanft rollten die Wellen des Indischen Ozeans auf den breiten Strand. Mancher europäische Nobelbadeort hätte sich glücklich geschätzt, über einen so breiten und feinkörnigen weißen Sandstrand zu verfügen. Das klare Wasser des Ozeans, die Wellen, die leichte Brise … Das waren die Zutaten für einen Traumurlaub. Doch für die Fremden in dieser Region war es ein Alptraum.

Im seichten Wasser schaukelte eine Handvoll offener Holzboote. In einem stand ein Mann, dem ebenfalls eine Maschinenpistole über der Schulter baumelte, und erwartete sie.

Lüder watete durch das Wasser Richtung Boot, zog sich über die Bordwand und folgte dem knurrig vorgetragenen Wink, sich am Bug des Fahrzeugs niederzukauern. Als er auf der Reling Platz nehmen wollte, zeigte der Mann auf den Boden. Der jüngere der Jugendlichen stieg mit in das Boot. Dann startete der Mann den Außenbordmotor, und das wendige Gefährt nahm rasch Fahrt auf. Der kräftige Volvo-Motor schien Lüder moderner und neuer Bauart zu sein.

Lüder vermied den Blickkontakt mit den beiden und versuchte sich zu orientieren. Dem Sonnenstand nach fuhren sie in südlicher Richtung und durchquerten eine Art Lagune, bis das Boot nach einer längeren Fahrtstrecke nach links schwenkte. Das Wasser war flach, und zu beiden Seiten waren Sandbänke zu erkennen.

Der Mann ließ das Boot auf den Strand auflaufen und zwang Lüder, es an Land zu ziehen. Dann musste er vor den beiden herlaufen, nachdem sie ihm eine Richtung angegeben hatten. Das Gehen erwies sich als schwierig. Der sandige Boden, der einer Dünenlandschaft ähnelte, war mit niedrigen Gräsern bewachsen. Es war ein kräftezehrender Marsch, auch wenn es nur eine Dreiviertelstunde dauerte, bis am Horizont eine Siedlung auftauchte.

Das musste Hafun sein, eine Hafenstadt auf dem Landvorsprung, der hier in den Indischen Ozean hineinreichte. Lüder sah eine Ruine, die ein wenig an die herabgestürzte Fassade des World Trade Centers erinnerte. Die Reste eines zerstörten Stegs ragten wie tot aus dem Wasser. Die Straßen zwischen den weiß getünchten Häusern mit den auffallend grünen Dächern waren staubig. Ein Belag fehlte.

Kurz darauf hatten sie ihr Ziel erreicht, zwei Hütten in Strandnähe. Sie waren von einer der für Somalia typischen Mauern umgeben. Das Tor wurde hinter ihnen geschlossen, nachdem seine Führer von zwei anderen Männern begrüßt worden waren. Die drei erwachsenen Männer verschwanden ins Innere des Hauses, während der Junge sich in den Schatten der Hütte setzte und die MPi auf den Knien hielt. Dabei ließ er Lüder, der mitten auf dem Hof stand, nicht aus den Augen.

Nachdem man ihn eine Weile hatte stehen lassen, hockte Lüder sich auf den sandigen Boden. Es war mittlerweile warm geworden, und der Schweiß drang ihm aus allen Poren. Außer einem aus der Hütte dringenden Palaver war nichts zu hören. Das passte zum Gesamteindruck des Anwesens. Es wirkte verlassen.

Schließlich kamen die drei Männer aus der Hütte. Lüders Führer verabschiedete sich und wurde zum Tor begleitet, während einer der Bewacher auf Lüder zukam und in gebrochenem Englisch sagte: »Kommen Sie.«

Er führte Lüder zur zweiten Hütte, zog aus seinem Gewand einen altertümlichen Schlüssel, über den sich jeder Requisiteur eines Historienfilms begeistert gezeigt hätte, schob den zusätzlichen stabilen Sperrriegel auf und öffnete die Tür.

»Rein«, sagte er.

»Wie soll es weitergehen?«, begehrte Lüder auf.

Aber der Mann holte aus und trat Lüder schmerzhaft an den Oberschenkel. Lüder stolperte in das Innere und hörte, wie hinter ihm krachend die Tür ins Schloss fiel.

Lüder schlug eine Welle unglaublichen Gestanks entgegen, die ihm den Atem raubte. Er versuchte flach zu atmen, aber die schlechte Luft blieb. Dann bemerkte er die Menschen, die wie in einem schlechten Mantel-und-Degen-Film auf dem Fußboden kauerten, gegen die Wand lehnten oder sich zusammengerollt hatten.

»*Hello*«, sagte er auf Englisch.

Unverständliches Gemurmel drang ihm entgegen.

»Ich bin Achim Wolfram, Journalist aus Kiel«, versuchte Lüder es auf Deutsch.

»Aus Kiel?« Eine Stimme in unverkennbar breitem Hamburger Dialekt kam aus einer Ecke. Dann schraubte sich eine Gestalt in die Höhe und wankte mehr, als dass sie ging, auf ihn zu. Im Halbdunkel sah Lüder eine Hand, die sich ihm entgegenstreckte.

»Hein Piepstengel. Von Hamburch. Genau genommen von Barmbek. Kennst die Dehnhaide? Da bin ich von her. Mensch. Wie haben sie dich denn erwischt? Bist auch mit 'nen Kahn unterwegs gewesen?«

»Ich bin auf der Suche nach den Entführern der ›Holstenexpress‹ und ihrer Besatzung.«

»Glückwunsch. Hast beide gefunden. Komm, setz dich.« Piepstengel zog Lüder am Ärmel an die Wand und ließ sich dort nieder. Lüder setzte sich neben ihn.

»Mensch. Das ist ja 'nen Ding.« Piepstengel war sichtlich aufgeregt. »Hätt ich nicht gedacht, dass da so 'n Schreiber bis hierher dackelt. Nur für uns.« Er stieß seinen Nachbarn an. »Das glaubst nicht, Datu, was?« Dann knuffte er Lüder in die Seite. »Ach, der versteht mich ja nicht. Ist Matrose. Kommt von den Philippinen. Komisch, was? 'nen deutsches Schiff, und nur zwei können die Sprache.«

»Wer spricht noch Deutsch?«, fragte Lüder in den Raum hinein.

Niemand antwortete.

Piepstengel rückte an Lüder heran. »Schöster, der Zahlmeister. Ist erst in Chennai, dem früheren Madras, an Bord. Komischer Knabe. Spricht mit kein was.«

»Und welche Funktion üben Sie an Bord aus?«

»Sie? Sag man Du. Ich bin Hein.«

»Achim«, wiederholte Lüder seinen Decknamen.

»Ich bin der Ingenieur an Bord. Na ja, eigentlich bin ich ja nur Schmiermaxe. Hab nicht studiert. Und auch nicht gelernt, ich mein, so als Beruf«, flüsterte Piepstengel. »Aber was soll's. Ich kenn die Maschine ausm Effeff. Bin sozusagen mit ihr verheiratet. Ist auch billiger für die Reederei. Mir müssen sie nicht so viel Piepen löhnen wie 'nem richtigen Ingenieur.«

Dann berichtete Piepstengel, wie das Schiff in die Hände der Piraten gefallen war.

»Wir sind ganz arglos längs geschippert. War 'nen schöner Tag. Plötzlich sind die Brüder aufgetaucht mit ihren Speedbooten. So schnell kannst gar nicht gucken. Ratzfatz war'n die an Bord. Vorher haben die mit MGs und Gewehrgranaten über unsere Köpfe geballert. Bringt nichts, sich wehren zu wollen. Die sind uns über.«

»Wie viele Piraten waren an dem Überfall beteiligt?«

»So ungefähr fünfzehn. Ich hab das nur am Rande mitgekriegt. Welche sind zur Brücke rauf und haben den Kapitän zur Kursänderung gezwungen. Die hatten Ahnung von Seefahrt. Den konntest du nichts vormachen und woandershin schippern. Nix da. Einer ist mit seiner Bleispritze zu mir in den Keller.«

»Keller?«, fragte Lüder.

»Ja. Runter in den Maschinenraum. Der war doof wie Schifferscheiße. Aber er hatte die Bleispritze. Ich hätt ihm ja gern was mit dem großen Schraubenschlüssel verpasst, aber gegen seine Kumpels kommst nicht gegen an. So 'n Mist. Nun sitzen wir hier in diesem Drecksloch.«

»Ist jemand verletzt?«, fragte Lüder.

»'nen paar Schrammen und blaue Flecken.«

»Aber ernstlich verletzt wurde niemand?«

»Nee. Auch keiner tot.«

»Was hatte die ›Holstenexpress‹ geladen?«, fragte Lüder.

»Keine Ahnung.« Es klang ehrlich. »Das erfährst du nicht unten im Keller. Ist auch egal, ob wir Schnaps fahren, heiße Weiber oder Dynamit.«

»Dynamit? Waffen?«

»Quatsch. War nur so gesagt. Wirklich. Davon weiß ich nichts.« Piepstengel räusperte sich. »Sag mal. Wann komm wir hier wieder raus aus diesem Scheißloch? Hier erstickst ja. Ich will endlich duschen, aber vorher 'ne Lulle und 'nen kühles Bier zischen.«

»Sind alle gesund?«, fragte Lüder.

»So leidlich. Ist nur noch 'ne Frage der Zeit, bis die Ersten krank werden. Riechst das?«

Der bestialische Gestank war nicht zu verleugnen.

»Die haben uns hier einen Eimer reingestellt.« Er zeigte auf eine Ecke. »Du weißt schon. Für Dingsbums. Da müssen alle rauf. Und das Dings wird nur selten ausgeleert. Dann darf es einer nach draußen tragen. Inzwischen reißen sich alle darum, den Scheißeimer leeren zu dürfen. Sonst kommst du nicht an die Luft.«

»Nicht mal kurz?«, fragte Lüder.

»Nix da. Wir hocken hier stumpfsinnig herum.«

»Wie ist die Verpflegung?«

Piepstengel lachte voll Bitterkeit auf. »Gut«, sagte er unüberhörbar ironisch. »Weil … das ist so miserabel. Da gehen nicht mal die Ratten ran. ›Canjeero‹. So nennen die das Brot. Dazu gekochte Adzukibohnen mit Zucker. Brrrh.« Er schüttelte sich. »Und zu trinken fauliges Wasser. Das schmeckt, als wenn die da reingepisst hätten. Wundert dich das, dass es alle am Darm erwischt hat?«

Dann wollte Piepstengel wissen, wie die Situation draußen war. Ob das Lösegeld für das Schiff gezahlt würde? Wann?

»Hoffentlich schicken die nicht die GSG9«, sagte er. »Das gibt sonst ein Gemetzel.«

»Man bemüht sich mit allen zur Verfügung stehenden Mitteln um eure Freilassung«, log Lüder.

»Das will ich auch schwer hoffen.«

»Wo ist der Kapitän?«

»Da an der Seite«, sagte Piepstengel und drückte Lüders Unterarm. »Schön, dass du da bist.«

Lüder kroch in die angegebene Richtung und stieß gegen ein paar ausgestreckte Füße.

»Pass auf, du Armleuchter«, schimpfte eine Stimme auf Englisch, die aber einen unverkennbaren harten Ostblockklang aufwies.

»Kapitän Syrjanow?«

»Hier«, meldete sich eine müde Stimme ein Stück weiter.

Lüder robbte an Porfirij Syrjanow heran. Aus der Besatzungsliste wusste er, dass der russische Kapitän vierundfünfzig Jahre alt war.

»Ich heiße Achim Wolfram und bin Journalist«, begann Lüder und erzählte in gekürzter Form seine erfundene Geschichte.

»Wie blöde muss man sein, um sich einem solchen Risiko auszusetzen«, mischte sich die andere Stimme ein.

»Wer ist das?«, fragte Lüder den Kapitän.

»Wadym Kalynytschenko, mein Erster Offizier«, sagte Syrjanow mit matter Stimme.

Lüder erinnerte sich an die Besatzungsliste, die er in Flensburg gesehen hatte. Der zweite Mann an Bord war ein siebenunddreißigjähriger Ukrainer.

»Mich interessiert die Geschichte hinter der Entführung«, erklärte Lüder. »Haben die Piraten es auf die Ladung abgesehen?«

»Bei allen bisherigen Entführungen ging es nur ums Lösegeld«, sagte der Kapitän. »Die Piraten sind Kriminelle. Das ist alles. Es gibt keine Hintergrundstory.«

Genau das war die Frage, die Lüder beschäftigte. Warum ließen sich die Piraten so lange Zeit, um ihre Forderung vorzutragen?

»Was hat die ›Holstenexpress‹ geladen?«

»Vieles«, erwiderte der Kapitän. »Als wir noch Stückgut fuhren, hatte man einen besseren Überblick. Heute sind es Container. Da kann alles Mögliche drin sein.«

»Nennen Sie ein paar Beispiele.«

»Sie stellen merkwürdige Fragen«, warf Kalynytschenko ein.

»Das pflegen Journalisten berufsmäßig zu tun.«

»Ich glaube nicht, dass Sie Journalist sind.«

»Was denn?« Lüder hielt für einen Moment den Atem an.

»Vielleicht kommen Sie von einer Versicherung und suchen nach Gründen, die Zahlung des Lösegeldes zu verweigern.«

Darüber wurde in Berlin nicht gesprochen, überlegte Lüder. Niemand hatte erwähnt, dass es eine solche Versicherung für die ›Holstenexpress‹ und ihre Besatzung gab.

»Ist das Schiff versichert?« Lüder richtete seine Frage an den Ersten Offizier.

»Da müssen Sie die Reeder fragen.«

»Wissen Sie das?«, wandte sich Lüder an den Kapitän.

»Darüber sind wir nicht informiert. Und zu Ihrer Frage nach der Ladung … Die Piraten haben uns gezwungen, das Schiff vor der Küste vor Anker zu legen. Dort kann niemand die Ladung löschen. Hier gibt es nicht das notwendige Geschirr. Und wie wollen Sie das logistisch bewerkstelligen? Die Gegend ist vermutlich sehr einsam.«

Das konnte Lüder bestätigen. Würde es wirklich gelingen, Teile der Container umzuladen, würde die Deutsche Marine die Feederschiffe per Satellit bis zum Bestimmungshafen verfolgen und mit Hilfe der dortigen Behörden eingreifen. Ein Transport über Land war ausgeschlossen. Und für den möglicherweise sehr wertvollen Inhalt eines einzelnen Containers konnten sich die Entführer nicht

146

interessieren. Sie hatten nicht die technischen Möglichkeiten, die in vielen Lagen übereinanderstehenden Behälter zur Seite zu räumen, um an einen bestimmten heranzukommen.

»Warum zieren Sie sich, Auskünfte über die Ladung zu erteilen?«, fragte Lüder.

»Wissen Sie, was es bedeutet, ein Schiff zu führen? Um was es sich zu kümmern gilt? Lediglich bei gefährlichen Gütern ist es für den Kapitän bedeutsam zu wissen, was er an Bord hat. Außerdem ist für die Ladung der Erste Offizier zuständig.«

»Dann sagen Sie es mir«, forderte Lüder Kalynytschenko auf. »Oder ist das ein Geheimnis? Vielleicht können mir die Piraten die Fragen beantworten. Ich glaube, ich werde sie darauf ansprechen.«

Der Erste Offizier stand auf. Er war ein großer, breitschultriger Mann. Er baute sich vor Lüder auf und sah auf ihn hinab.

»Sie sollten Ihre Klappe halten. Unsere Lage ist schlimm genug. Wenn Sie auch noch unqualifizierte Gerüchte streuen, kann es noch ärger werden. Wollen Sie die Verantwortung dafür übernehmen? Sofern Sie hier lebend herauskommen, könnte man es als konspirative Zusammenarbeit mit den Verbrechern auslegen. Das ist sicher Ihrer Karriere nicht förderlich. Und Ihrer Gesundheit auch nicht.« Die Drohung hinter dieser Warnung war unüberhörbar.

»Halten Sie endlich die Klappe. Ihre Fragen sind hier nicht angebracht«, meldete sich der Mann, den Piepstengel als Schöster vorgestellt hatte, zu Wort. Der Zahlmeister. »Die Menschen in diesem Verlies haben andere Sorgen. Lassen Sie den Kahn und die Scheißladung doch absaufen, wenn wir hier nur rauskommen. Und das einigermaßen heil und gesund. Als Schönwetterjournalist haben Sie keine Ahnung, was hier vorgeht.« Schöster hatte englisch gesprochen.

»Dann erklären Sie es mir«, erwiderte Lüder. »Ich möchte es gern verstehen.«

Kalynytschenko trat Lüder gegen das Knie. Es war nicht heftig, aber spürbar.

»Maul halten«, sagte der Erste Offizier im Befehlston.

»Sie haben hier nichts zu sagen«, erwiderte Lüder.

»Halt die Schnauze. Du hast hier nichts zu melden. Dein Geseire geht uns auf die Nerven. Ich führe hier das Kommando.«

»Die Befehlsgewalt liegt beim Kapitän«, warf Lüder ein.

»Wir sind hier nicht auf dem Schiff. Hast du das immer noch nicht kapiert? Noch einmal als letzte Warnung: Halt's Maul.« Erneut trat Kalynytschenko zu.

Es hatte keinen Sinn, mit dem Ersten Offizier einen Machtkampf auszufechten, überlegte Lüder. Ihm stand die gesamte Mannschaft der »Holstenexpress« gegenüber.

Nachdem sich Kalynytschenko zurückgezogen hatte, kam Piepstengel herangekrochen und zupfte Lüder am Arm, und sie entfernten sich ein Stück von den Schiffsoffizieren.

»Leg dich nicht mit dem Russen an«, wisperte der Maschinist auf Deutsch.

»Mit dem Kapitän?«

»Der ist ganz in Ordnung. Der Erste ist ein Widerling.«

»Der ist Ukrainer«, erwiderte Lüder.

Piepstengel stutzte. »Woher weißt du das?«, fragte er misstrauisch. »Das hat hier keiner gesagt.«

»Ich habe mich vorher informiert«, erklärte Lüder. Er musste vorsichtiger sein.

Piepstengel blieb skeptisch. »Kalynytschenko hat vielleicht recht. Dein Auftauchen hier ist schon merkwürdig. Woher wusstest du so genau, wo sie uns versteckt haben? Das ist hier am Arsch der Welt.«

»Die Marine hat euch per Satellit verfolgt.«

»Und warum kommen die nicht und schicken einen Zeitungsmenschen?«

»Mich hat keine offizielle Stelle geschickt«, erklärte Lüder. »Ich bin Reporter und arbeite für eine Zeitung.«

»Dann kommen wir auf die Titelseite der Bildzeitung?«

»Ich arbeite für eine andere Zeitung. Und hierhergefunden habe ich auch nicht allein. Ich habe mich in Kenia und Somalia ein wenig umgehört und muss dabei einigen Leuten auf die Füße getreten haben. Schließlich bin ich genauso entführt worden wie ihr und hocke nun in diesem Loch in Hordio.«

»Das ist nicht Hordio, sondern Hafun«, korrigierte ihn Piepstengel.

Das hatte Lüder wissen wollen. Die Männer waren folglich informiert über ihren Aufenthaltsort.

»Woher weißt du das?«, fragte er.

Der Maschinist zeigte ins Dunkel in Richtung der Schiffsführung. »Das hat der Erste gesagt.«

»Kalynytschenko? Woher weiß der das?«

»Na, hör mal«, empörte sich Piepstengel. »Wenn die Nautiker nicht wissen, wo sie gerade sind, dann ist aber zappenduster.«

Vielleicht hatte er recht, überlegte Lüder. Und wenn der Kapitän und Kalynytschenko doch besser informiert waren? Ich fange an, Gespenster zu sehen, sagte Lüder zu sich selbst.

»Wie oft bist du schon diese Strecke mit der ›Holstenexpress‹ gefahren?«

»Och.« Piepstengel überlegte eine Weile. »Keine Ahnung. Für mich ist das so, als wenn du von Barmbek nach dem Hauptbahnhof fährst.« Lüder schmunzelte. Hein Piepstengel war Hamburger. Er fuhr »nach dem Hauptbahnhof« und nicht »zum«. »Da denkst auch nicht drüber nach. Irgendwann guckst du nicht mehr aus dem Fenster.«

»War auf dieser Fahrt irgendetwas anders als sonst?«

»Nö«, antwortete Piepstengel. »Wie immer.«

»Denk mal nach«, forderte Lüder ihn auf.

»Fällt mir schwer, ich mein, das Denken mit meiner Birne. Das war wie immer. Nur in Madras, also in Chennai, wie das heute heißt, da haben wir noch auf Ladung gewartet.«

»Kommt das öfter vor?«

»Eigentlich achtet die Reederei darauf, dass der Fahrplan eingehalten wird. Das ist ein Umlauf, verstehst du? Hamburg – Indien – Ostasien und zurück. Alles unter Zeitdruck. Wenn du mal 'ne Verspätung hast, schleppst du die ewig vor dich her.«

»Vor dir.«

»Wieso vor mich?«

Lüder unterließ es, Piepstengel weiter zu korrigieren.

»In Indien habt ihr noch auf Ladung gewartet.«

»Ja. Die sind einfach nicht an Land gekommen, die Maharadschas. Is nix mit *just in time* bei denen.«

»Was war das für Ladung?«, wollte Lüder wissen.

»Weiß ich doch nicht. Blechkisten. Wie die fünftausend anderen Dinger, die wir an Bord haben. Meinst du, ich guck da rein?«

»Wenn ihr die zuletzt geladen habt, müssten die doch oben stehen, also in der obersten Lage.«

»Müsste eigentlich«, sagte Piepstengel zögernd. »Das ist ganz schön kompliziert mit dem Verladen. Macht ein Computer. Du kannst ja nicht die Kisten nach unten packen, die zuerst wieder raussollen. Das macht kein Sinn.«

»Also werden die Container, die ihr als Letztes in Madras an Bord genommen habt, als Erstes wieder entladen?«

»Das ist doch logisch.«

»Die werden also in Genua in Italien wieder gelöscht, weil die oben sind.«

»Kann sein. Aber warum interessiert dich das?«

»Worüber sollen wir sonst sprechen«, sagte Lüder. Es klang eher beiläufig. »Für Kreuzworträtsel ist es hier zu dunkel.«

Piepstengel lachte. »Stimmt.«

»Hast du eine Freundin in Genua?«, wich Lüder aus.

»Wie denn? Weißt du, wie lange wir im Hafen liegen bleiben? Das ist wie ein Quickie. Kurz rein und dann wieder raus und ab zur Nächsten.« Er lachte meckernd. »Ich mein natürlich Hafen.«

»Und das ist Le Havre?«

»Jo.«

»Und dann geht's ab nach Hamburg?«

»Ohne Pause. Direkt bis Barmbek«, bestätigte der Maschinist.

Sie machten eine kleine Pause, bis Lüder schließlich fragte, ob Piepstengel Familie habe. Dabei dachte er an seine eigene, die jetzt in Kiel im Ungewissen saß und auf ihn wartete.

Der Maschinist erzählte etwas über ziemlich verworrene Verwandtschaftsverhältnisse. Lüder hörte nur mit einem halben Ohr zu.

»Schöster, der Zahlmeister, stammt der auch aus Hamburg?«

»Keine Ahnung. Weiß nicht. Der ist erst in Madras an Bord.«

»Ach«, tat Lüder überrascht. »Hat sein Vorgänger abgemustert?«

»Nö. Wir hatten keinen. Der ist neu.«

»Einfach so?«

»Mensch. Meinst du, die in Flensburg fragen Hein Piepstengel? Ich bin nur der Schmiermaxe unten im Keller.« Dann herrschte Schweigen, bis dem Maschinisten schließlich doch noch etwas einfiel. »Ist schon merkwürdig.«

»Was denn?«

»Der Neue ist mit der verspäteten Ladung gekommen.«

»Bitte?«, fragte Lüder erstaunt.

»Sah fast so aus, als hätte er sie begleitet.«

Das war eine sensationelle Neuigkeit und bestärkte Lüder in der Vermutung, dass die Ladung der ›Holstenexpress‹ eine entscheidende Rolle spielte. Vermutlich lag das Geheimnis irgendwo in den Containern, die in Indien an Bord genommen wurden. Hatte Hans-Günter Schöster die Funktion eines Kontrolleurs inne, der ein besonderes Augenmerk auf diese Container werfen sollte? Was war, um in der Sprache der Seefahrt zu bleiben, aus dem Ruder gelaufen?

Irgendetwas war anders bei diesem Piratenüberfall, etwas, das sogar das politische Berlin in helle Aufregung versetzte. War das einer der Gründe, weshalb man den polizeilichen Staatsschutz informiert hatte? Und da maritime Belange berührt waren, hatte man eine norddeutsche Landespolizei auserwählt. Hamburg war der Zielhafen der ›Holstenexpress‹. So wäre es naheliegend gewesen, das dortige Landeskriminalamt einzuschalten. Hatte man Kiel gewählt, weil die Reederei in Schleswig-Holstein beheimatet war? Oder, überlegte Lüder mit einem Anflug von Sarkasmus, war die Wahl auf Kiel gefallen, weil man in Berlin vermutete, dort seien die Deppen beheimatet?

Und als man in der Bundeshauptstadt feststellte, dass Lüder vorankam, hatte ihn Staatsminister Rukcza umgehend zurückbeordert. Nicht mit mir, sagte er sich grimmig. Es wird überall nur mit Wasser gekocht. Aber die Nordsee hat Salzwasser. Das wird den Berlinern die Suppe verleiden, die sie auslöffeln müssen.

»Hein!« Es war ein Befehl. Der Erste Offizier hatte gerufen.

»Ja?«

»Komm rüber zu mir.«

»Warum?«

»Komm!«

»Das ist ein Stinkstiefel«, raunte Piepstengel Lüder zu, folgte dann aber der Aufforderung.

»Setz dich zu uns«, forderte Kalynytschenko den Maschinisten auf.

Die auf Deutsch geführte Unterhaltung mit Lüder war den Schiffsoffizieren offenbar nicht geheuer. Sie wollten Piepstengel unter Kontrolle haben. Lüder wusste nicht, ob die Männer Deutsch verstanden. Insofern war das Gespräch in der Muttersprache keine Gewähr für Vertraulichkeit, insbesondere da Schöster auch Deutscher war und sicher eher mit dem Kapitän und Kalynytschenko kooperieren würde als mit Lüder. Und der leutselige Piepstengel hatte sich an den Anweisungen seiner Schiffsführung zu orientieren. Merkwürdig erschien Lüder auch, dass der Erste Offizier das Wort zu führen schien, während sich Kapitän Syrjanow auffallend zurückhielt. Das galt auch für Wang Li, den Zweiten Offizier aus China, der sich überhaupt noch nicht zu Wort gemeldet hatte.

Es herrschte Stille im Verlies, wenn man vom leisen Getuschel der Philippiner absah, die sich in ihrer Muttersprache unterhielten.

Lüder kauerte sich an die Wand und umschloss seine angewinkelten Knie mit den Händen. Es waren nicht nur die schreckliche Luft und der erbärmliche Gestank, sondern auch die Myriaden von Insekten, die um ihn herumschwirrten, die ihm zusetzten. Zunächst hatte er noch versucht, sie abzuwehren, aber irgendwann resignierte er und schlug nicht mehr nach ihnen.

Das Warten zerrte an den Nerven. Man saß auf dem gestampften Lehmboden und stierte stumpfsinnig vor sich hin. Abwechslung bot nur der Gang zur fensterlosen Öffnung in der Wand, durch die gerade der Kopf hindurchpasste und die den Blick auf den tristen Innenhof freigab. Dort kauerte immer noch der Junge mit der Maschinenpistole, der Lüder hierher begleitet hatte. Sonst war es totenstill auf dem Areal.

Die nicht zu enden scheinende Gleichförmigkeit wurde nur unterbrochen, wenn eine der Geiseln zum Eimer taumelte, um sich zu entleeren. Es war entwürdigend. Lüder versuchte, diese Funktionen seines Organismus unter Kontrolle zu halten. Irgendwann aber musste auch er nachgeben und den letzten Rest seiner Selbstachtung in die Ecke des Raumes tragen. Die Lage, in der sich die Männer befanden, war mehr als erbärmlich.

Das stupide Kauern auf dem Fußboden wurde unterbrochen, als einer der Bewacher das Essen brachte. Er stellte es vor der Tür ab, öffnete sie und zog sich ein Stück zurück. Neben ihm stand das Kind, die Waffe im Anschlag auf die Geiseln gerichtet. Wie Verdurstende stürzten sich die Männer auf das kärgliche Mahl und den Krug mit Wasser.

»Komm«, forderte Piepstengel Lüder auf. »Es gibt nur einmal am Tag was zu futtern.« Gierig griffen die Leute zu. Auch wenn Lüder speiübel wurde beim Anblick des Essens, nahm er sich seinen Teil und versuchte, es herunterzuwürgen. Er zwang sich auch, vom fauligen Wasser zu trinken. Nicht ein Krümel blieb nach der Verteilung der Mahlzeit übrig. Danach zog wieder die Tristesse ein.

Lüder setzte sich neben Hans-Günter Schöster. »Aus welcher Gegend kommen Sie?«, fragte er unverfänglich.

Er musste seine Frage wiederholen, bevor Schöster antwortete: »Ich lege keinen Wert auf eine Unterhaltung mit Ihnen.«

Lüder versuchte, den Dialekt einzuordnen. Es gelang ihm nicht. Schöster hatte eine harte Aussprache. Mit ein wenig Phantasie klang es wie Böhmisch. Blödsinn, dachte Lüder. Der Name war urdeutsch.

»Haben Sie die Container in Indien bis zum Schiff begleitet?«

Ein Ruck ging durch den Mann. »Ich lege keinen Wert auf eine Unterhaltung. Das hatte ich schon einmal gesagt.« Es klang forsch.

»Haben Sie etwas zu verbergen? Ist das nicht merkwürdig, dass Sie zusammen mit den rätselhaften Containern an Bord kamen und eine Position bekleiden, die es zuvor nicht gab?«

»Sie sollen mich zufriedenlassen«, schimpfte Schöster auf Englisch und zog damit die Aufmerksamkeit aller auf sich.

»Ah, Treffer«, fuhr Lüder auf Deutsch fort. »Ich freue mich schon, *Ihre* Geschichte auf der Titelseite abgedruckt zu sehen.«

»Kann man mich nicht von diesem Kerl befreien?«, sagte Schöster in den Raum hinein. Dann folgte etwas auf Russisch.

Sofort sprang Kalynytschenko auf und rief drei der philippinischen Matrosen mit Namen auf, die ihm folgten und Lüder umringten.

»Noch ein Wort, und ich lasse von den Männern Ihr Maul stopfen«, drohte der Erste Offizier.

»Wir sollten uns nicht gegenseitig bekriegen«, meldete sich Wang Li, der Zweite Offizier, erstmalig zu Wort. »Wir sind doch alle in derselben Situation.«

»Der nicht«, fluchte Kalynytschenko und zeigte auf Lüder. »Der ist nicht auf dem Schiff überfallen worden. Und seine seltsamen Fragen stören mich auch. Wenn du«, dabei schwenkte er die Faust vor Lüders Gesicht, »nicht augenblicklich schweigst, wirst du keine

Artikel mehr schreiben. Mit mehrfach gebrochenem Arm oder zertretenen Händen geht das nicht. Ist das klar?«

Der Ukrainer stieß Lüder so heftig vor die Brust, dass der taumelte und gegen die Wand in seinem Rücken fiel.

Lüder verzichtete auf eine Erwiderung. Wenn er den Mann weiter reizen würde, würde die Situation eskalieren. Und Lüder war in der unterlegenen Position. Er hatte eine Menge gehört. Nur die Zusammenhänge erschlossen sich ihm noch nicht.

»Kapitän Syrjanow, wollen Sie Ihren Wüterich nicht an die Kette legen? Lassen Sie die Drohungen zu? Es reicht doch, wenn wir der Gewalt der Entführer da draußen ausgesetzt sind. Müssen wir uns auch noch selbst zerfleischen?«

Es war seltsam. Der Russe knurrte etwas Unverständliches, aber er ging nicht auf Lüders Worte ein.

Danach herrschte Schweigen, auch wenn die Spannung im Raum fast fühlbar war.

Wieder verging Zeit, die sich bis ins Unendliche dehnte. Irgendwann vernahmen die Gefangenen Geräusche auf dem Innenhof. Ein Auto war eingetroffen. Sofort drängten sich die Männer um das kleine Loch in der Wand. Als Erste erreichten die Matrosen den Ausguck, wichen aber zurück, als Kalynytschenko auftauchte und mit donnernder Stimme den Platz für sich beanspruchte.

»Der Boss ist eingetroffen«, kommentierte der Erste Offizier. »Mit einem Mercedes.« Er sah sich um und suchte Lüder. »Wenn irgendwo auf der Welt etwas Negatives passiert, ist etwas Deutsches nicht weit.«

»Wer ist der Boss?«, fragte Lüder, ohne auf die Stichelei einzugehen.

»Sie stehen im Hof und unterhalten sich. Zwei weitere Kerle sind mit dem Boss gekommen.«

»Kennen wir den Boss?«, wiederholte Lüder seine Frage.

Kalynytschenko antwortete nicht. Durch die schwere Bohlentür und das Loch war Stimmengemurmel zu hören, ohne dass Lüder die Anzahl der Leute einschätzen konnte.

»Ich möchte auch einen Blick darauf werfen«, sagte er und trat an die Maueröffnung heran.

Kalynytschenko tat, als hätte er es nicht gehört.

»Machen Sie Platz«, forderte Lüder den Mann auf.

»Halt das Maul.«

Wenn Lüder weiter die Demütigungen des Ersten Offiziers duldete, würde er jeden Respekt unter den Geiseln verlieren. Außerdem musste er wissen, was dort draußen vor sich ging. Er stellte sich neben Kalynytschenko, zog die Schultern ein wenig zur Seite und ließ sie dann mit ganzem Körpereinsatz gegen den Ukrainer schnellen, sodass der zur Seite geschleudert wurde und sich nur mit Mühe auffangen konnte.

»Ich sagte, ich werde mir das ansehen«, erklärte Lüder betont.

»Вы чертовски немецких собак.«

Lüder sah auf den Offizier, der wutschnaubend zwei Schritte von ihm entfernt stand.

»Was heißt das?«, fragte Lüder. »War das eine Liebeserklärung? Fehlanzeige. Ich bin nicht schwul.«

»Das hieß: ›du verdammter deutscher Hund‹«, übersetzte der Kapitän aus dem Hintergrund.

Kalynytschenko holte tief Luft. Lüder beobachtete ihn aus den Augenwinkeln. Gleich würde der Angriff erfolgen. Mit einem Satz sprang der Erste Offizier vor und versuchte, Lüder zu greifen. Der hatte den Angriff erwartet, stieß sich von der Wand ab, streckte das rechte Bein vor und ließ den vor Wut blinden Ukrainer darüber stolpern. Als Kalynytschenko an ihm vorbeischoss, gab ihm Lüder noch einen Stoß mit, dass der Mann mit der rechten Körperseite gegen die Mauer prallte und daran entlangschrammte. Das war sicher schmerzhaft.

Es schien, als würden alle im Verlies die Luft anhalten. Lüder bangte, dass Teile der Schiffsbesatzung über ihn herfallen könnten. Er wäre den Männern hilflos ausgeliefert. Tatsächlich machten zwei philippinische Matrosen einen Schritt auf ihn zu. Zu Lüders Überraschung wurden sie durch einen Zwischenruf des Kapitäns zurückgepfiffen.

»Stopp«, kommandierte Syrjanow, der sich bisher immer zurückgehalten hatte.

Kalynytschenko hatte sich wieder aufgerafft. Er startete den nächsten Angriff auf Lüder, unkontrolliert und voll blinden Zorns.

Lüder fiel es nicht schwer, die Attacke mit einem *Soto maki komi* zu parieren, indem er Kalynytschenko blitzschnell mit der linken Hand am Ärmel zog, ihn dadurch zu einem großen Schritt zwang und zu sich heranzog. Dann drehte sich Lüder weiter und riss Kalynytschenko durch den Schwung zu Boden. Bevor der Erste Offizier reagieren konnte, klammerte ihn Lüder mit einem Haltegriff am Boden fest.

»Der verdammte Deutsche kann Judo«, sagte er lässig und verstärkte den Haltegriff bis zur Grenze der Schmerzhaftigkeit. »Und ich kann noch mehr. Arme brechen, zur Not auch das Genick. Davon mache ich aber ungern Gebrauch. Ist das klar?«

Der Ukrainer schimpfte in seiner Muttersprache. Lüder verschärfte noch einmal den Druck, bis der Mann aufschrie. Dann ließ er ihn frei und klopfte sich demonstrativ die Hände sauber.

»Möchte noch jemand mit mir diskutieren?«

Niemand rührte sich.

Lüder wusste nicht, wie Kalynytschenko auf die Niederlage reagieren würde. Er musste jetzt darauf vertrauen, dass der Erste Offizier aufgab. Dadurch, dass Lüder ihm den Rücken zuwandte, bekundete er, dass er sich vor dem Mann nicht fürchtete. Er hatte Glück. Kalynytschenko fluchte unentwegt in seiner Muttersprache und sprach vermutlich alle möglichen Verwünschungen aus. Aber Lüder hatte diese Machtdemonstration für sich entschieden und gezeigt, dass man ihn nicht tyrannisieren durfte und, was ihm noch wichtiger war, dass von nun an sein Wort Gewicht haben würde.

Dann konzentrierte er sich auf das Geschehen auf dem Hof. Dort stand ein über und über mit Dreck bespritzter Mercedes der G-Klasse. Trotz der Schmutzschicht wirkte das Fahrzeug noch neu. Der Geländewagen sah wuchtig aus. Im Unterschied zur Hamburger Mönckebergstraße oder Düsseldorfer Königsallee, wo man häufig diese Marke zu sehen bekam, passte es mit seinem Reserverad auf der hinteren Tür hier in diese Umgebung.

Ein Stück entfernt standen drei Männer. Einen erkannte Lüder wieder.

»Ist Youssef Galaydh der Boss, von dem Wadym sprach?«, fragte Lüder in den Raum hinein. Er benutzte mit Bedacht den Vornamen des Ersten Offiziers.

»Wir kennen keinen Youssef Galaydh«, antwortete Kapitän Syrjanow.

»Lass mal sehen«, mischte sich Hein Piepstengel ein und trat zu

Lüder an das Loch in der Wand. Niemand hinderte ihn daran. Der Maschinist warf nur einen kurzen Blick in den Hof. »Der mit dem Nachthemd«, umschrieb er die Galabija, die Galaydh auch heute trug.

»Das ist der Boss?«, fragte Lüder erstaunt. Der Mann, der in Kiel studiert hatte? Lüder versuchte, Wortfetzen aufzuschnappen.

Er glaubte, mehrfach etwas, das wie »Abu Talha« klang, zu verstehen. Auch wenn er die Sprache nicht kannte, wollte er versuchen, aus dem Sprechrhythmus der Beteiligten einen Eindruck von deren Seelenzustand zu gewinnen. Jedenfalls schienen die Männer unterschiedlicher Auffassung zu sein. Schließlich brachen sie ihren Disput ab und zogen sich in die andere Hütte zurück. Lediglich der Junge mit der Maschinenpistole hockte in stoischem Gleichmut im Schatten der Hauswand und liebkoste seine Waffe.

Lüder zog sich vom Fenster zurück. Dann hieß es wieder warten. Warten. Warten.

»Was passiert als Nächstes?«, fragte er schließlich Hein Piepstengel.

»Tjä. Wenn nichts Besonderes geschieht – nichts. Morgen gibt es wieder Essen. Das ist alles.«

Wie lange würde es dauern, bis die erste Geisel die Nerven verlor?, überlegte Lüder. Und wenn sich andere anstecken ließen … Er mochte diesen Gedanken nicht fortsetzen.

Nach einer ganzen Weile meldete sich noch einmal der Maschinist. »Ich habe noch ein tägliches Highlight vergessen: Das Entleeren des Toiletteneimers.« Er drehte sich um und fragte in den Raum: »Wer darf heute den Eimer entleeren?«, und wechselte dabei ins Englische.

Niemand meldete sich. Lüder bemerkte, dass ihn zahlreiche Augenpaare ansahen.

»Ich«, erklärte Lüder. Es drängte ihn nicht nach dieser Aufgabe, aber er würde so eine Möglichkeit haben, sich auf dem Gelände umzusehen. Niemand widersprach ihm.

Lüder vermochte nicht zu sagen, wie lang er an die Wand gelehnt vor sich hingedöst hatte, als einer der Matrosen aufgeregt rief: »Da kommt jemand.«

Niemand machte den Philippinern den Platz am Fensterloch streitig. Kurz darauf wurde das Schloss betätigt und der Holzbalken zur Seite geschoben. Mit dem Licht drang ein Schwall heißer Luft herein. Trotzdem empfand Lüder es als Wohltat.

»Wolfram. Komm«, sagte einer der Somalier und wiederholte die Wörter laut, da Lüder nicht so schnell reagiert hatte.

Lüder stand auf und wankte leicht Richtung Türöffnung. Das Kauern auf dem Boden hatte seine Gelenke steif werden lassen. Er brauchte einen Moment, bis er sich an das grelle Licht gewöhnt hatte. Der Mann mit dem Gewehr in der Hand dirigierte ihn zur anderen Hütte und bedeutete ihm, dort zu warten.

Kurze Zeit später erschien Youssef Galaydh.

»Ah, Herr Wolfram.« Es klang fast jovial. »Ich möchte mit Ihnen einen kleinen Spaziergang machen.«

Galaydh, der sichtbar keine Waffe trug, wandte sich zum Tor. Sie wurden von einem älteren Mann mit einem sehr lückenhaften Gebiss und zerfurchtem Gesicht und dem Jungen begleitet. Der Junge hielt immer noch die Maschinenpistole fest in den Händen, während der Alte sein Gewehr über die Schulter gehängt hatte. Er trug eine Sirwal, eine weite Pluderhose. Die beiden Bewacher folgten Lüder und Galaydh, der über die staubigen Straßen ging, die aus Sand bestanden, und Lüder den Weg zwischen den weißen Häusern mit den grünen Dächern hindurch wies.

Nur wenige Bewohner begegneten ihnen.

»Wohnen hier nur Männer?«, fragte Lüder, da er nirgendwo eine Frau entdecken konnte.

»Sie wollen über uns urteilen, ohne die Kultur zu kennen.« Es klang wie ein Vorwurf. »Frauen sollen ihre Reize bis auf Augen und Hände bedecken.«

»Sind Frauen nicht auch Gottes Geschöpfe mit den gleichen Rechten wie Männer?«

»So können nur Kuffer sprechen«, sagte Galaydh geringschätzig.

»Was sind Kuffer?«

»Ungläubige.«

Lüder schüttelte den Kopf und verzögerte dabei etwas den Schritt. Sofort hob der Junge seine MPi, als Lüder nicht mehr direkt neben Galaydh marschierte. »Sie haben in Deutschland studiert. Hat Sie die Toleranz nicht beeindruckt, die man anderen Menschen gleich welcher Rasse und welchen Geschlechts entgegenbringt?«

»Die richtige Antwort kennt nur der Islam. Mich hat stets die fehlende Moral der Kuffer gestört.« Er zeigte über die Schulter auf die beiden bewaffneten Begleiter. »Man muss den Menschen etwas Angst einjagen. Es gibt Glaubensbrüder, die die Meinung vertreten, einige Kuffer sollten zur Abschreckung abgeschlachtet oder gehängt werden, weil sie einen Shirk verrichten. Das ist ein Götzendienst derer, die nicht an Allah glauben.«

»Gehören Sie auch zu denen, die Andersgläubige töten wollen?«

»Ich möchte allen Menschen die Möglichkeit geben, sich zu bekehren oder zumindest den Islam zu achten.«

»Und wenn nicht?«

»Gegen die Kuffer führen die Gotteskrieger einen weltweiten Krieg, den Dschihad. Wir verkaufen unsere Seele an Allah, und Allah wird es uns im Paradies belohnen.«

»Ist die Entführung der ›Holstenexpress‹ religiös motiviert?«, fragte Lüder.

»Sie stellen zu viele Fragen«, erklärte Galaydh und zeigte auf eine kleine Gruppe von Männern, die eine fast drohende Haltung bei ihrem Erscheinen einnahm. »Meine beiden Männer dienen auch Ihrem Schutz.«

»Weshalb?«

»Die Menschen weiter südlich haben sehr erfolgreiche Kaperungen vorgenommen. Das hat sich auch bis Hafun und Hordio herumgesprochen. Nachdem meine Leute die ›Holstenexpress‹ gekapert haben, sind gestern Abend ein paar Männer mit ihren Booten hinausgefahren und wollten ebenfalls ein Schiff übernehmen.«

»Das klingt, als wäre der Versuch erfolglos geblieben.«

»Es war ein chinesisches Schiff. Als die Fischer sich dem Frachter näherten, tauchten Sicherheitskräfte an der Reling auf und schossen ohne Vorwarnung auf sie.«

»Fischer ist gut«, warf Lüder ein. »Für mich sind das Piraten und damit ganz gewöhnliche Kriminelle. Wundert es Sie, dass die Chinesen sich wehren und ihre Schiffe schützen?«

»Die Chinesen – ja. Und einige andere Nationen. Schuld sind die westlichen Staaten, die ihre Schiffe ohne Begleitschutz fahren lassen.«

»Es gibt die Mission Atalanta«, gab Lüder zu bedenken.

»Ich spreche von Einzelfahrern. Man hat den Menschen hier an der Küste suggeriert, dass sich die Schiffe ohne Gegenwehr beschlagnahmen lassen. Plötzlich wird auf meine Landsleute geschossen, ohne dass sie angegriffen haben. Dabei gab es zwei Tote. Jetzt wollen die Fischer Rache.«

»Das ist eine merkwürdige Logik. Sie machen mich indirekt dafür verantwortlich, dass ein Entführungsversuch gescheitert ist, weil die Piraten so dumm waren und keinen wehrlosen Europäer angegriffen haben? Lächerlich.«

»Lächerlich findet es hier niemand. Es sind einfache Menschen, die Rache wollen.«

Das hat wirklich nichts mit Logik zu tun, dachte Lüder. Dafür war es gefährlich. Es bedeutete gleichzeitig, dass seine Pläne zu fliehen nicht durchführbar waren. Die Flucht über Land war ihnen verwehrt. Lüder zog lediglich in Erwägung, eines der Fischerboote zu entwenden, die im Wasser vor dem Strand dümpelten, den sie jetzt erreicht hatten. Schließlich waren die Geiseln Seeleute, und eine Flucht über See wäre kein so gefährliches Abenteuer.

»Was haben Sie studiert?«, fragte Lüder, als er übers Wasser blickte und vergeblich Ausschau nach der ›Holstenexpress‹ hielt.

»Suchen Sie das Schiff?« Sein Begleiter schien Lüders Blick mitbekommen zu haben. »Das ankert an einer anderen Stelle.«

»In der Lagune von Hordio?«

»Sie sind gut informiert, Herr Wolfram. Allmählich bekomme ich Zweifel, ob Sie wirklich Reporter sind.«

»Wir haben unsere Quellen«, wich Lüder aus und wechselte das Thema. »Sie wollten mir erzählen, was Sie in Kiel studiert haben.«

»Das habe ich Ihnen schon einmal gesagt.«

»Etwas ausführlicher, bitte. Nicht jeder ist ein Experte«, bat Lüder.

»Biological Oceanography. Sie wissen, dass unsere Erde zu über siebzig Prozent mit Wasser bedeckt ist. Somit sind die Ozeane die größten, aber auch weitgehend unbekannten Lebensräume unseres Planeten. Es gibt in ihnen und über sie noch viel zu erforschen, was für die Menschheit lebenswichtig ist. Niemand kann beurteilen, welche Bodenschätze die Ozeane bergen. In meinem Studienfach wird das Verständnis für das natürliche Ökosystem der Meere gelehrt, für die Zusammenhänge der Veränderungen der Lebensgemeinschaften und auch die Folgen des fortschreitenden Missbrauchs durch die Menschen.«

»Das ist eine anspruchsvolle Aufgabe, die mit Sicherheit für unser aller Zukunft von Bedeutung ist«, sagte Lüder. »Ich kann mir vorstellen, dass die Arbeitsbedingungen in Ihrem Land für dieses Forschungsgebiet nicht günstig sind.«

»Derzeit ist es schwierig«, gab der Somalier zu.

»Und deshalb haben Sie sich auf die Piraterie verlegt. Das ist auch viel einträglicher als ein Staatsjob. Ihre Bezirksregierung in Garoowe kann Ihnen kein Gehalt zahlen, von dem Sie sich einen großen Geländewagen leisten können.«

»Sparen Sie sich Ihren Zynismus. Die Straßen sind hier wenig ausgebaut. Für die Mobilität benötigen Sie deshalb ein entsprechendes Fahrzeug. Hafun erreichen Sie nur über eine schmale Landbrücke.«

»Deshalb fahren alle Mitbürger in Puntland große Geländewagen. Das freut die deutsche Automobilindustrie.«

»Schweigen Sie«, forderte Galaydh Lüder auf. »Sie verstehen nichts.«

»Doch. Ich muss mich nur umsehen. Ihr Büro in Hordio, das ich gestern kennenlernen durfte, war auch luxuriös ausgestattet. Ich kenne die Höhe der Lösegelder. Wohin lassen Sie sich Ihre Millionen überweisen? Zürich? London? Oder Kiel?« Lüder ging zwei Schritte weiter. Dann drehte er sich um und legte die Fingerspitzen gegen die Wange, als wäre ihm noch etwas eingefallen. »Mit wie viel Prozent ist Ihr Kumpel Peltini, der eigentlich für die Sicherheit in Puntland verantwortlich ist, daran beteiligt? Mir hält er in Garoowe ein leidenschaftliches Plädoyer gegen das Piratenunwesen. Und hinter dem Rücken kassiert er fleißig. Innenminister Shiikh deckt das Ganze. Alles ist eine große Geldmaschine. Schnell reich werden, bevor die nächsten Revolutionäre übers Land ziehen. Und sich dann in einen ruhigen Winkel der Erde zurückziehen. Hat man diese Masche nicht bei vielen Potentaten des schwarzen Kontinents erlebt? Das Volk hungert und darbt, und die korrupte Spitze tut sich daran gütlich.«

»Sie verstehen nichts. Nichts!« Galaydh scharrte wütend mit dem Fuß im Sand. Plötzlich streckte er den Arm aus. »Los«, sagte er. »Laufen Sie ins Wasser.«

»Bitte?«, fragte Lüder erstaunt.

»Gehen Sie ins Wasser und erfrischen Sie sich. Eine heiße Dusche kann ich Ihnen nicht anbieten. Behalten Sie aber Ihre Kleidung an. Alles andere wäre unsittlich, und die Leute würden es nicht verstehen. Und nicht tolerieren«, schob er hinterher.

Lüder zögerte einen Moment. Dann ging er langsam Richtung Wasser.

»Wussten Sie, dass der Salzgehalt des Indischen Ozeans etwa dem der Nordsee entspricht?«, rief ihm Galaydh hinterher. »Sie sollten es daher vermeiden, das Wasser zu trinken.«

Lüder zog seine Schuhe und die Strümpfe aus. Zunächst wollte er sie am Strand liegen lassen. Nach den Erfahrungen mit dem Raubüberfall in Garoowe behielt er sie aber in der Hand. Vorsichtig streckte er den linken Fuß ins Wasser. Es war ein unbeschreibliches Gefühl, mit dem kühlen Nass in Berührung zu kommen. Er schob den anderen Fuß hinterher. Wer so lange dem Schmutz und Staub, der Hitze und der Dürre ausgesetzt war wie er, empfand das Wasser als Erlösung. Lüder setzte einen Fuß vor den anderen, immer schneller.

Nach wenigen Schritten erreichte das Wasser seine Hüfte. Er lief noch drei Meter weiter hinein, bis die Wellen um seine Brust spielten. Dann holte er tief Luft, tauchte in den Ozean ein und ließ die Wellen über sich hinwegplätschern. Er wiederholte es mehrfach und spürte, wie manches von ihm abgespült wurde. Noch nie hatte er Wasser als so lebenspendend empfunden. Es fiel ihm schwer, das Wasser wieder zu verlassen und zum Strand zurückzuwaten, wo ihn Galaydh mit einem Grinsen erwartete.

»Sehen Sie«, erklärte der Somalier. »So wichtig ist der Ozean für uns. Lebenswichtig. Und diese Grundlage haben uns die reichen Staaten entzogen, indem sie mit ihren Fangflotten unsere Küstengewässer leer gefischt haben. Nun entscheiden Sie selbst, was Gerechtigkeit ist.«

Mit der mir gegenüber erwiesenen Wohltat versucht der Somalier, mich zu beeinflussen, dachte Lüder. Man muss eine Geisel nur lange genug demütigen und drangsalieren, bis sie sich irgendwann mit dem Geiselnehmer solidarisch zeigt. Dieses Phänomen war schon oft beobachtet worden. Lüder wollte sich davon nicht beeindrucken lassen.

Da saßen irgendwo in Berlin Gutmenschen, beklagten das Schicksal der armen Piraten und hatten keine Vorstellungen, dass auch die Geiseln und ihre Angehörigen unendlichen Qualen ausgesetzt waren. Wie oft vergaß man bei der Sorge um die Täter das Wohl der Opfer?

Nein! Für Lüder waren die Piraten und ihre Hintermänner Verbrecher der übelsten Sorte. Allein das Elend, das die Besatzung in dem Drecksloch von Gefängnis erdulden musste, war unbeschreiblich.

»Wir müssen zurück«, mahnte Galaydh und ging langsam den Strand hinauf Richtung Ort.

»Müssen Sie so unmenschlich sein?«, fragte Lüder unterwegs. »Die Menschen, die Sie als Geiseln halten, sind unschuldig. Warum gehen Sie nicht humaner mit ihnen um? Gewähren Sie ihnen täglich Ausgang auf dem Hof, lassen Sie sie sich waschen. Irgendwann ist auch eine medizinische Versorgung nötig.«

»Was meinen Sie, wo Sie hier sind?«, winkte Galaydh ab und schwieg, bis sie wieder das Gefängnis erreicht hatten. Ohne ein weiteres Wort zu Lüder gesprochen zu haben, überwachte er, wie Lüder wieder weggesperrt wurde.

Erneut begann das Warten, das aber schon bald unterbrochen wurde. Gespannt sahen alle Geiseln zur Tür, als die geöffnet wurde und einer der Piraten erschien und vier der Gefangenen aussortierte, darunter den Kapitän.

»Ich will nicht«, schrie Bayani, einer der philippinischen Matrosen, und kauerte sich in eine Ecke.

Der Somalier im Kaftan zeigte auf Datu, einen anderen Decksmann, und befahl: »Du. Mitkommen.«

Mit gesenktem Kopf folgte der Aufgerufene, und die kleine Prozession verließ das Gefängnis.

»Sie werden hinter die andere Hütte geführt«, gab ein weiterer Matrose seine Beobachtungen am kleinen Loch in den Raum weiter. Unruhe machte sich unter den Männern breit.

»Ruhe!«, befahl Lüder. Er wollte hören, was mit den Männern geschah. Ob man sie foltern wollte?

Nichts war zu hören, bis schließlich Gelächter erklang.

»Diese Teufel«, fluchte Hein Piepstengel.

»Ist so etwas schon öfter vorgekommen?«, fragte Lüder.

»Am ersten Tag haben sie den Kapitän und die beiden Offiziere zum Verhör herausgeholt.«

»Was wollten die von Ihnen wissen?«, wandte sich Lüder an Kalynytschenko. Doch der Erste Offizier verweigerte die Aussage. Stattdessen meldete sich der schweigsame Zweite Offizier Wang Li zu Wort.

»Die wollten alles über das Schiff wissen. Woher wir kommen, wohin wir fahren, von welcher Reederei. Sie waren zufrieden, als sie hörten, wir wären ein deutsches Schiff.«

»Warum?«

»Das weiß ich nicht. Vermutlich hat es sich herumgesprochen, dass die Deutschen keine Gewalt anwenden und lieber stillschweigend zahlen. Das ist bei anderen nicht so.«

Lüder ließ unerwähnt, was ihm Galaydh von der vergeblichen Kaperung des chinesischen Schiffs in der vergangenen Nacht berichtet hatte. Es hätte nur zu Unruhe unter den Männern geführt.

»Man hat uns zunächst nicht geglaubt, dass wir ein deutsches Schiff sind.« Das Auflachen des Chinesen klang verbittert. »Die Flagge am Heck stammt aus Antigua und Barbuda. Schwarz-Rot-Gold sind den Barbaren als deutsche Farben geläufig, aber nicht die aufgehende Sonne zwischen den roten Dreiecken des Karibikstaates.«

»Das ist überall auf der Welt so«, mischte sich Piepstengel ein. »Weißt du auch, warum?«

Lüder verneinte.

»Ich hab mich auch gewundert. Selbst die, die nicht schreiben oder lesen können, kennen die deutsche Flagge. Vom Fußball!«

Lüder musste lachen. Trotz Goethe-Instituten weltweit waren Franz Beckenbauer und Jogis Jungs die weitaus effizienteren Botschafter Deutschlands.

»Mich haben die Piraten gefragt, wo Saint John's in Deutschland liegen würde. Erst als ihr Boss auftauchte ...«

»Galaydh«, warf Lüder ein.

»Genau. Erst ihm schenkten sie Glauben. Hinzu kam, dass sie nicht verstehen wollten, wie sich die Besatzung zusammensetzt. Sie verlangten unsere Pässe.«

»Die konnte keiner lesen«, schaltete sich Piepstengel ein weiteres Mal ein. »Ich wollte denen mein Rabattheft von ALDI geben.«

»So etwas gibt es doch nicht«, sagte Lüder lachend.

»Na gut. Dann eben meine Urkunde über das Seepferdchen.«

»Wurde jemand gefoltert?«, fragte Lüder.

»Die ganze Geiselnahme ist eine einzige Folter«, mischte sich Kalynytschenko ein.

Von draußen klang immer noch das heitere Lachen herein.

»Diese Schweine«, schimpfte der Erste Offizier.

Lüder war froh, dass sich der Ukrainer ungefragt in das Gespräch eingemischt hatte. Dabei hatte Kalynytschenko jede aggressive Regung missen lassen. Eine Deeskalation konnte ihrer Lage nur dienlich sein. Lüder erinnerte sich an eine bestimmte Vokabel, die er aus der Unterhaltung der Somalier herausgehört zu haben glaubte.

»Hat jemand von Ihnen den Begriff ›Abu Talha‹ gehört? Für mich klingt es nach einem Namen. Ich bin mir nicht sicher, ob ich es richtig ausspreche.«

»Das klang so ähnlich«, bestätigte Piepstengel, und auch Wang Li stimmte zu.

»Möglich«, knurrte sogar Kalynytschenko.

»Und Sie, Herr Schöster?«, fragte Lüder auf Deutsch. Doch aus der Ecke des dritten Deutschen drang kein Laut herüber.

»Das ist ein komischer Piefke«, wisperte Piepstengel, der sich neben Lüder niedergelassen hatte. »Den wünsch ich mir als Frau.«

»Bitte?«

»Weil der so schweigsam ist«, raunte der Maschinist und grinste.

Sie wurden durch einen Ausruf des Matrosen, der am Fensterloch hockte, abgelenkt.

»Sie kommen zurück.«

Sofort sprangen alle Männer auf und bildeten einen Halbkreis. Das altersschwache Schloss schnarrte, der Sperrriegel wurde zurückgeschoben, und dann öffnete sich die Tür. Mit dem gleißenden Sonnenlicht kam auch ein Schwall heißer Luft herein.

Im Gegenlicht erschien zunächst Kapitän Syrjanow und betrat schweigend das Verlies. Ihm folgte Datu, der für den verängstigten Bayani von den Piraten herausgeholt worden war. Der Philippiner hüpfte vergnügt von einem Bein aufs andere.

»Sie haben uns Wasser hingestellt. Wir konnten uns waschen und erfrischen«, sagte er.

Seine Landsleute fielen verbal über ihn her und wollten Einzelheiten wissen.

»Wir durften auch ein wenig über den Hof spazieren gehen«, berichtete Datu.

Lüder atmete auf. Sein Appell an Galaydh schien gefruchtet zu haben. Die zurückgebliebenen Männer drängten zur Tür. Jeder wollte bei der nächsten Gruppe dabei sein, und erst als einer der Bewacher in die Luft schoss, kehrte wieder Ruhe ein. Es war unglaublich, was eine kleine Erleichterung wie ein Eimer Wasser nach der langen Zeit der Qual für Euphorie auslösen konnte. Die Stimmung war für einen Moment fast heiter. Das hielt eine Weile vor, bis auch die letzte Gruppe wieder eingesperrt worden war.

»Haben wir das dir zu verdanken?«, fragte Piepstengel. »Hast du den Oberpiraten bekehrt, als du vorher mit ihm gesprochen hast?«

»Nicht der Rede wert«, winkte Lüder ab. Warum sollte er es leugnen? Der Funken Dankbarkeit, den die Geiseln für diese kleine Geste zeigten, könnte eventuell nützlich sein, falls später einmal sein Wort gefragt war.

Schon bald brütete jeder wieder im Stumpfsinn allein vor sich hin. Bald würde es Abend werden. Lüders Gedanken schweiften zu seiner Familie ab. Was würden Margit und die Kinder jetzt denken? Er war überzeugt davon, dass Große Jäger nicht untätig geblieben war. Gemeinsam mit Kriminaldirektor Nathusius würde er die richtigen Worte gefunden haben. Es war nicht auszuschließen, dass sich der Husumer auf den Weg nach Kiel gemacht hatte, um vor Ort Zuspruch zu geben. Aber was sollte er sagen? Wusste jemand, wo Lüder geblieben war?

Er selbst hatte keine Information über seine Geiselnahme mehr absetzen können. Staatsminister Rukcza hatte ihn förmlich erpresst, seine Mission abzubrechen. Dem Berliner konnte nicht verborgen geblieben sein, dass Lüder davon nicht begeistert war. Ob man beim Berliner Krisenstab glaubte, er hätte sich über Rukczas Anweisungen hinweggesetzt und würde auf eigene Faust weiterermitteln?

Möglicherweise schätzte man seine Situation falsch ein und ahnte nicht einmal, dass er sich in einer Notlage befand. Die Piraten würden mit Sicherheit keine Informationen weitergeben. Dafür sprach auch, dass sie so lange gezögert hatten, mit einer Lösegeldforderung an die Reederei heranzutreten. Und die Behörden in Garoowe würde sein Schicksal auch nicht interessieren. Zumal dann nicht, wenn sie in irgendeiner Weise an Lüders Entführung beteiligt waren.

Wie passten die Zahnräder zusammen, die offensichtlich ineinandergriffen? Wenn er darüber nachdachte, schien es fast wie ein Staffellauf zu sein. Und Lüder war der Stab, der auf wundersame Weise weitergereicht wurde. Man hatte ihn jedenfalls zielgerichtet hierher verschleppt. Was hatte Youssef Galaydh bei ihrer ersten Begegnung in Hordio zynisch gesagt? »Sie wollten hierher. Nun beklagen Sie sich nicht, dass Sie hier sind.«

Wer gehörte zu dieser unheilvollen Staffel? War Dr. Mbago in Nairobi der Startläufer gewesen? Oder der undurchsichtige Journalist John Kiambi? Gehörte Urs Hürlimann zum Team? Waren Kasayah Peltini, der für die Sicherheit in Puntland Verantwortliche, oder sein Innenminister Shiikh beteiligt? Als Einziger hatte sich Youssef Galaydh geoutet. Von ihm sprachen sie als »dem Boss«. Aber wer war der Mannschaftskapitän? Und gab es, um im sportlichen Umfeld zu bleiben, einen Trainer und einen Manager im Hintergrund? Es gab noch viele offene Fragen. Zu viele, fand Lüder.

»Störtebeker kommt«, rief Piepstengel, der die Position am Fenster übernommen hatte. Niemand außer Lüder verstand ihn.

»Galaydh«, übersetzte Lüder. »Der Boss.«

Dann stutzte er. Merkwürdig. Schöster hatte sich auch nicht gerührt bei Piepstengels Ankündigung. Jeder Deutsche wusste, wer Störtebeker war, der Anführer der »Likedeele«. Dieser soziale Bund war von gegenseitiger Loyalität und Unterstützung bestimmt. Das hielt die Vitalienbrüder zusammen. Dafür sprach die selbst gewählte Losung »Gottes Freunde und aller Welt Feinde«. Davon waren die somalischen Piraten weit entfernt.

Nachdem die Tür geöffnet war, erschien Galaydh und fragte, wer ein Kauholz wünsche.

»Ein – was?«, fragte Wang Li.

»Zur Zahnpflege«, erklärte der Somalier. »Das hat schon Mohammed als Zahnbürste benutzt.«

Nur wenige Männer hoben müde den Arm. Lüder war unter ihnen. Selbst wenn die Handhabung mühselig war, wollte er sich in den Gepflogenheiten fremder Kulturen üben.

Danach kehrte wieder Ruhe ein. Auch Piepstengel hatte sich von seinem Ausguck zurückgezogen. Das helle Rechteck verlor an Strahlkraft. Der Abend nahte. Lüder war jetzt schon einen ganzen Tag in diesem Verlies. Ein Tag voller Qualen.

Plötzlich schreckte Lüder hoch.

»Was war das?«, rief einer der Matrosen überrascht.

»Da wird geschossen«, sagte Kalynytschenko.

»Die haben Langeweile. Dann ballern die in die Luft. Einfach nur so.« Piepstengel ließ sich nicht aus der Ruhe bringen.

»Die singen ein Duett«, erwiderte Lüder, als ein anderes Gewehr antwortete. Dann ergänzte er: »Jetzt ist es ein ganzer Chor.« Es klang wie ein Feuergefecht.

Angespannt lauschten sie dem wütenden Bellen der Waffen. Es waren keine einzelnen Schüsse, sondern Feuerstöße. Wer versorgte die Piraten mit den modernsten Waffen? Rund um den Globus schien es kein Problem zu sein, mit den neuesten Errungenschaften der Waffentechnologie blutiges Unheil anzurichten.

Für einen Augenblick schwiegen die Gewehre. Dann waren in kurzen Abständen zwei Explosionen zu hören. Lüder wurde es mulmig. Das klang wie Handgranaten. Mit Sicherheit war es kein Salut aus Langeweile, sondern ein handfester Schusswechsel.

Auf dem Hof hörten sie Schreie. Die Somalier waren aus der Hütte der Bewacher herausgestürmt und liefen wie ein aufgeschreckter Hühnerhaufen durcheinander. Lüder hatte die Position am Ausguck eingenommen.

Galaydh versuchte, durch lautes Rufen Ordnung in seine Truppe zu bringen. Aber niemand hörte auf ihn. Die Leute schwenkten ihre Schnellfeuerwaffen und visierten imaginäre Ziele an, als würden sie einen Überfall von allen Seiten erwarten. Besonders der Junge mit der Maschinenpistole tat sich dabei hervor. Er hielt die für seine Körpergröße viel zu gewaltige Waffe mit ausgestreckten Armen von sich. Niemand der Leute hatte je eine Ausbildung im Schießen erfahren.

Eine Ewigkeit schien zu vergehen, bis Galaydh ein wenig Kontrolle über den wilden Haufen gewann. Der »Boss« ruderte mit beiden Armen in der Luft herum, während seine Männer mit ihm über die Anweisungen zu diskutieren schienen. Würde von der Wirkung der Gewehre nicht eine tödliche Gefahr ausgehen, hätte die Szene fast Anreiz zum Lachen geboten. Lüder konnte sich kaum vorstellen, dass diese Leute fähig waren, ein Schiff zu kapern. Sie waren aber gefährlich. Und diese Kraft zogen sie einzig aus dem Besitz der Gewehre in ihren Händen.

Immer wieder fiel Lüders Blick auf den Jungen. Der schien sich mit seiner MPi in der Hand wie Siegfried für unverwundbar zu halten.

Noch zweimal flammten Schusswechsel auf. Lüder schien es, als würde sich der Schauplatz der Auseinandersetzung nähern. Wie bei einem Gewitter wartete man darauf, dass das Unwetter über einen hereinbrach und die Blitze über dem eigenen Kopf zuckten. Und im Stillen hoffte man, dass es vorbeizog.

Dann war es ruhig.

»Was war das?«, fragte Kapitän Syrjanow.

»Die wollen uns hier herausholen«, sagte Kalynytschenko.

Lüder hielt das für unwahrscheinlich. Eine Spezialeinheit wie die GSG9 würde nie auf diese Weise versuchen, den Weg durch den Ort zu beschreiten. Ob Galaydhs Befürchtungen wahr geworden waren und die Männer Rache für den missglückten Überfall auf das chinesische Schiff nehmen wollten? Das würde aber bedeuten, dass Galaydh noch weitere »Kämpfer« im Ort hatte. Nichts war berechenbar. Alles war unübersichtlich.

Zumindest schienen sich ihre Bewacher nach einer Weile wieder beruhigt zu haben. Sie tauchten aus ihrer Deckung auf. Und der Junge stand breitbeinig mitten im Hof und imitierte John Wayne. Lüder war sich sicher, dass der Bursche nie von dem Westernhelden gehört hatte.

Er wollte sich gerade abwenden, als eine weitere Explosion das Areal erschütterte. Lüder sah zunächst einen Lichtblitz. Es folgte eine Staubwolke, die das Tor einhüllte. Mit lautem Gebrüll stürmten mehrere Männer in Tarnanzügen herein und feuerten auf alles, was sich bewegte. Blitzschnell tauchte Lüder ab.

»Deckung«, schrie er in den Raum.

»Sie befreien uns«, rief Bayani, der Matrose.

»Nein«, versuchte Lüder gegen den Lärm der Schüsse anzuschreien.

Der kurze Eindruck hatte gereicht, um ihn misstrauisch werden zu lassen. Die Angreifer waren mit Maschinenpistolen Steyr AUG ausgerüstet, der Standardwaffe des österreichischen Bundesheers. Es war kaum anzunehmen, dass die Alpenrepublik eine Einsatzgruppe zu ihrer Befreiung geschickt hatte. Außerdem würde eine Einsatzgruppe nicht so wild um sich schießen.

169

Zwischen dem wütenden Bellen der Waffen waren Schreie zu hören. Englische Wortfetzen drangen in das Gefängnis, beantwortet von hysterischen Schreien der Somalier.

Ohne dass es jemand verhindern konnte, sprang Bayani ans Guckloch, streckte seinen Arm hindurch und schrie aus Leibeskräften: »Amerikaner. Hier sind w—«

Weiter kam er nicht. Wie von einer Riesenfaust gepackt wurde er zurückgeschleudert und landete mitten im Raum, während weitere Geschosse durch die Öffnung hereinsurrten und als gefährliche Querschläger durch den Raum flogen.

Lüder hatte sich eng an die Wand gekauert und die Hände und Arme schützend über den Kopf gelegt.

Das Ganze hatte sicher nicht länger als ein oder zwei Minuten gedauert, dann explodierte noch einmal eine Handgranate. Immer wieder bellten die Sturmgewehre auf. In das Geräusch hinein erklang das Aufheulen des Motors eines sich rasch entfernenden Fahrzeugs.

Atemlose Stille herrschte im Raum, als endlich auch die letzte Waffe verstummte.

»Die verflixten Amerikaner, diese Feiglinge«, schrie Kalynytschenko. »Die sind geflüchtet und lassen uns hier zurück.« Er heulte laut auf.

»Das waren keine Amerikaner«, versuchte Lüder den ersten Offizier zu beruhigen.

»Was denn? Deutsche?«

»Das waren keine Sicherheitskräfte.«

»Doch. Natürlich.« Der Ukrainer war außer sich. Er hockte auf dem Boden und schlug mit beiden Fäusten auf den Lehmuntergrund.

»Ist jemand verletzt?«, fragte Lüder.

Er erhielt keine Antwort, während er zu Bayani kroch, der mitten im Raum lag. Der Philippiner hatte das Martyrium hinter sich, stellte Lüder auf den ersten Blick fest. Eine ganze Salve hatte ihn am Kopf getroffen. Er musste sofort tot gewesen sein. Es war ein scheußlicher Anblick, den Lüder sicherlich niemandem beschreiben würde.

»Jemand muss mit anfassen«, sagte er. »Wir müssen ihn an die Seite legen.«

»Ist er … tot?«, fragte Kapitän Syrjanow.

»Ja«, erwiderte Lüder. »Er hat nicht leiden müssen.«

Der Kapitän kam näher. Auch Hein Piepstengel fasste mit an, um Bayani an eine Seitenwand zu legen.

Vorsichtig besah sich der Kapitän seinen Matrosen.

»Armer Kerl«, murmelte er. »Warum nur? Er hat niemandem etwas getan. Er musste als Seemann in die weite Welt hinaus, um seine Familie zu ernähren. Vier Kinder haben den Vater verloren.«

»Er ist nicht der Einzige, der in diesem verdammten Drecksloch krepiert«, schrie Kalynytschenko. »Verdammte Amerikaner. Mörder! Mörder!« Der Erste Offizier war kurz davor, die Nerven zu verlieren.

Das war jetzt nicht hilfreich, dachte Lüder und baute sich vor dem Mann auf.

»Schluss!«, schrie er ihn in einer Lautstärke an, dass der Ukrainer mitten im Wort innehielt und Lüder überrascht ansah.

»Das waren keine Amerikaner«, fügte Lüder wieder in normaler Lautstärke an.

»Was dann?«, fragte der Kapitän.

Lüder zuckte mit den Schultern. »Ich weiß es nicht.«

»Waren es Somalier?«, wollte Syrjanow wissen.

»Nein«, entgegnete Lüder. »Eventuell waren es Söldner. Eine Sicherheitsfirma, wie die sich heute nennen.«

»Eine – was?« Syrjanow war überrascht.

»Dieses Geschäftsmodell haben skrupellose Geschäftemacher für sich entdeckt. Es sind oft Entwurzelte, manchmal auch Kriminelle oder Abenteurer, die das Geld lockt. Früher gingen diese Leute zur Fremdenlegion. Heute verdingen sie sich oft für schmutzige Geschäfte, die niemand anders machen will. Dabei fragen sie nicht, ob es einem vermeintlich guten Zweck dient wie einer Geiselbefreiung oder ob sie einem Warlord dienen.«

»Wer hat die angeheuert?«, interessierte den Kapitän. »Das kann doch nur die Reederei sein, der das Schicksal der Besatzung nicht gleichgültig ist.«

Lüder beließ Syrjanow in dem Glauben. Er war nicht davon überzeugt, dass die Schiffseigner die Söldner zu ihrer Befreiung angeheuert hatten. Irgendetwas stimmte nicht. Die Männer waren kaltblütig vorgegangen und hatten sich vom Strand bis zu diesem

Versteck vorgearbeitet. Es hatte auf Lüder nicht so gewirkt, als hätte die Truppe den Ort durchkämmt und nach ihnen gesucht.

Die Söldner wussten, wo sie steckten. Aber woher? Irgendjemand musste es ihnen verraten haben. Lüder hatte keinen Hubschrauber gehört. Und über Land kam niemand bis in diese äußerste Ecke Afrikas. Nein! Die Aktion musste von einem Schiff aus gestartet worden sein. Leider hatte er nicht sehen können, mit welchem Fahrzeug die Leute gekommen waren. Hatten sie sich irgendwo im Ort eines bemächtigt? Oder waren sie mit einem Landungsboot gekommen, auf dem sie ihre Ausrüstung einschließlich des Fahrzeugs transportiert hatten? Sie waren professionell vorgegangen, auch wenn die Piraten sie vertreiben konnten.

Für Lüders Gefühl hatten die Söldner zu schnell aufgegeben. Mit Sicherheit waren sie Galaydhs Leuten überlegen gewesen. Eine viel interessantere Frage war, warum man gezielt auf Bayani geschossen hatte. Es war kein Zufall, davon war Lüder überzeugt. Erst als der Matrose laut »Amerikaner. Hier sind wir« gerufen hatte, war die Salve abgegeben worden. Es war eine Hinrichtung gewesen. Was machte das für einen Sinn? Wollte jemand die Geiseln ermorden lassen und damit lästige Mitwisser aus dem Weg schaffen? Unwillkürlich schüttelte er den Kopf. Das konnte nicht sein.

Lüder ging zum Fenster und lugte vorsichtig hinaus.

Dort, wo zuvor das Tor war, gähnte ein Loch in der Mauer. Teile der Tür hingen zerfetzt in den Angeln. Die zweite Handgranate musste die Hütte der Bewacher getroffen haben. Sie wies erhebliche Schäden auf. Lüders Blick verweilte mitten auf dem Hof. Dort hatte sich eine große Blutlache gebildet, und das rote Lebenselixier versickerte im schmutzigen Sand.

Inmitten des Flecks lag der Junge, den Lüder nie ohne die Maschinenpistole gesehen hatte, der fest im Glauben gewesen war, er wäre mit diesem tödlichen Instrument unverwundbar. Die Garbe aus einer der automatischen Waffen der Angreifer hatte auf grausame Weise seinem Leben ein vorzeitiges Ende gesetzt. Lüder war froh, dass der Junge so lag, dass die Verletzungen vom Fenster des Gefängnisses nicht zu erkennen waren.

Vorsichtig tauchten drei Männer auf, unter ihnen Galaydh. Sie näherten sich dem Jungen und umrundeten ihn. Niemand beugte sich zu dem Kind hinab, prüfte, ob ihm ärztliche Hilfe noch Rettung bringen könnte. Es gab hier keinen Arzt, geschweige denn ein Krankenhaus.

Jetzt begannen die Somalier lautstark zu debattieren. Zwischendurch glaubte Lüder wieder mehrfach, das geheimnisvolle »Abu Talha« verstanden zu haben. Im Gespräch drehten sich die Männer zur Hütte der Geiseln um. Einer schien besonders erregt zu sein. Mit ausgestrecktem Arm zeigte er auf das Gefängnis. Dann wollte er losmarschieren, sein Sturmgewehr im Anschlag.

Es war wie ein böser Traum. Der Mann trug eine moderne G36, eine deutsche Präzisionswaffe. Deutsche Hightech-Waffentechnik richtete sich nun gegen Lüder und seine Gefährten. Ob man das in den Schaltzentralen der Waffenschmieden billigend in Kauf nahm? Ob man sich dort Gedanken darüber machte, über welche dunklen Kanäle die todbringenden Produkte in falsche Hände gerieten?

Galaydh eilte seinem Mann hinterher und versuchte ihn festzuhalten. Doch der zeigte sich grimmig entschlossen und riss sich los. Noch einmal setzte der Anführer an und umklammerte seinen Kumpan von hinten. Wie Schraubstöcke umschlossen dabei seine Arme den Oberkörper des Gewehrträgers. Während der ganzen Aktion ging die hitzig geführte Auseinandersetzung weiter.

Der Dritte stand unschlüssig zu Füßen des toten Jungen. Wenn er sich jetzt zu unseren Ungunsten einschaltet, überlegte Lüder und wollte diesen Gedanken nicht zu Ende führen.

Endlich ließ der Somalier mit dem G36 den Lauf des Gewehrs hinabsinken. Seine Körperhaltung entspannte sich. Galaydh schien ihn überzeugt zu haben. Ganz langsam drehten sich die Männer um und trotteten zurück zu ihrer Hütte.

Lüder atmete tief durch. Jetzt galt es, die nächsten Schritte zu organisieren. Er warf einen Blick auf den Toten in ihren eigenen Reihen. Sie mussten ihre Bewacher auf sich aufmerksam machen. Bayani durfte hier nicht liegen bleiben. Bei diesen Temperaturen war er ein gesundheitliches Risiko für alle Überlebenden, auch wenn der Gedanke vielleicht pietätlos war.

Mehrere seiner Landsleute hatten sich zu einem Ring zusammengefunden und murmelten gemeinsam etwas Gleichförmiges in ihrer Muttersprache. Auch wenn Lüder es nicht verstand, gemahnte ihn der Rhythmus an das Vaterunser. Er ließ den Männern ihre Trauer.

Erst nachdem sie ihre Gebete abgeschlossen hatten, legte er die Hände wie einen Trichter an den Mund und rief: »Galaydh!«

Es dauerte eine Ewigkeit, bis der Somalier erschien und langsam an die Hütte der Geiseln herantrat.

»Was ist?«

»Wir haben hier einen Toten«, erklärte Lüder.

»Wir auch«, erwiderte Galaydh und zeigte auf den Jungen, der immer noch mitten auf dem Hof lag. »Wissen Sie, wie alt er war?«

»Zu jung zum Sterben.«

»Seyam war vierzehn.«

»Warum haben Sie ihm die Waffe gegeben?« Lüder versuchte, es nicht wie einen Vorwurf klingen zu lassen. Sie waren darauf angewiesen, dass Galaydh sich kooperativ zeigte.

»Sie verstehen unsere Welt nicht. Niemand hätte Seyam daran hindern können. Er stammt aus der Hauptstadt. Sein Vater starb im Kampf gegen den Diktator Siad Barre. Seyam musste früh mit ran, die Familie ernähren. Er hat als Bewacher der Lebensmitteltransporte der Hilfsorganisationen gearbeitet. Wissen Sie, was das heißt? Die Lastwagen wurden von hungernden Menschen überfallen. Irgendwann hat er notgedrungen die Seiten gewechselt und die Lebensmittel, die er bewachen sollte, gestohlen. Das nennt sich ›Wirtschaft auf Somalisch‹, wie es der Spiegel einst beschrieb. So musste er mit seinem Onkel bis nach Hordio fliehen. Und jetzt? Da!« Galaydh zeigte auf den Leichnam. »Der Onkel wollte Seyam rächen. Sie haben es selbst beobachtet.«

»Das ist sein Onkel, den Sie vorhin nur mit Mühe aufgehalten haben?«

»Samimi muss Rache üben. Das ist das Gesetz. Nur so kann Seyam Frieden finden.«

»Aber von uns hat keiner seinen Neffen getötet! Samimi hätte den Jungen nie allein im Hof lassen dürfen. Er trägt doch ein großes Stück Verantwortung für das Drama.«

Galaydh winkte ab. »Wären Sie nicht hier, wäre das alles nicht passiert.«

»Lassen Sie uns gehen«, sagte Lüder. »Keiner von uns ist freiwillig hier.«

Galaydh schien Lüder gar nicht zuzuhören.

»Seyam starb, weil er Ihr Leben verteidigt hat.«

Galaydh bestätigte Lüders Vermutung, dass der Überfall nicht der Geiselbefreiung hatte dienen sollen.

»Wer waren die Täter?«

»Mörder.«

»In wessen Auftrag haben sie gehandelt?«, fragte Lüder.

»Das müssen Sie mir sagen.«

Sie drehten sich im Kreis. Lüder zermarterte sich schon eine Weile das Gehirn, fand aber keine Antwort auf die Frage, wer ihn und die Besatzung töten wollte. Auch wenn die Piraten sie menschenunwürdig untergebracht hatten, Galaydh war nicht am Tod der Geiseln gelegen. Der Somalier und seine Männer hatten sich nicht bedingungslos vor die Gefangenen gestellt, sondern sich und ihre Beute verteidigt.

»Waren es Amerikaner?«

»Möglich. Einer war Franzose oder Belgier«, sagte Galaydh. »Sein Englisch klang so.«

Lüder war sich sicher, dass das Kommando aus bezahlten Söldnern bestand.

»Wie sind die hergekommen?«

»Durch den Ort.«

»Es klang, als hätte es die erste Auseinandersetzung am Strand gegeben.«

Galaydh nickte. »Das würde ich auch vermuten.«

»Haben Sie zuverlässige Informationen?«

»Nein. Ich kann niemanden in die Stadt schicken. Sie haben selbst erlebt, wie explosiv die Lage ist. Meine Leute sind im Augenblick nicht mehr sicher.«

Die Lage wurde immer brisanter. Wenn sich die Situation weiter zuspitzte, es möglicherweise beim Vordringen der Söldner Opfer im Ort gegeben hatte, waren sie an diesem Ort in doppelter Gefahr, falls die Einheimischen das Lager angreifen sollten.

»Galaydh«, schlug Lüder vor, »lassen Sie uns aufbrechen und Hafun verlassen. Es wird für uns alle zu gefährlich. Sie, Ihre Leute und wir ...«

»Und wie soll das gehen? Soll ich alle im Mercedes stapeln?«

»Beordern Sie ein Boot heran an die Stelle, an der ich ausgestiegen bin. Sie könnten uns dann über die Lagune nach Hordio bringen.«

»Das geht nicht.«

»Doch!«

»Und wenn Sie uns überwältigen? Ihre Leute können mit einem Boot umgehen.«

»Ich gebe Ihnen mein Ehrenwort.«

Galaydh lachte höhnisch. »Ehrenwort! Was gilt das in dieser Welt. Nein!« Es klang endgültig.

»Was ist mit unserem Opfer?«

»Zunächst müssen wir Seyam beerdigen. Gleich morgen früh, damit er Zugang zum Paradies findet.«

»Der ist nicht ganz dicht«, hörte Lüder Piepstengel wispern. »Was soll ein Vierzehnjähriger mit den ganzen Jungfrauen im Paradies? Wenn man dem eine elektrische Eisenbahn statt der MPi geschenkt hätte, wäre er bestimmt glücklicher geworden.«

»Auch Bayani war ein Mensch. Er hat es sich nicht ausgesucht, hier zu sterben. Er hinterlässt eine Frau und sechs Kinder«, übertrieb Lüder.

»Der interessiert mich nicht.«

»Hat Bayani nicht auch ein würdevolles Begräbnis verdient? Auch er hat einen Gott.«

»Er war ein Ungläubiger. Morgen, nachdem Seyam beerdigt ist, können Sie Ihren Mann hinter der Mauer verscharren.«

»Wir verscharren unsere Toten nicht«, erklärte Lüder. »Menschlichkeit und Anstand reichen über das Lebensende hinaus.«

»Es ist so, wie ich es gesagt habe.«

Galaydh wandte sich zum Gehen.

»Wer ist Abu Talha?«, rief ihm Lüder hinterher.

Der Somalier verharrte mitten im Schritt. Für den Bruchteil einer Sekunde hielt er sein Bein in der Schwebe über dem Erdboden, bevor er es absetzte und sich umdrehte.

»Das wissen Sie nicht?« Es klang erstaunt.

»Sonst hätte ich nicht gefragt.«

»Abu Talha – das heißt: ›der Deutsche‹.«

»Und wer ist …« Lüder brach mitten in der Frage ab. Für den Somalier draußen im Hof unhörbar beendete er fast tonlos seine Frage. »… ›der Deutsche‹?«

Wie oft war in der Diskussion der Piraten der Begriff gefallen. Sie hatten oft über »den Deutschen« gesprochen. Es gab verschiedene Antworten. Galaydh wurde als Anführer der Piraten akzeptiert. Sein Wort galt. Er hatte in Deutschland studiert. War er »der Deutsche«? Oder meinten die Piraten damit Lüder? Es konnte den Somaliern nicht entgangen sein, dass er eine Führungsrolle unter den Geiseln einnahm.

Es gab aber noch zwei andere Landsleute unter ihnen. Hein Piepstengel. Nein!, überlegte Lüder. Den hatten die Geiselnehmer nicht auf der Rechnung. Was war mit Hans-Günter Schöster, der still und unauffällig, aber keineswegs apathisch in der Ecke hockte und nie einen Ton von sich gab? Immer noch war ungeklärt, ob er in Verbindung mit der Ladung stand, die die ›Holstenexpress‹ in Madras an Bord genommen hatte. Es war wie verhext.

Noch nie hatte Lüder unter solchen Bedingungen Ermittlungsarbeiten leisten müssen. Galaydh war eine wichtige Figur in diesem Netzwerk von undurchsichtigen Verstrickungen, aber nicht der Mann an der Spitze, nicht der Kopf hinter den Verbrechen. Der Somalier war klug, aber ihm fehlten die Verbindungen und Möglichkeiten, eine solche Tat zu planen und zu organisieren. Ging es wirklich um Lösegeld für das Schiff?

Das Schiff. Die Geiselnahme der Besatzung erschien Lüder nur als notwendige Begleiterscheinung – Kollateralschaden würde man es zynisch umschreiben.

Ruhe war nun eingekehrt in ihrem Verlies. Eine unheimliche Ruhe. Nur das unentwegte Surren der lästigen Insekten war zu hören.

»Haben wir etwas, womit wir Bayani zudecken können?«, fragte Lüder.

Niemand antwortete.

Lüder machte sich daran, dem Matrosen die Jacke auszuziehen. Er wollte etwas über Kopf und Gesicht des Unglücklichen legen, um die fliegenden Plagegeister davon abzuhalten. Während Lüder sich abmühte, rückte Piepstengel heran.

»Ich helfe dir«, sagte der Maschinist und begann, mit erkennbar spitzen Fingern Lüder zu unterstützen. Nachdem das geschafft war, kroch Lüder zu Schöster.

»Es wird Zeit, dass wir ein ernsthaftes Wort miteinander wechseln«, sagte er, während der Zahlmeister ein paar Zentimeter zur Seite rutschte.

»Nun plaudern wir ein bisschen miteinander.«

Lüder registrierte im Halbdunkel, wie Schöster ihn von der Seite musterte. Aber der Mann schwieg beharrlich weiter.

»Was haben Sie mit der Ladung zu tun, die in Indien verschifft wurde?«

»Muss ich der Presse Auskunft erteilen?«

»Betrachten Sie mich nicht als Journalisten, sondern als jemanden, der überlegt, wie wir alle dieser Hölle entfliehen können.«

»Dann schmieden Sie doch tollkühne Fluchtpläne. Absurd.«

»Uns allen wäre damit gedient zu wissen, weshalb man uns hier festhält.«

»Wie naiv sind Sie eigentlich? Uns von der Besatzung hält man fest, weil man von der Reederei ein Lösegeld erpressen will. Und Sie sind hier, weil Sie Ihre sensationslüsterne Neugierde befriedigen wollten.«

Wenn du wüsstest …, schweiften Lüders Gedanken kurz ab.

»Es ist ungewöhnlich, dass bisher keine Forderung der Piraten eingegangen ist.«

»Woher wollen Sie das wissen? Wie aktuell ist Ihr Stand?«

»Aktuell genug.«

»Nein«, widersprach Schöster. »Üblicherweise werden die Verhandlungen über das Lösegeld diskret geführt. Man fürchtet Nachahmer. Deshalb gibt es Stillschweigen über das Verhandlungsergebnis. Ich habe aber Zweifel, dass Sie im Lösegeld eingeschlossen sind. Für Sie würde ich einen Extrabonus verlangen.« Schöster schien zu überlegen. Dann schüttelte er den Kopf. »Nein. Sie würde ich …« Er fuhr sich mit der flachen Hand am Hals entlang, die unmissverständliche Geste des Halsabschneidens. »Ich hätte Befürchtungen, dass Sie verfälschte Artikel über Ihre Erlebnisse verfassen würden.«

»Es wirkt so, als würden Sie vor Gelassenheit nur so strotzen«, sagte Lüder.

»Kann ich etwas anderes machen als warten?«

Immerhin war es Lüder gelungen, Schöster zum Reden zu bewegen. Die Aussprache des Mannes klang ungewöhnlich. Es war keine Mundart, die Lüder sofort zuordnen konnte.

»Sind Sie Auslandsdeutscher?«, fragte er.

»Ich gebe keine Interviews.«

»Sie müssen sich die Frage gefallen lassen, in welchem Zusammenhang Sie persönlich mit den indischen Containern stehen.«

Schöster drehte den Kopf zur anderen Seite und signalisierte damit, dass er nicht bereit war, die Unterhaltung fortzusetzen.

»Mr. Syrjanow«, sagte Lüder und übersetzte eine Kurzfassung des auf Deutsch geführten Gesprächs für den Kapitän ins Englische. »Sie sind auf dem Schiff der Entscheider. Von Ihnen hängt viel ab. Vergessen Sie nicht die Verantwortung, die Sie für Schiff und Besatzung tragen. Ich halte Sie für einen rechtschaffenen Mann. Was wird hier gespielt?«

Zunächst schien es, als wollte auch der Kapitän schweigen. Dann überwand sich Syrjanow.

»Das frage ich mich auch schon eine Weile. Sicher muss man in diesen Gewässern mit dem Risiko eines Kaperns rechnen. Das ist allen Seeleuten bekannt. Ich teile auch nicht Ihre Auffassung, dass hinter dem Überfall etwas anderes steckt als ein ganz ordinärer Überfall von Piraten, sondern stimme meinem Zahlmeister zu: Die Verhandlungen werden geheim geführt. Es liegt weder im Interesse der Reedereien noch der Entführer, das publik werden zu lassen.«

»Gilt das auch für die indischen Container?«

Syrjanow dachte eine Weile nach und schien abzuwägen, welche Informationen er preisgeben durfte.

»Sie irren auch in diesem Punkt«, erklärte der Kapitän schließlich. »Natürlich kenne ich nur die Ladepapiere. Für die Ladung ist der Ladungsoffizier zuständig. Das ist bei uns Mr. Kalynytschenko.«

»Aber Sie wissen, was in den Containern ist? Ich glaube nicht, dass ein so erfahrener und umsichtiger Kapitän wie Sie uninformiert oder gar desinteressiert ist«, schmeichelte ihm Lüder. Es wirkte.

»Bei über fünftausend Containern an Bord kann man nicht jedes Detail kennen. Natürlich verschaffe ich mir einen Überblick über unsere Fracht.«

»Was anderes hatte ich von Ihnen nicht erwartet. Und? Was steht in dem Konnossement?«

»Maschinenteile.«

Lüder wiederholte es ungläubig. »Aus Indien? Wenn Sie so etwas in China oder Korea für Europa laden, verstehe ich es. Aber Indien ist doch ungewöhnlich. Seit wann produzieren die Inder für den europäischen Markt Maschinenteile?«

»Kapitän. Sir«, mischte sich jetzt der Erste Offizier formell ein. »Ich muss darauf bestehen, dass Sie das Gespräch abbrechen und keine weiteren Informationen weitergeben. Es ist Ihre Pflicht gegenüber Reeder und Versender, Diskretion zu wahren.«

»Doch nicht in einer solchen Situation, in der wir uns hier befinden«, erklärte Lüder barsch.

»Grundsätzlich«, beharrte Kalynytschenko auf seinem Standpunkt.

»Ich protestiere gegen Ihr Verhalten«, mischte sich überraschenderweise Schöster ein.

»Meinen Sie mich oder den Kapitän?«, fragte Lüder.

»Beide«, erwiderte der Zahlmeister. »Kapitän Syrjanow. Das kann Sie Ihren Job kosten.« Es klang wie eine unverhohlen vorgetragene Drohung.

»Ich habe nichts gesagt«, beschied ihm Syrjanow. »Mich hat allerdings gewundert, dass wir außerplanmäßig Limassol anlaufen sollten.«

»Limassol? Das ist auf Zypern. Dort sollten die indischen Container gelöscht werden?«, riet Lüder. »Das ist logisch. Schließlich stehen sie in der obersten Reihe.«

»Sie sollten sofort schweigen«, forderte Kalynytschenko seinen Kapitän auf.

»Sie machen die Sache nur noch schlimmer«, sagte Lüder und fuhr, mehr zu sich selbst gewandt, fort: »Was hat es mit indischen Maschinenteilen für Zypern auf sich? Warum gibt es einen Aufpasser für diese Container?«

»Das ist absoluter Blödsinn, was Sie sich zurechtphantasieren«, schimpfte Schöster.

Lüder drehte die Hand im Gelenk. »Ich glaube, wir sind auf einem guten Weg.«

Syrjanow räusperte sich. »Ich war mit dieser Änderung nicht glücklich. Wir hätten dadurch einen Tag verloren. Die Zyprer gelten nicht als die Schnellsten. Es hätte eine Weile gedauert, bis die Container entladen worden wären. Ich weiß nicht, wie wir das bei dem äußerst knapp kalkulierten Zeitplan wieder hätten aufholen sollen.«

»Sir!« Kalynytschenko schrie den Kapitän jetzt an. Am liebsten wäre der Ukrainer handgreiflich geworden.

»Ich habe nichts Geheimnisvolles verraten«, erklärte Syrjanow. »Was erlauben Sie sich, mich zu maßregeln?«

»Ich weise Sie nur auf Ihre Treuepflicht hin.«

Gespannt verfolgte Lüder die Diskussion zwischen den beiden Schiffsoffizieren.

»Mr. Syrjanow. Die weltweite Handelsschifffahrt steht unter einem enormen Zeit- und Kostendruck. Nicht umsonst werden die Schiffe unter Billigflaggen ausgelagert. Ihre ›Holstenexpress‹ ist formell in Antigua beheimatet. Man spart auch bei der Besatzung. Wie erklären Sie es sich, dass Ihnen plötzlich ein Zahlmeister zur Seite gestellt wird? Traut man Ihnen nicht mehr?«

Lüder hatte Syrjanow an seiner russischen Seele gepackt. »Seit ich um die Welt fahre, ist mein Verhalten einwandfrei und ohne jeden Tadel. Ich verwahre mich gegen jede Verdächtigung.«

»Und?«, bohrte Lüder nach. »Warum kommt plötzlich ein Zahlmeister an Bord? Eine teure und überflüssige Personalie.«

»Darüber habe ich mir auch den Kopf zerbrochen«, gestand der Kapitän.

»Sind Sie zu einem Ergebnis gekommen?«

»Nein.«

Lüder drehte sich zu Hans-Günter Schöster um. »Ich denke, Sie haben uns einiges zu erklären«, sagte er.

»Ich habe gar nichts. Ihr Verhalten wird Konsequenzen haben.«

»Wollen Sie sich bei meinem Chefredakteur beschweren?«

Schöster zeigte auf den toten Matrosen. »Vergessen Sie nie, Wolfram, wie lebensgefährlich es hier ist.«

Offener konnte man eine Drohung nicht formulieren. Es drohte nicht nur die Eskalation durch die Geiselnehmer, sondern auch innerhalb ihres Gefängnisses.

»Wir müssen heute Nacht Wachen aufstellen«, wechselte Lüder das Thema.

»Lächerlich.« Kalynytschenko tippte sich verächtlich an die Stirn. »Wir werden hier gefangen gehalten.«

»Trauen Sie unseren Bewachern zu, dass sie die Situation im Griff haben?«

Der Erste Offizier ließ die Frage unbeantwortet.

»Was ist, wenn die Söldner ihren Versuch wiederholen und sich nachts anschleichen? Das sind Profis. Und wir hocken hier in der Falle.«

»Was wollen Sie unternehmen, wenn die wirklich kommen?«, mischte sich der Kapitän ein.

»Wir haben nur eine Waffe: Lärm machen. Deshalb müssen wir Wachen aufstellen. Das gilt auch für den Fall, dass Bayanis Onkel seinen Plan, Rache für seinen Neffen zu üben, umsetzen sollte.«

Bevor Kalynytschenko die Diskussion fortführen konnte, entschied Kapitän Syrjanow: »Wir werden es so machen, wie Mr. Wolfram es vorgeschlagen hat.«

»Sie haben an Bord des Schiffes das Kommando«, begehrte Kalynytschenko auf. »Wir sind hier aber an Land.«

»Sie haben meine Anweisung gehört«, erklärte der Kapitän mit fester Stimme.

»Sir.« Der Erste Offizier deutete an, dass er nicht weiter widersprechen wollte.

Lüder war es recht. Sie würden sich nur selbst schwächen, wenn sie nicht gemeinsam an ihre Sicherheit dachten.

»Der Hof ist unbeleuchtet«, beschrieb Lüder die Lage. »Nachts brennt nicht einmal eine einsame Funzel. Wir können nur hoffen, dass wir Mondlicht haben. Da es ermüdend ist, sollten wir jeweils zwei Mann für eine Wache abstellen.«

»Ich werde die Matrosen einteilen«, erklärte Kalynytschenko.

»Je Wache werden jeweils ein Matrose und ein Offizier aufpassen«, sagte Lüder.

»Sie haben hier überhaupt nichts anzuweisen.« Der Ukrainer wollte sich nicht von Lüder bevormunden lassen.

Lüder wischte Kalynytschenkos Antwort mit einer Handbewegung vom Tisch.

»Eine Wache werden sich jeweils ein Offizier und jemand von der Mannschaft teilen. Zu den Offizieren zähle ich auch Mr. Schöster, Hein Piepstengel und mich. Dann wären wir zu sechst. Das bedeutet für jeden eine Wachzeit von zwei Stunden.«

»Sind Sie größenwahnsinnig, sich und den Maschinisten mit zu den Offizieren zu zählen?«

Lüder trat dicht an Kalynytschenko heran und baute sich vor ihm auf. »Eines verspreche ich Ihnen: Wenn wir dieses Gefängnis ver-

182

lassen haben, werden wir beide uns auf einer anderen Ebene unterhalten.«

Der Erste Offizier sah sich um und blickte der Reihe nach die Mitglieder der Besatzung an. »Habt ihr das gehört? Der hat mich bedroht.«

»Wie Sie es formulieren, ist mir ziemlich gleich. Ich habe Ihnen zu keiner Zeit Gewalt angedroht noch dass Sie um Gesundheit oder Leben fürchten müssen. Es gibt eine andere Gerechtigkeit.«

Kalynytschenko lachte höhnisch auf. »Jetzt ist er komplett durchgedreht und spricht schon wie die Piraten von einer göttlichen Gerechtigkeit.«

»Sie hören mir nicht zu. Ich sprach von einer *höheren* Gerechtigkeit. Die kann durchaus irdischer Natur sein.«

»Da bin ich gespannt.« Der Ukrainer lachte höhnisch auf.

»Das dürfen Sie.«

»Mr. Kalynytschenko«, unterbrach der Kapitän das Geplänkel. »Nehmen Sie die Wacheinteilung vor.«

Widerwillig folgte der Erste Offizier der Anweisung.

Lüder zog sich in eine Ecke zurück. Ihn quälte es, nicht zu wissen, wie der Informationsstand in der Heimat war. Er war sich sicher, dass hinter den Kulissen fieberhaft daran gearbeitet wurde, das Schicksal der Geiseln und auch seines aufzuklären. Lüder wusste, dass kluge Leute wie Nathusius und Große Jäger ihn nicht im Stich ließen und alles daransetzen würden, ihn aufzuspüren. Aber welche Möglichkeiten boten sich den Schleswig-Holsteinern? Was konnten sie unternehmen? Reimten sie sich zusammen, dass man Lüder entführt hatte? Oder war die Stimmung schon so weit umgeschlagen, dass man mit Schlimmerem rechnete? Es war eine Situation, die an den Nerven zerrte, ihm Angst und Sorge bereitete.

Jetzt stand ihnen wieder eine Nacht voller Ungewissheit bevor. Am liebsten hätte er Piepstengel gebeten, auch ein Auge auf ihn selbst zu werfen. Er vertraute dem Hamburger als Einzigem in dieser Runde. Kapitän Syrjanow würde auch keine Gewaltakte billigen, und der Zweite Offizier Wang Li hatte sich bisher neutral und passiv verhalten. Die größte Gefahr ging vom unberechenbaren Kalynytschenko aus. Und Hans-Günter Schöster verbarg irgendein Geheimnis. Der Mann war ebenso unnahbar wie undurchsichtig.

Lüder würde es nicht durchhalten, die Nacht über wach zu bleiben. Irgendwann würde ihn der Schlaf übermannen, auch wenn es in diesem Verlies nicht auszuhalten war. Die Luft war stickig und schlecht und ließ kaum Platz zum Atmen. Der Gestank war unerträglich. Sensibleren Naturen würde er auf den Magen schlagen. Unmengen von Insekten schwirrten um ihre Köpfe. In einer Ecke lag der tote Matrose, und nachts, wenn es hier Ratten gab ... Lüder wollte den Gedanken nicht zu Ende führen.

Er versuchte sich abzulenken, indem er bei der Frage, wer die Söldner beauftragt hatte, alle Möglichkeiten in Betracht zog. Wenn die Männer über Land gekommen wären, hätten sie im Auftrag eines Warlords handeln können, der in Konkurrenz zum Anführer ihrer Kidnapper stand. Würden die Geiseln getötet, würde der Anführer der Piraten unglaubwürdig. Außerdem hätte er das Lösegeld verwirkt und könnte sich nicht refinanzieren. Das würde ihn im Kampf um die regionale Vormachtstellung schwächen und seinem Konkurrenten Vorteile verschaffen. Wenn das Kidnapping der »Holstenexpress« aber mit Duldung der Verantwortlichen der Regionalregierung Puntlands in Garoowe erfolgte, hätten sie es mit einem Gegner zu tun, der diese bekämpfte. In Somalia war alles unübersichtlich und nahezu unmöglich, den Überblick zu behalten.

Hatte man in Berlin, als man Lüder gedrängt hatte, diesen Auftrag zu übernehmen, das nicht überblicken können? Ermittlungen anzustellen und Hintergrundinformationen zu sammeln war ein Aspekt. Eine Strafverfolgung wäre aber nur schwer durchsetzbar. Tatsächlich hatte Lüder die Zusammenhänge auch nur sehr vage aufdecken können.

Um sich abzulenken, sprach er mit Kapitän Syrjanow und fragte ihn, wie man den ermordeten Matrosen beisetzen wolle. Niemand wusste, wie lange sie noch gefangen gehalten würden. Man konnte die sterblichen Überreste nicht hier im Verlies lassen.

Syrjanow sprach daraufhin mit Bayanis Landsleuten, die heftig protestierten. Sie wollten nicht akzeptieren, dass einer der Ihren in diesem gottverlassenen Nest in ungeweihter Erde vergraben wurde. Nur zu gern überließ Lüder dem Kapitän die Auseinandersetzung. Er hatte Verständnis für die Haltung der Philippiner. Es war eine ausweglose Lage, in der sie sich befanden. Was immer sie taten: Es war falsch. Über eines war Lüder sich im Klaren. Wenn er jemals heil diese Hölle verlassen würde, konnte er nicht über die Erlebnisse, nur über die innere Anspannung und die Gefühle und Sorgen berichten.

Syrjanow hatte es nach einer langen Diskussion geschafft, zumindest einige der Matrosen von der Notwendigkeit zu überzeugen, Bayani zu beerdigen. In dieser schweren Stunde erwies sich der Russe als einfühlsamer Mann, der auf die Sorgen seiner Mannschaft einging, aber dennoch das Unausweichliche vortrug. Lüder hätte nicht mit ihm tauschen mögen.

Schließlich brach die Nacht herein, und die erste Wache nahm ihren Dienst auf. Lüder versuchte zu schlafen, aber es gelang ihm nicht. Jede Faser seines Körpers schmerzte, er war erschöpft und übermüdet, aber sein Geist kam nicht zur Ruhe. Immerzu kreisten seine Gedanken um die ungelösten Fragen, auf die er keine befriedigende Antwort fand.

Die Zeit wollte nicht vergehen, und er war froh, als ihn Wang Li aufforderte, die Wache zu übernehmen. Lüders Partner hieß Gani und war noch angespannter als er selbst.

Fahles Mondlicht ließ alles unwirklich erscheinen. Nur mit Mühe waren Konturen zu erkennen, und wenn man länger darauf starrte, begannen die Augen zu tränen und zu schmerzen. Nichts rührte sich. In ihrem Rücken waren die Atemgeräusche der Männer zu vernehmen. Es war fast beruhigend, dass auch Schnarchen zu hören war. Das verlieh der Situation einen Hauch von Normalität.

Gani begann ohne Aufforderung von seiner Heimat zu erzählen, von seiner Familie, seiner Kindheit und seinem Werdegang als Seemann. Er stammte aus Taytay, einer Stadt im Norden der Insel Palawan zwischen dem Südchinesischen Meer und der Sulusee.

Lüder war froh über die Erzählung, auch wenn er nicht zuhörte, sondern sie als Geräuschkulisse an sich vorbeirauschen ließ.

Er stutzte, als Gani zwischendurch einschob: »Ich bin sehr traurig, dass wir hier gefangen gehalten werden. Nach dieser Fahrt hätte ich Urlaub gehabt. Endlich, nach zwei Jahren. Ich habe mich so auf meine Frau und meine Kinder gefreut. Das jüngste kenne ich nur von Bildern. Und nun ... Ich habe mich schon geärgert, dass wir dieses Mal länger für die Fahrt gebraucht haben.«

»Wie kommt das?«

»Sonst fahren wir von Busan nach Hamburg neununddreißig Tage. Durch die Verzögerung in Madras und den außerplanmäßigen Halt in Limassol hätten wir zwei Tage verloren. Dann kursierte auch noch das Gerücht in der Besatzung, dass wir auch Dschidda in Saudi-Arabien anlaufen.«

»Bitte?« Lüder war überrascht und hatte lauter gesprochen. Sofort sah er sich um, ob jemand ihrem Gespräch lauschte.

»Genaues weiß ich nicht«, versuchte Gani das Gesagte zu relativieren. »Das Deckspersonal wird nicht informiert. Über solche Dinge weiß nur die Schiffsführung Bescheid.«

»Was wollten Sie in Saudi-Arabien?«

Gani zuckte mit den Schultern. »Keine Ahnung. Ich kann nicht einmal mit Gewissheit sagen, dass an diesem Gerücht etwas dran ist.«

»Wie lange fahren Sie schon auf der ›Holstenexpress‹?«

»Seit über sechs Jahren.«

»Kommt es oft vor, dass Sie außerplanmäßig Häfen anlaufen?«

»Fast nie«, antwortete der philippinische Matrose. »Und in Saudi-Arabien waren wir noch nie. Ich habe auch zu keiner Zeit gehört, dass ein anderes Schiff der Reederei dort war.«

»Könnte es mit den geheimnisvollen Containern zusammenhängen, die Sie in Madras übernommen haben?«

»Ich habe schon erklärt, dass ich darüber nicht informiert bin.« Gani klang jetzt ungehalten. Um das zu unterstreichen, sah er starr durch das Fenster in den dunklen Hof und schwieg fortan.

Ihre Wache blieb ereignislos, bis sie von Piepstengel und einem anderen Matrosen abgelöst wurden. Lüder warf einen Blick in die Ecken, in die sich Kalynytschenko und Schöster zurückgezogen hatten. Beide lagen ruhig auf dem Boden. Ob sie schliefen, konnte Lüder nicht feststellen. Er selbst suchte einen weit entfernten Platz, rollte sich zusammen und spürte nicht den Übergang vom Wachsein in einen tiefen traumlosen Schlaf.

ACHT

Es war das erste Mal seit Beginn seiner Geiselhaft, dass Lüder tief und fest geschlafen hatte, trotz des Gestanks, der Insekten, des Toten in der Nähe und der Aussicht auf eine ungewisse Zukunft.

Zwei Matrosen wisperten miteinander. Irgendwann setzten sich auch der Kapitän und seine beiden Offiziere zusammen. Sie sprachen leise, und Lüder bekam nur mit, dass es um die Einzelheiten zu Bayanis Beerdigung ging.

Hans-Günter Schöster hockte in seiner Ecke, hatte die Knie angezogen und die Hände darum gelegt. Der Kopf war gesenkt, und von unten beobachtete der Zahlmeister die Mitgefangenen. Er war ein merkwürdiger Mensch, zurückgezogen kauerte er hier und beteiligte sich an keinem Gespräch. Auch die anderen schienen ihn zu ignorieren. Lediglich Lüder war es gelungen, Schöster kurzfristig herauszufordern.

Die Schiffsführung diskutierte immer noch über das Prozedere der Beerdigung. So fand Lüder keine Gelegenheit, Kapitän Syrjanow auf den beabsichtigten Zwischenstopp in Saudi-Arabien anzusprechen. Außerdem musste Lüder noch mit anderen Besatzungsmitgliedern tuscheln, sonst würde der Verdacht, dieses Geheimnis verraten zu haben, auf seinen Wachpartner, den Matrosen Gani, fallen. Das wollte Lüder vermeiden.

Während der ganzen Zeit war keiner ihrer Bewacher zu sehen, auch nicht auf dem Hof. Der lag im grellen Sonnenlicht einsam und verlassen da.

Lüder wandte sich nach links und rückte an einen Decksmann heran, dessen Namen er noch nicht kannte. So leise, dass es niemand aus dem Kreis der Matrosen hören konnte, fragte er ihn nach seiner Familie und woher er käme. Der Mann war zunächst erstaunt, dann erfreut. Bereitwillig begann er zu erzählen, dass Lüder Mühe hatte, ihn nach einer Weile zu bremsen, um mit einem anderen zu sprechen.

Das wiederholte er mehrfach, bis Kalynytschenko, der Lüder schon eine ganze Weile beobachtet hatte, seine Diskussion mit dem Kapitän unterbrach und laut fragte:

»Mr. Wolfram! Wiegeln Sie die Mannschaft auf? Das sollten Sie sein lassen.«

»Wir plaudern allgemein. Sie haben mir keine Vorschriften darüber zu erteilen, mit wem ich spreche.«

Der Erste Offizier straffte sich, bevor er mit lauter Stimme verkündete, dass es der Mannschaft der »Holstenexpress« verboten sei, mit Lüder zu sprechen.

»Mr. Kalynytschenko kann solche Anordnungen nicht treffen«, belehrte Lüder die verunsicherten Männer, aber sein Wort galt nichts gegenüber dem des Schiffsoffiziers. Niemand wollte sich mehr mit Lüder unterhalten.

»Machst du bei diesem Schwachsinn auch mit?«, fragte Lüder Hein Piepstengel auf Deutsch.

Der Hamburger grinste. »Man sagt uns Norddeutschen immer nach, wir seien schweigsam und verschlossen. Soll ich dem Sackgesicht mal das Gegenteil beweisen? Ich schmier mir vor jeder Reise den Buckel mit Seife ein. Dann können solche Knarzköppe wie der da besser runterrutschen. Nur am Ende der Rutschpartie lecken … Das überlege ich mir noch. Aber so rein symbolisch … Das kann er dreifach.«

»Mr. Piepstengel«, wurde Kalynytschenko formell, »meine Anordnung gilt auch für Sie. Haben Sie mich verstanden?«

»Du kannst mir im Mondschein begegnen«, erwiderte Hein auf Deutsch. »Aber dann bist du auch nicht schöner. Sabbel ruhig weiter. Ich mach dir den Effenberger.« Er umschrieb damit den erhobenen Mittelfinger, den der ehemalige Nationalspieler Stefan Effenberg während der Fußballweltmeisterschaft unzufriedenen Zuschauern gezeigt hatte, was seinerzeit zu einem Eklat führte.

»Sprechen Sie Englisch mit mir«, forderte ihn der Erste Offizier auf.

»Du Dösbaddel. Das ist 'nen deutsches Schiff. Kannst bannig froh sin, dat ick nich Platt snacken dei.«

»Sie werden die Konsequenzen tragen müssen«, drohte Kalynytschenko.

»Jaja«, stöhnte Hein Piepstengel. »Jeder hat sein Päckchen zu tragen. Ich die Konsequenzen, na schön. Aber du bist mit deiner Blödheit und mit deiner Borniertheit noch viel mehr beladen.«

Jetzt fiel Kalynytschenko in seine Muttersprache. Auch wenn

Lüder es nicht verstand, so erkannte er doch, dass es nicht schmeichelhaft gemeint war. Dieser Meinung musste auch Kapitän Syrjanow gewesen sein, denn nach dessen harscher Zurechtweisung schwieg der Erste Offizier.

Danach sammelte Syrjanow Teile der Mannschaft um sich und erklärte ihnen seine Entscheidung zur Beerdigung Bayanis. Soweit Lüder es mithören konnte, sollte der Tote hier in Hafun beigesetzt werden. Der Kapitän bedauerte, dass es keine würdigere Methode gäbe, aber zum Schutz der Lebenden und zur Vorbeugung der Seuchengefahr sehe er keine andere Möglichkeit.

Den Landsleuten des Toten war anzumerken, dass sie nicht glücklich über diese Entscheidung waren, sich aber der Notwendigkeit beugten. Einer der Philippiner stimmte ein Gebet an, und andere fielen ein. Der Rest schwieg. Lüder beobachtete Hans-Günter Schöster, der noch immer den Kopf gesenkt und die Hände auf den Oberschenkeln abgelegt hatte. Wang Li hatte ebenso wie Hein Piepstengel die Finger ineinander verschränkt. Lüder glaubte, auf den Lippen Piepstengels kaum merklich zu erkennen, dass der Maschinist das Vaterunser mitsprach.

In das undeutliche Gemurmel der Männer mischte sich ein kaum vernehmbares »Flapp-flapp«. Nicht nur Lüder schien es bemerkt zu haben. Er sah, wie andere den Kopf in die Höhe streckten. Auch die Betenden hatten es vernommen, und ihr monotones Gemurmel wurde asynchron. Die Geräusche wurden immer lauter und näherten sich rasch. Innerhalb kürzester Zeit schwollen sie zu einem lauten Knattern an.

»Hubschrauber«, rief der Erste. Andere wiederholten es.

»Die holen uns raus!« Piepstengel gab sich keine Mühe, seine Freude zu unterdrücken. Gleich mehrere drängten an das Fenster, um Ausschau zu halten.

Lüder war nicht wohl in seiner Haut. Wenn es sich um einen weiteren Versuch der Söldner handelte, deren erster Angriff fehlgeschlagen war? Die verfügten heute über modernste Kampfmittel. Eine auf ihr armseliges Gefängnis abgefeuerte Rakete würde keine der Geiseln überleben. Trotzdem schob Lüder die Männer zur Seite und verschaffte sich einen Platz am Ausguck. Die anderen murrten, leisteten aber keinen Widerstand.

In diesem Moment tauchte der Hubschrauber auf. Im Tiefflug

überquerte er das Areal. Die graue Maschine mit der bulligen Schnauze, die an die Motorhauben alter Lkws erinnerte, kreuzte über das Gelände, drehte unsichtbar für die Gefangenen hinter der fensterlosen Rückwand des Gefängnisses, kehrte zurück und schwebte über dem Innenhof.

Lüder hatte sich schon beim Anflug des Hubschraubers blitzschnell das Hemd ausgezogen und schwenkte es jetzt, indem er seinen Arm durch das Fensterloch streckte. Nie zuvor hatte er sich so über das Erscheinen des stilisierten schwarzen Tatzenkreuzes auf weißem Grund gefreut, das die Bundeswehr als Hoheitsabzeichen auf ihren Einheiten führt.

»Die Deutsche Marine«, sagte er laut auf Englisch. Seine weiteren Erklärungen gingen in einem Freudengeschrei unter.

Aus dem Seitenfenster des Hubschraubers erschien eine Hand. Deutlich war der nach oben gestreckte Daumen zu erkennen.

Man hatte sie gefunden!

Aus den Augenwinkeln bemerkte Lüder, wie in der halb zerstörten Ruine ihrer Bewacher die Läufe von Schnellfeuergewehren auftauchten und eine Serie auf den Hubschrauber abgegeben wurde. Die Männer schossen schlecht und verfehlten das Ziel, während der Pilot des Westland Sea Lynx seine Maschine ein wenig nach vorn abkippte und mit dem Bordmaschinengewehr eine Garbe vor der Hütte streichen ließ. Das reichte, um die Piraten zu beeindrucken, sodass sie sich in die Deckung zurückzogen.

In das laute »Flapp-flapp« der Rotoren mischte sich das Geräusch eines zweiten Hubschraubers, der jetzt sichtbar über der Stadt kreuzte und Nebelgranaten warf. Trotz des Lärms, den die beiden Maschinen verursachten, konnte Lüder keinen Schusswechsel vernehmen. Die Bordhubschrauber der Marine schienen ihre Bewacher ebenso zu ängstigen wie die anderen Piraten, die sich im Ort verschanzt hatten.

Die ganze Aktion dauerte jetzt schon zehn Minuten, ohne dass es eine Gegenwehr gab. Dann tauchten Soldaten in Kampfanzügen und Stahlhelmen im zerstörten Tor auf. Während Piraten und Guerillakämpfer ihre Waffen oft mit ausgestreckten Armen hielten und damit zum Glück weniger Kontrolle über sie hatten, verhielten sich die Bundeswehrsoldaten professionell. Sie hatten die G36-Sturmgewehre fest in die Schulter gepresst und suchten über die Reflexvisiere das Gelände ab. Sie sicherten das Areal, bevor mehrere von ihnen in den Innenhof hineinliefen.

Lüder stand immer noch an seinem Beobachtungsposten. Erneut schwenkte er sein Hemd, obwohl die Männer sich bereits zielgerichtet zum Verlies der Geiseln vorarbeiteten, während eine andere Gruppe sich geduckt an die Hütte der Geiselnehmer heranpirschte und das kleine Gebäude schließlich stürmte.

In den infernalischen Lärm der Rotoren mischten sich die Rufe der Soldaten. Lüder konnte die Worte nicht vernehmen, aber nach wenigen Sekunden war der Spuk vorbei. Vier der Geiselnehmer, an der Spitze Youssef Galaydh, trotteten im Gänsemarsch mit hinter dem Nacken verschränkten Armen aus dem Unterstand heraus. Der Teamleiter der Soldaten ließ die Somalier im Hof antreten, dirigierte sie so, dass zwischen ihnen jeweils ein größerer Abstand war, und sicherte mit seinem Gewehr zwei seiner Männer, die die Geiselnehmer einzeln nach Waffen absuchten. Lauten Protest gab es, als man ihnen auch die Kopfbedeckung abnahm. Es half nichts. Dort wurde ein Messer entdeckt, das ebenso wie die Pistole und zwei Dolche auf einen für die Geiselnehmer unerreichbaren Haufen geworfen wurde.

Lüder hatte schon oft bei Polizeieinsätzen beobachtet, dass der rote Punkt auf dem Körper des Gegners starken Eindruck machte und seine psychologische Wirkung nicht verfehlte. Der Betroffene konnte selbst erkennen, dass ihn der Schütze ins Visier genommen hatte.

Lüder war froh, dass der Einsatz bisher ohne Blutvergießen abgelaufen war. Zum Glück schienen die Geiselnehmer keine fanatischen Islamisten zu sein, sondern eher Kriminelle, die nicht aus religiöser Überzeugung die Tat begangen hatten. So blieb allen ein tödliches Finale im schmutzigen Staub am Horn von Afrika erspart. Zwei Tote – das reichte. Ein Selbstmordattentäter hätte ein schlimmeres Unheil anrichten können.

Lüder zählte insgesamt sechzehn Soldaten in Tarnanzügen. Zwei brachen jetzt die Bohlentür auf.

Keiner der Gefangenen war sitzen geblieben. Alle standen im Halbkreis zur Tür gewandt. Als das Sonnenlicht in die Hütte fiel, ertönten zunächst verhaltene, dann offene Freudenschreie. Die Männer der Besatzung umarmten sich, selbst Kalynytschenko war die

Erleichterung anzumerken. Kapitän Syrjanow behielt auch in dieser Situation seine Würde, während Hans-Günter Schöster im Hintergrund blieb und lediglich an seinen entspannten Gesichtszügen ersichtlich war, dass Angst und Stress auch von ihm abzufallen schienen.

Lüder bekam plötzlich einen heftigen Schlag aufs Schulterblatt, dass er einen Schritt vorwärtstaumelte.

»Mensch, Achim, was ist das für ein Tag«, hörte er einen überschwänglichen Hein Piepstengel hinter sich. Dann drängte sich der Maschinist an allen vorbei und fiel dem ersten Soldaten, der ihm begegnete, um den Hals.

»Mensch, Junge, du hast keine Ahnung, wie sich der alte Hein über deine Anwesenheit freut.« Er knuffte ihn auf den Oberarm. »Wie heißt du?«

»Oberbootsmann Mehring«, sagte der Soldat immer noch irritiert von der stürmischen Begrüßung.

Erneut knuffte ihn Piepstengel auf den Oberarm. »Hast du auch einen Vornamen?«

»Lutz«, antwortete der Soldat militärisch knapp.

Piepstengel legte seinen Arm um die Schulter des Oberbootsmannes und drängte ihn ab.

»Heute Abend gebe ich einen aus. Da lassen wir beide es krachen, dass die Leber glüht«, hörte Lüder den Hamburger sagen.

Nach und nach traten die Gefangenen ins Freie. Viele zögerten. Ihre Schritte waren unsicher, als könnten sie es immer noch nicht fassen.

Piepstengel war ein paar Schritte weiter stehen geblieben und streckte die Faust in die Luft, als hätte er eine Schlacht gewonnen.

»Ja!«, rief er und zeigte in die Runde. »Das sind unsere Jungs von der Marine, was? Ich Trottel habe nicht gedient. Wenn ich das gewusst hätte …« Sofort nahm er wieder den Oberbootsmann für sich in Beschlag und redete auf den Gruppenführer ein.

Der Kommandoführer trat zu ihnen heran.

»Herr Dr. Lüders?«, fragte er in die Runde.

»Hier«, meldete sich Lüder, der hinter Schöster und vor dem Kapitän ins Freie getreten war. Syrjanow hatte darauf bestanden, das Gefängnis als Letzter zu verlassen.

Schöster blieb abrupt stehen und drehte sich um.

192

»Lüders? Ich denke, Sie heißen Achim Wolfram und sind Journalist.«

Lüder schenkte ihm keine Beachtung, sondern wandte sich dem Soldaten zu. Der legte die Hand an den Stahlhelm und grüßte militärisch.

»Leutnant zur See Vahrenholt von der Fregatte ›Sachsen‹«, stellte er sich vor. »Meine Männer und ich wollen Sie hier abholen.«

Lüder streckte ihm die Hand entgegen. »Herzlich willkommen in Hafun, Herr Vahrenholt. Freut mich, Sie kennenzulernen.«

Der Leutnant zeigte nach oben, wo immer noch der zweite Hubschrauber kreiste.

»Das ist Kapitänleutnant Schröderjahn, der Chef unserer Bordhubschrauber. Er lässt Sie grüßen.«

Lüder winkte nach oben und erhielt als Antwort erneut den gestreckten Daumen.

»Möchten Sie mit der Schraube zur ›Sachsen‹ fliegen oder uns begleiten?«, fragte Leutnant Vahrenholt.

»Ich bleibe bei der Besatzung«, erklärte Lüder. Dann zeigte er in das Verlies. »Dort liegt noch ein Opfer, das wir mitnehmen müssen.«

»Selbstverständlich«, sagte der Leutnant ohne Zögern und rief zwei seiner Soldaten herbei, die sich darum kümmern sollten.

»Wie sind Sie hergekommen?«, fragte Lüder.

Der Marineoffizier lächelte verschmitzt. »Gut«, sagte er, um sogleich zu ergänzen: »Wir sind von der Marine und fahren am liebsten Boot.«

»Sie sind über den Strand vorgedrungen?«, fragte Lüder ungläubig. »Gab es Zwischenfälle?«

»Zum Glück nicht. Uns ist auch nicht an Kampfhandlungen gelegen. Opfer sind immer sinnlos.«

»Schön, Herr Vahrenholt. Dann lassen Sie uns aufbrechen. Was ist mit den Piraten?«

»Ich habe den Auftrag, die Geiseln zu befreien. Die Piraten sollen wir hierlassen.«

»Das sind Straftäter.« In Lüder kam der Polizist durch. »Ich möchte die gern vor einem deutschen Gericht sehen.« Und sehen, wie sich unsere Politiker winden, wenn wir mit unserer Rechtsordnung plötzlich erneut kriminelle Schiffsentführer zu verurteilen haben.

»Mir ist ausdrücklich befohlen worden, keine Gefangenen zu machen.«

»Dann verhafte ich die Täter«, sagte Lüder. Es war nur rhetorisch gemeint. Hier in Hafun hatte er keine Handhabe. Doch der Leutnant zeigte sich hartnäckig.

»Ich habe meine Befehle. Es tut mir leid, Herr Dr. Lüders.«

Lüder ging auf Galaydh zu und baute sich vor dem Anführer der Piraten auf.

»Warum stellt sich ein intelligenter Mann wie Sie in den Dienst solcher Straftaten?«, fragte er. »Könnten Sie Ihrem Land nicht auf andere Weise dienen? Selbst wenn es für einen Master der Biological Oceanography unmöglich ist, derzeit in seiner Heimat seine wissenschaftlichen Fähigkeiten und Kenntnisse sinnvoll einzusetzen?«

»Was verstehen Sie von Afrika, von Somalia, von Puntland, Herr Dr. Lüders?«

Lüder stutzte. Leutnant Vahrenholt hatte ihn so angesprochen, aber das konnte Galaydh nicht gehört haben. Dafür war das Knattern der direkt über ihnen schwebenden Bordhubschrauber viel zu laut.

»Wie haben Sie mich eben genannt?«

»Ich habe Sie mit Ihrem Namen angesprochen. Sind das nicht die Regeln der Höflichkeit in Deutschland? Ich habe es während meiner Studienzeit in Kiel zumindest so kennengelernt.«

»Sie wussten doch, dass ich nicht Achim Wolfram heiße und kein Journalist aus Kiel bin.«

Galaydh lächelte fast entspannt. »Das war eine schöne Legende. Ich habe es auch für mich behalten. Niemand wusste, dass Sie ein deutscher Polizist sind.«

»Hat man Sie aus Garoowe informiert? War es Peltini oder Innenminister Shiikh persönlich?«

Lüder entging nicht, dass das Augenlid seines Gegenübers kurz zuckte. Dann bewegte Galaydh kaum wahrnehmbar den Kopf.

»Ich sage nichts«, sollte diese Geste bedeuten.

Lüder ahnte, in welch tödlicher Gefahr er sich befunden hatte. Man wusste, dass ein deutscher Ermittler den Entführern auf der Spur war und Licht in die Geheimnisse um das merkwürdige Kidnapping der »Holstenexpress« bringen wollte. Ihm war klar, dass Galaydh nicht der Kopf der Bande war, sondern der Statthalter vor Ort. Und mit seiner Reaktion hatte der Einheimische verraten, dass hinter der Tat jemand in Garoowe steckte. Das konnten nur der Innenminister oder sein Sicherheitschef Peltini sein. Nun hatte Lüder auch die Erklärung für seine Entführung erhalten: Er war den Hintermännern nahe gekommen. Zu nahe.

»Sollten Sie mich töten?«, fragte er Galaydh unvermittelt.

Der Somalier vermied es, ihm zu antworten. Aber er sah Lüder lange in die Augen. Es war ein fast trauriger Blick, der eine Spur Hoffnungslosigkeit zu enthalten schien. Das, was Lüder in diesem Land gesehen hatte, verlieh ihm auch wenig Zuversicht. Aber durfte man deshalb Mitleid oder gar Sympathie mit den Tätern haben, die schließlich auch keine Rücksicht auf das leibliche Wohl und die Psyche ihrer Geiseln genommen hatten, auch wenn Galaydh sich eine Spur Menschlichkeit bewahrt zu haben schien?

Schließlich hatten er und seine Leute die Geiseln gegen den Anschlag der Söldner verteidigt. Aber wog es das auf? Es war eine schwierige Frage, die Lüder sicher noch lange beschäftigen würde. Es lag ihm auf der Zunge, dem Somalier zu danken. Aber es fiel ihm schwer, einem Kidnapper etwas zukommen zu lassen, das wie eine Absolution klingen würde.

»Überdenken Sie Ihr Verhalten«, sagte Lüder zum Abschied. »Sie haben die Fähigkeit, Besseres zu bewirken. Tun Sie es. Denken Sie an Dinge wie Menschenwürde und die Achtung vor dem Leben, und vergessen Sie nicht, irgendwann wird Gott uns alle nach unserem Tun auf Erden befragen, gleich wie wir ihn nennen und in welcher Sprache wir ihn anreden. Machen Sie es gut. Und passen Sie auf sich auf.«

Lüder wandte sich ab und kehrte zu Leutnant Vahrenholt zurück, der inzwischen den Abzug organisiert hatte. Zwei Marinesoldaten hatten den toten Bayani auf eine Trage gelegt. Die Besatzung war in der Mitte gruppiert, und Vahrenholts Männer bildeten um sie herum den Geleitschutz.

»Einen Augenblick noch«, erklärte der Leutnant Lüder. »Zunächst wird der zweite Hubschrauber ein paarmal im Tiefflug über den Ort und den Strand kreisen und dabei Staub aufwirbeln. Wenn die Straßen hoffentlich leer sind, wollen wir mit dem MG ein paar Garben zur Abschreckung auf die Straße feuern. Wir versprechen uns davon, dass die Leute in den Häusern bleiben. So ein tief fliegender Hubschrauber macht Eindruck. So kommen wir hoffentlich unbeschadet zum Strand.«

Er sprach etwas in sein Funkgerät, und der zweite Bordhubschrauber entfernte sich. Über die Mauer des Anwesens hinweg konnte Lüder verfolgen, wie er Pirouetten über den Ort flog. Dann erhielt Leutnant Vahrenholt eine Nachricht über Funk. Er hob beide Arme in Kopfhöhe, streckte die Finger in die Höhe und bewegte sie nach vorn. Umgehend setzte sich die Kolonne in Bewegung.

Als sie durch das zerstörte Tor auf die staubige Straße traten, war nichts zu sehen. Der Ort wirkte wie ausgestorben. Trotzdem war die Anspannung bei den Soldaten fast greifbar. Konzentriert gingen sie langsam zwischen den weißen Häusern mit den grünen Dächern. Nur das laute »Flapp-flapp« der Hubschrauber war zu hören. Es war fast unwirklich. Wäre jetzt aus dem *Off* eine durchdringende Melodie von Ennio Morricone erklungen, hätte Lüder sich in einen Western versetzt gefühlt, in dem die Helden mit Hochspannung über die staubige Hauptstraße gehen, jederzeit bereit, auf einen Hinterhalt zu reagieren. »Spiel mir das Lied vom Tod«, fiel ihm ein, war eine der bedeutenden Kompositionen des Italieners. Lieber nicht, dachte Lüder grimmig.

Plötzlich stockte einer der Soldaten, ging in die Knie und richtete sein Schnellfeuergewehr auf einen Mann, der mit einem Gewehr in der Hand kurz hinter einer Hausecke auftauchte, aber beim Anblick der Soldaten sofort wieder verschwand.

Für Lüder wirkte es so, als wäre der Somalier nur zufällig dort erschienen. Er hatte das Gewehr am Schaft gepackt und trug es so, dass es nicht schussbereit war.

Trotzdem reichte dieser Anblick, um die Anspannung noch weiter wachsen zu lassen. Die Mariensoldaten lugten um jede Hausecke, blickten in jeden Seitenweg. Dadurch kamen sie noch langsamer voran. Wenn jemand aus dem Hinterhalt das Feuer auf sie eröffnen würde, gäbe es mit Sicherheit Opfer.

Endlich erreichten sie den Strand. Dort lagen zwei Speedboote der Deutschen Marine, von einer Handvoll Soldaten bewacht. Die Männer hatten ein Maschinengewehr aufgebaut und sicherten den Strand.

Jetzt war es fast geschafft. Sie wateten durch das flache Wasser, die Soldaten halfen den Geiseln in die Boote. Schließlich folgten die Soldaten. Allen war die Erleichterung anzumerken, als sich die Speedboote mit aufheulendem Motor vom Strand entfernten, der Bug sich aufbäumte und sie von diesem Ort des Grauens hinaus auf den Indischen Ozean jagten. In einiger Entfernung war am Horizont die Silhouette eines Kriegsschiffs zu erkennen.

»Das sind wir«, erklärte Leutnant Vahrenholt überflüssigerweise.

Sie hatten sich bereits ein Stück auf See hinaus entfernt, als hinter ihnen Explosionen zu hören waren.

»Das ist Kapitänleutnant Schröderjahn mit seinen Hubschraubern. Sie haben Befehl, die Logistik der Piraten zu zerstören«, sagte Vahrenholt.

Lüder ließ seinen Blick über die Gesichter seiner Mitgefangenen schweifen. Der Kapitän und sein Erster Offizier waren an Bord des anderen Speedbootes. Selbstverständlich war Hein Piepstengel auch dort, weil das zweite Speedboot von seinem neuen Freund Oberbootsmann Mehring befehligt wurde. Neben sieben Matrosen begleiteten der Zweite Offizier Wang Li und Schöster Lüder auf dem Weg zur Fregatte.

Der Bootsführer fuhr noch einen Halbkreis, bis er sein Fahrzeug an die Seite der Fregatte legte, an deren Bordwand groß »F219« aufgetragen war und am Bug das schwarz-gold gestreifte Wappen mit dem schräg gestellten grünen Rautenkranz des Freistaates prangte, der Namensgeber der Fregatte war.

Über ein Fallreep gelangten sie mit Hilfe der Marinesoldaten an Bord des Kriegsschiffes. Ein braun gebrannter Mann in einer schneeweißen Uniform mit drei dicken und einem dünneren goldenen Streifen auf den Schulterklappen hieß sie willkommen.

»Unser Kommandant, Fregattenkapitän Beckers«, stellte Leutnant Vahrenholt vor und salutierte.

Beckers tat es ihm nach.

»Das ist Dr. Lüders«, erklärte Vahrenholt.

Der Fregattenkapitän reichte Lüder nicht die Hand, sagte aber mit seiner angenehmen warmen Stimme: »Herzlich willkommen auf der ›Sachsen‹.«

»Danke«, sagte Lüder matt. Jetzt spürte er die Erschöpfung, die Strapazen der letzten Tage, aber auch das Abfallen der Anspannung und der Ungewissheit, die ihr ständiger Begleiter gewesen war.

Sie wurden mit Tee und Keksen versorgt, der Bordarzt untersuchte alle Geiseln in seinem Schiffslazarett, das wie die Notaufnahme eines kleinen Kreiskrankenhauses ausgestattet war.

»Wir haben einen Schockraum, können Anästhesien durchführen, röntgen, und eine Laborausstattung gehört auch dazu«, erklärte der Marinearzt stolz. »Um unsere medizinische Ausstattung beneiden uns viele andere Nationen.«

Dann kam der Augenblick, auf den Lüder sich am meisten gefreut hatte. Er konnte duschen.

Es war, als wäre Lüder aus einem bösen Traum erwacht. Die Versorgung auf der Fregatte »Sachsen« war vorbildlich, und nachdem er den ersten Schritt zurück in die Zivilisation gemacht hatte, bat er den Kommandanten um ein Gespräch. Fregattenkapitän Beckers empfing ihn in seiner Kajüte.

»Uns lag eine Namensliste der Geiseln vor«, erklärte der Offizier. »Ihr Name ist dabei besonders erwähnt worden.«

»Von wem haben Sie den Einsatzbefehl erhalten?«, fragte Lüder. »Vom Berliner Krisenstab?«

»Es gibt keinen Berliner Krisenstab«, erklärte der Kommandant.

Lüder wunderte es nicht. Die Institution, zu der er nach Berlin bestellt worden war, existierte *eigentlich* nicht. Es war eher eine informelle Runde, was auf eine besondere und außergewöhnliche Situation schließen ließ. Und es waren sehr hohe Mauern, hinter denen das Geheimnis der Schiffskaperung und der Ladung verborgen waren. Niemand schien interessiert, einem Kieler Polizisten einen Blick über dieses Hindernis zu gewähren.

»Wer hat dann den Einsatz befohlen?«

»Die ›Sachsen‹ ist derzeit von der Bundesrepublik für die Mission Atalanta abgestellt. Insofern erfolgte der Einsatz auf Anordnung des EU Atalanta Hauptquartiers in Northwood. Im Operationsgebiet liegt die Befehlsgewalt beim Commander Task Force, einem französischen Konteradmiral.«

»Und die Aktion vor Ort?«

»Das war die ›Sachsen‹«, sagte Beckers bescheiden und stellte sein eigenes Licht ein wenig unter den Scheffel.

»Hat das Hauptquartier den Einsatz in eigener Verantwortung angeordnet?«

»Das erfolgte in Abstimmung mit dem Einsatzführungskommando der Bundeswehr in Potsdam.«

Lüder blieb hartnäckig. »Aber auch dort trifft man keine einsamen Entscheidungen von solcher Tragweite.« Er unterließ es, Beckers von den Hintergründen zu berichten, und ließ auch das merkwürdige Verhalten des Staatsministers im Bundeskanzleramt unerwähnt.

»Ich erhalte meine Befehle«, erklärte der Fregattenkapitän. Es klang nicht unfreundlich, aber bestimmt. Dann senkte er die Stimme. »Informell habe ich gehört, dass Druck vom Kieler Innenministerium ausgeübt wurde. Es scheint, als wenn es von dort Kontakte zum Bundesminister der Verteidigung gegeben hätte.«

»Und der hat ohne Abstimmung mit dem Kanzleramt entschieden?«

»Ich führe dieses Schiff. Über andere Dinge möchte ich keine Spekulationen anstellen«, wich Beckers aus.

Nathusius und Große Jäger fielen Lüder spontan ein. Der Husumer hatte den Leitenden Kriminaldirektor informiert und sicher so lange gedrängt, bis der kluge Nathusius sich beim Innenministerium für Lüder und die Geiseln eingesetzt hatte. Nachdem der alte Ministerpräsident, zu dem Lüder einen besonders guten und persönlichen Kontakt gepflegt hatte, aus dem Amt geschieden war, hatte sein ehemaliger Vorgesetzter, der zum stellvertretenden Leiter des Landeskriminalamts aufgestiegen war, die Kontakte zum Innenministerium genutzt. Da war es von Vorteil, dass der jetzige Innenminister ein ehemaliger Polizeibeamter war, der irgendwann die politische Laufbahn eingeschlagen hatte und nun dem Innenressort vorstand. Und der Verteidigungsminister ... Viele hatten erkannt, dass er ein gradliniger Mann war, der sich auch nicht scheute anzuecken, wenn es der Sache dienlich war. Ob er die Geiselbefreiung in eigener Verantwortung entschieden hat?, überlegte Lüder. Und wie stand Rukcza dazu?

»Wie werden Sie weiter vorgehen?«, wechselte Lüder das Thema.

»Die Besatzung der ›Holstenexpress‹ wird medizinisch versorgt und aufgepäppelt. Wenn sie sich fit fühlt – die Entscheidung darüber liegt einzig beim Kapitän –, kann sie ihr Schiff übernehmen und die Fahrt fortsetzen, vorausgesetzt, die Piraten haben es in einem seetüchtigen Zustand hinterlassen. Zuvor werden wir das Schiff kontrollieren und von gegebenenfalls noch anwesenden Kidnappern befreien.«

»Lauten so Ihre Anweisungen?«

»Ja.« Die Antwort war knapp und präzise.

»Es gibt einen Tatverdacht, dass die ›Holstenexpress‹ in Indien Ladung an Bord genommen hat, die möglicherweise mit ein Grund für die Kaperung sein könnte.«

»Davon ist mir nichts bekannt«, erwiderte Fregattenkapitän Beckers. »Wir sind Soldaten, keine Polizisten.«

»Ich bin Polizeibeamter. Deshalb möchte ich noch einige Besatzungsmitglieder verhören, bevor Sie die Männer auf die ›Holstenexpress‹ entlassen. Das Schiff fährt unter der Flagge Antiguas und Barbudas. Dort habe ich keine Zugriffsrechte mehr.«

»Ich bin Ihnen jederzeit behilflich«, zeigte sich der Kommandant zugänglich. »Haben Sie aber bitte Verständnis dafür, dass wir das vom Urteil unseres Schiffsarztes abhängig machen müssen.«

»Selbstverständlich«, versicherte Lüder ihm. »Ich möchte nur verhindern, dass die Männer die ›Sachsen‹ verlassen, ohne dass ich mit ihnen gesprochen habe.«

»Ich werde dafür sorgen, dass Ihnen eine Kabine zur Verfügung gestellt wird, in der Sie ungestört Ihre Gespräche führen können. Finden Sie sich auf dem Schiff allein zurecht?«

»Ich werde es versuchen«, sagte Lüder mit einem Lächeln und dankte Beckers.

Auf dem Gang traf er Hein Piepstengel.

»Mensch, Achim, wenn ich die Story in meiner Stammkneipe erzähle … Das glaubt mir kein Schwein. Echt.« Er klopfte sich gegen den sauberen Trainingsanzug, den er inzwischen angelegt hatte. »Die sind ja super, unsere Jungs von der Marine. Heute ist Sonntag, nä?«

Als Lüder es bestätigte, grinste Piepstengel. »Ich hab immer geglaubt, die Bundeswehr arbeitet nicht am Sonntag. Tjä. Nun weiß ich das besser. So.« Er klopfte Lüder jovial auf die Schulter. »Nun muss ich die Kombüse suchen. Mal sehen, ob ich beim Smutje 'nen kühles Bier abstauben kann. Wenn ich ganz viel Glück hab, kommt er auch ausm Norden und kann Labskaus machen.« Piepstengel verdrehte die Augen und fuhr sich mit der Zunge über die Lippen. »Ein Königreich für Labskaus.«

Er wollte sich an Lüder vorbeidrängeln, doch der hielt ihn am Ärmel fest.

»Ich hab noch zwei Fragen an dich, Hein.«

»So? Was denn?«

»Wusstest du, dass ihr außerplanmäßig Dschidda anlaufen wolltet?«

»Zu den Saudis?« Piepstengel wirkte überrascht. »Sag mal, warum interessiert dich das als Reporter?«

»Ich bin kein Reporter.« Lüder hüstelte.

»So? Was denn?«, wiederholte der Maschinist die vorherige Redewendung.

»Ich bin Polizeibeamter.«

»Bull... äh, Polizist? Vom Grenzschutz?«

»Die heißen schon lange Bundespolizei. Nein! Ich komme vom Landeskriminalamt Schleswig-Holstein.«

»Wir schwimmen hier im Indischen Ozean, nicht auf dem Großen Plöner See.«

»Irrtum«, klärte ihn Lüder auf. »Die Fregatte ist deutsches Hoheitsgebiet.«

Piepstengel grinste breit. »Das Schiff heißt ›Sachsen‹ und nicht ›Schleswig-Holstein‹.« Ihm war anzusehen, dass sein Einwand nicht ernst gemeint war. Dann schüttelte er den Kopf.

»Dschidda? Echt? Nee. Davon habe ich nichts gewusst. Keine Ahnung. Nix. Hätt ich auch schietig gefunden. In den arabischen Häfen ist das immer fix was dröge. So! Nun muss ich zum Smutje. Sonst schlabbert mir noch einer das Bier weg.« Mit schnellen Schritten entfernte er sich.

Für Besucher war es schwierig, an Bord der Fregatte zu navigieren. Die Gänge sahen alle gleich aus, und die Beschriftungen waren auch nicht hilfreich. Lüder musste immer wieder fragen. Die Marinesoldaten zeigten sich hilfsbereit bis auf einen kräftig gebauten Maat, der mit seinen breiten Schultern ein Schott fast vollständig ausfüllte.

»Hier können Sie nicht rein«, erklärte er schroff. »Das ist geheim.«

»Ist da die Mannschaftsbar?«, erwiderte Lüder belustigt. Aber der Mann schien das nicht zu verstehen.

Schließlich hatte Lüder Leutnant Vahrenholt gefunden und ließ sich zu Kapitän Syrjanow bringen. Der Russe machte einen abgespannten Eindruck.

»Ich möchte mich mit Ihnen unterhalten.«

»Ich mich aber nicht mit Ihnen«, erklärte der Kapitän.

»Das wird Ihnen nicht erspart bleiben.«

Syrjanow sah auf. »Für einen Reporter sind Sie reichlich kess.«

»Mag sein, dass Reporter so sind. Ich möchte mit Ihnen aber ein formelles Verhör führen.«

»Verhör? Gehen die Rechte eines Journalisten jetzt so weit?«

Lüder schüttelte den Kopf. »Ich bin kein Reporter, sondern Polizist.«

»Sie sind … was? Polizist?«

»Richtig. Und deshalb bitte ich Sie, mir ein paar Fragen zu beantworten. Leutnant Vahrenholt«, Lüder zeigte auf den Offizier, »wird uns einen Raum zur Verfügung stellen, in dem wir ungestört miteinander plaudern können.«

»Das ist nur ein Trick«, vermutete Syrjanow. »Sie wollen damit an Informationen herankommen, die vertraulich sind. Können Sie sich überhaupt ausweisen?«

»Sie wissen, dass ich die Geiselhaft mit Ihnen und Ihren Männern geteilt habe und man mir ebenso wie Ihnen alles abgenommen hat. Können Sie mir Ihren Pass zeigen und belegen, dass Sie Porfirij Syrjanow sind?«

Der Kapitän winkte müde ab.

»Der Leutnant wird Ihnen meine Identität bestätigen«, ergänzte Lüder.

Vahrenholt nickte. »Dr. Lüders ist wirklich von der Kieler Polizei.«

»Sie haben sich auch noch unter einem falschen Namen hereingeschlichen«, schimpfte Syrjanow. »Das ist ja schlimmer als bei der Ochrana.«

»Sie werden die deutsche Polizei doch nicht mit der Geheimpolizei des Zarenreichs vergleichen«, sagte Lüder und lächelte.

»Fragen Sie die Reederei. Die gibt Ihnen Auskünfte. Ich nicht.«

»Gut«, erwiderte Lüder. »Dann werden Sie nicht zur ›Holstenexpress‹ zurückkehren. Ich nehme an, Ihr Erster Offizier Kalynytschenko hat auch das Patent A6 für die große Fahrt.«

»Das gibt es schon seit 1970 nicht mehr.«

»Schön. Dann nennen wir es das Befähigungszeugnis für den nautischen Dienst als Kapitän auf Schiffen aller Größenordnungen. Zufrieden? Also? Hat er? Oder müssen wir einen Kapitän einfliegen lassen? Das kostet Ihre Reederei zusätzlich Zeit und Geld.«

»Das ist Erpressung«, beschwerte sich Syrjanow.

»Ich nenne es ein Gesprächsangebot. Ich weise Sie auch darauf hin, dass Sie nichts aussagen müssen, was Sie selbst belasten könnte.«

Der Kapitän senkte den Kopf, dann vergrub er ihn in den Handflächen. Er benötigte eine ganze Weile, bis er sich entschieden hatte.

»Habe ich eine Wahl?«

»Die Entscheidung liegt allein bei Ihnen.«

Syrjanow gab sich einen Ruck. »Was wollen Sie wissen?«

»Was ist in den Containern, die Sie in Madras an Bord genommen haben?«

Der Kapitän sah Lüder mit seinen grauen Augen, um die sich tiefe dunkle Ringe gebildet hatten, durchdringend an. »Ich weiß es nicht, ehrlich. Die Ladungspapiere besagen, dass es sich um Maschinenteile handelt. Wir haben weder die Zeit noch die Möglichkeit, in jeden der über fünftausend Container zu sehen, die wir geladen haben.«

»Die indischen Container stehen in der obersten Reihe?«

Syrjanow nickte.

»Es wäre also möglich, einen zu öffnen, ohne dass man umräumen muss?«

»Das dürfen Sie nicht. Außerdem sind sie verplombt.«

»Sie haben meine Frage nicht beantwortet.«

»Theoretisch wäre das denkbar. Man muss sehen, wie man da herankommt. Aber das dürfen …«

»Ich übernehme die Verantwortung.«

»Trotzdem«, beharrte der Kapitän.

»Ich halte Sie für einen ehrlichen und integren Mann«, sagte Lüder. »Verstehen Sie aber bitte, dass auch ich meiner Arbeit nachgehen muss. Wir haben schon darüber gesprochen, dass es ungewöhnlich ist, dass man Ihnen einen Zahlmeister an die Seite stellt. Wie weit sollte Schoster mitfahren?«

203

»Das war nicht limitiert. Ebenso schnell wie sein Erscheinen könnte auch das Abmustern erfolgen.«

»Haben Sie den Eindruck gewonnen, dass Schöster etwas von der Materie versteht?«

Erneut überlegte Syrjanow lange. Dann schüttelte er bedächtig den Kopf. »Ich glaube nicht.«

»Wären Sie überrascht gewesen, wenn Schöster mit den Containern in Limassol von Bord gegangen wäre?«

»Darüber habe ich mir keine Gedanken gemacht. Vermisst hätte ihn niemand.«

Lüder legte eine Kunstpause ein. »Wer hat Ihnen die Anweisung gegeben, Dschidda anzulaufen?«

»Von wem haben Sie …« Syrjanow brach mitten im Satz ab. »Das war eine Anweisung der Reederei.«

»Von wem genau?«

»Jens Iversen.«

Der Prokurist, überlegte Lüder, der ihm bei seinem Besuch in Flensburg so bereitwillig Auskunft erteilt hatte, sich aber schwertat bei der Handhabung der Software, mit der der Zugriff auf die Ladungsdaten erfolgte.

»Was sollten Sie in Dschidda?«

Syrjanow zuckte mit den Schultern. »Die Anweisungen sollten folgen. Wir hatten nur Order, Saudi-Arabien anzulaufen.«

»Wenn ich es richtig verstanden habe, ist das nicht oft vorgekommen?«

»Nie«, bestätigte der Kapitän. »Wir fahren Linie. Das funktioniert wie ein Autobus. Wir haben einen festen Fahrplan und – wenn Sie so wollen – fixe Haltestellen.«

»Was ist Ihr Erster Offizier für ein Mensch?«

»Kalynytschenko? Der muss seine Emotionen noch besser in den Griff bekommen. Zu aufbrausend. Aber er ist ein guter Seemann.«

»Und Wang Li, der Zweite Offizier?«

»Der ist noch nicht lange bei uns. Das ist jetzt die zweite Fahrt. Ein ruhiger, unauffälliger Mann, auf den man sich aber verlassen kann.«

»Eine letzte Frage: Wissen Sie, wer Abu Talha ist?«

»Ich habe den Namen auch öfter gehört, glaube ich zumindest. Aber wer das ist? Ich weiß es nicht.«

»Würden Sie mir Ihre Erlaubnis geben, dass wir in einen der Container sehen, die Sie in Madras übernommen haben?«

Syrjanow knetete seine Finger. »Dieser Überfall … Ich bin allmählich auch der Überzeugung, dass es kein gewöhnlicher Angriff von Piraten war. Möglicherweise haben die indischen Container etwas damit zu tun.« Er sah Lüder direkt in die Augen. »Mir hat die Gefangenschaft auch nicht gefallen. Schließlich trage ich die Verantwortung für meine Leute. Wenn Sie recht haben und der Inhalt dieser Container damit zusammenhängt … Verdammt. Das möchte ich jetzt auch wissen.«

»Würden Sie mir Ihre schriftliche Zustimmung erteilen, dass wir gemeinsam einen Blick hineinwerfen?«

»Ja«, sagte der Kapitän entschlossen.

Leutnant Vahrenholt versprach, Papier zu beschaffen, nachdem er Hans-Günter Schöster zu Lüder gebracht hatte.

»Sie wissen, dass ich kein Journalist bin«, begann Lüder.

»Sie waren mir von Beginn an suspekt.«

»Haben Sie Angst vor der Begegnung mit der Polizei?«

»Ich verabscheue die Methoden, die Sie angewandt haben.«

»Eine verdeckte Ermittlung?«

»Stasi-Methoden. Sie haben sich zu uns hereingeschlichen, unser Mitgefühl herausgefordert und die Situation in der Gefangenschaft schamlos für Ihre niederen Zwecke missbraucht.«

Lüder lachte laut auf. »Ich halte Sie für so intelligent, dass Sie das, was Sie von sich gegeben haben, selbst nicht glauben. Es war eine lebensgefährliche Mission, Sie und die anderen ausfindig zu machen. Was meinen Sie, wie weit ich gekommen wäre, wenn ich mich als Polizeibeamter ausgegeben hätte?«

»Niemand hat Sie aufgefordert, nach Somalia zu kommen. Das ist nicht Ihr Revier.«

Lüder lehnte sich zurück. »Irrtum. Mein Revier ist überall dort, wo Straftaten begangen werden, die deutsche Staatsbürger oder deutsches Eigentum betreffen. Darüber hinaus erkläre ich alles zu meinem Revier, wo Menschen gefährdet sind. Und ich bin auch für jemanden wie Sie zuständig. Sie sind doch Deutscher, oder?«

Für den Bruchteil einer Sekunde geriet Schöster aus der Fassung. »Was soll diese Frage?«

»Ich möchte wissen, wer Sie wirklich sind.«

»Das wissen Sie doch. Ich bin Angestellter der Reederei German Asia Express Line aus Flensburg.«

»Wie lange arbeiten Sie schon für die Reederei? Sie wissen, dass wir das feststellen können. Wir müssen nur die Anmeldung bei den Sozialversicherungsträgern kontrollieren. Also?«

»Was soll diese eigentümliche Befragung? Wessen verdächtigen Sie mich? Das ist doch lächerlich.«

»Sie haben ein merkwürdiges Verhalten an den Tag gelegt.«

Schöster verschränkte die Arme vor der Brust. »Nur weil ich nicht zu den Geschwätzigen in dem Loch in Hafun gehörte?«

Lüder wollte dem Mann gegenüber nicht alles offenlegen, was ihm aufgefallen war. Dazu gehörte auch der eigentümliche Dialekt. Schöster sprach nicht akzentfrei Deutsch. Es schwang etwas mit, das wie Böhmisch klang. Das war Lüder schon früher aufgefallen.

»Wollen Sie mir nicht endlich erklären, warum Sie die Container begleitet haben?«

»Sie haben keine Ahnung von der Handelsschifffahrt. Für die Fracht ist der Kapitän zuständig.«

»Ich weiß«, winkte Lüder ab. »Und als Ladungsoffizier fungiert einer seiner Schiffsoffiziere, im Fall der ›Holstenexpress‹ Kalynytschenko. Es ist nur auffällig, dass Sie in Madras dazugestoßen sind. Bisher gab es keinen Zahlmeister an Bord. Was qualifiziert Sie für diese Tätigkeit?«

»Mir wird es zu dumm, mit Ihnen über Betriebsinterna der Reederei zu sprechen. Das ist wirklich kein Thema für die Polizei.«

Lüder spitzte die Lippen. »Ich interessiere mich für alles, auch für das Reedereigeschäft. Und ich bin neugierig. Ich möchte zu gern wissen, was in den indischen Containern ist, die Sie begleiten.«

»Lösen Sie sich von diesem absurden Gedanken. Sie haben sich in etwas verbissen. Ich habe nichts – absolut *nichts* – mit der Fracht des Schiffes zu tun.«

»Dann bin ich froh«, sagte Lüder. Es klang beiläufig. »Ich hatte befürchtet, Sie würden protestieren, wenn ich vor der Abreise der ›Holstenexpress‹ einen Blick in die Container werfe.«

»Sie wollen – was?«

Lüder war amüsiert über die harsche Reaktion seines Gegenübers. Auch Schöster hatte seinen Fehler sofort bemerkt.

»Hören Sie!« Er fuchtelte mit dem Arm vor Lüder herum. »Sie

überschreiten Ihre Kompetenzen. Das Schiff ist kein deutsches Hoheitsgebiet. Sie haben nichts an Bord der ›Holstenexpress‹ zu suchen.«

»So?«, fragte Lüder spöttisch. »Dann kommt die antiguanische Marine und erklärt meiner Regierung den Krieg? Das macht nichts. Wir wollten auch schon die Kavallerie in die Schweiz schicken. Und im Augenblick fühle ich mich gut aufgehoben auf der ›Sachsen‹. Haben Sie sich einmal umgesehen? Fregattenkapitän Beckers und seiner Mannschaft sollte es gelingen, die Stellung für eine Weile gegen die Kreuzer Antiguas zu verteidigen. Und wie steht *Ihre* Regierung zu diesem Sachverhalt?«

»Meine Reg…« Schöster fuhr in die Höhe. »Wieso *meine* Regierung? Das ist auch Ihre.«

»Das werden wir noch ausführlich diskutieren. Zuvor muss ich aber Ihre wahre Identität klären. Deshalb werden Sie nicht mit auf die ›Holstenexpress‹ zurückkehren, sondern hier auf der ›Sachsen‹ bleiben.«

»Sie können mich doch nicht einfach hier festsetzen!«

Lüder hatte es geschafft, Schöster in Rage zu bringen. Der Mann begann, die Kontrolle über sich zu verlieren. Sonst hätte er nicht so laut gesprochen.

»Doch, ich kann.« Lüder lehnte sich zurück und lächelte Schöster an. Der versuchte es ebenfalls auf diese Weise, obwohl er die Anspannung nicht mehr verbergen konnte.

»Sie dürfen nicht auf die ›Holstenexpress‹«, versuchte Schöster es noch einmal.

»Doch, ich kann«, wiederholte Lüder seine letzten Worte. Nach einer Weile fügte er an: »Kapitän Syrjanow hat zugestimmt.«

»Das darf er gar nicht«, schrie Schöster.

»Doch, er kann.« Lüder spürte, dass die Wiederholung des Satzes Schöster noch mehr reizte.

»Ich will mit der Reederei sprechen. Die wird das sofort widerrufen.«

»Sicher können Sie mit der Reederei sprechen, gleich, wenn Sie in Hamburg eingetroffen sind.«

»Hamburg? Ich will nicht nach Hamburg!«

»Nein! Ihr Ziel ist Limassol auf Zypern. Oder waren Sie es, der die Kursänderung nach Dschidda betrieben hat?« Lüder legte den Zeigefinger an die Nasenspitze. »Wohin möchten Sie?«

»Ich werde mit den anderen auf die ›Holstenexpress‹ zurückkehren«, sagte Schöster bestimmt.

»Für ›Wetten, dass..?‹ hat sich schon ein neuer Moderator gefunden. Ich kann Ihnen nur anbieten: ›Wetten, nicht‹. Also: Hamburg, Dschidda oder …?« Lüder legte eine längere Pause ein. »Oder Dschibuti? Dort möchte ich aussteigen.«

Mit Genugtuung registrierte er, wie Schösters Kiefer aufeinandermahlten, dass deutlich ein Knirschen zu hören war.

»Sie wissen gar nicht, was Sie anrichten. Lassen Sie Ihre Finger aus dem Spiel, das Sie ohnehin weder verstehen noch durchschauen.«

Das war endlich der Durchbruch. Lüder hatte es vermutet, aber nun fühlte sich Schöster in die Enge getrieben und meinte, mit einer versteckten Drohung Lüder einschüchtern zu können. Die Vermutung, dass etwas mit der Ladung nicht stimmen konnte, hatte soeben Bestätigung erfahren. Und Schöster, so empfand es Lüder, war als Aufpasser mit an Bord gekommen. Wer das auch immer eingefädelt hatte, hatte einen Fehler gemacht. Ohne Schöster wäre es unauffälliger gewesen, und man hätte lange suchen müssen, bis man die verräterischen Container gefunden hätte. Jetzt reihte sich ein Puzzleteil zum nächsten und bestätigte Lüders vage Vermutung, dass die angeblichen Maschinenteile aus Indien eine brisante Fracht waren.

Was sollten die Zyprer damit? Auf der geteilten Mittelmeerinsel gab es keine nennenswerte Industrie. Und vereinzelte Ersatzteile würden nicht in mehreren Containern dorthin verbracht werden und wären mit Sicherheit nicht so bedeutungsvoll, dass die »Holstenexpress« ihre Reise für einen Zwischenstopp in Limassol unterbrechen würde. Auch die anderen Beobachtungen, die Lüder gesammelt hatte, rundeten das Bild ab. Der Dialekt Schösters, seine nur mühsam unterdrückte Panik, dass man ihn in Saudi-Arabien oder in Dschibuti an Land setzen würde …

Ein Lächeln huschte über Lüders Gesicht. Jetzt tauchte aus dem Nebel ein Gesamtbild auf, ein rundes. Er wusste nur noch nicht, wer im Hintergrund die Fäden zog. Lüder war sich auch ziemlich sicher, dass hinter der regionalen Organisation Innenminister Shiikh steckte und sein Sicherheitschef Peltini nur ein ausführendes Organ war.

Shiikh hatte alles diskret abwickeln wollen und nicht damit gerechnet, wie weit Lüder vordringen würde. Als Peltini seinem Minister vom Gespräch mit Lüder berichtete, fassten die Puntländer den Entschluss, Lüder zu kidnappen. Aber warum hatte man gezögert, ihn zu ermorden, und ihn stattdessen mühsam zu den anderen Geiseln gebracht? Wer war daran interessiert, dass Lüder überlebte? Und wer war der Gegenspieler, der die Söldner nach Hafun gesandt hatte, um genau das zu verhindern?

»Ich gehe davon aus, dass alles ein Missverständnis ist«, holte ihn Schöster in die Gegenwart zurück. »Vergessen wir unser Gespräch. Ich versichere Ihnen, niemandem von Ihrem fehlerhaften Ermittlungsansatz zu berichten. Sonst würden bei Ihren Vorgesetzten noch Zweifel an Ihrer Kompetenz auftreten, und es wäre Ihrer Karriere schädlich.«

Wenn du wüsstest, dachte Lüder, dass der Scheiß-Starke mich schon lange in die Materialverwaltung abschieben möchte, könntest du jetzt jubilieren. Aber ich lasse mich nicht unter Druck setzen. Auch nicht von dir.

»Ich denke, wir haben uns richtig verstanden«, erwiderte Lüder. »Alles andere kann Ihr Anwalt dem Richter in Hamburg erklären.«

»Das wagen Sie nicht.« Schösters Augen blitzten auf, als er merkte, dass Lüder sich nicht beirren ließ.

»Och, ich bin schon als Kind in den dunklen Keller gegangen, habe mich ganz allein durch Somalia bis nach Hafun durchgeschlagen, und den kleinen Rest«, dabei zeigte er mit Daumen und Zeigefinger einen minimalen Spalt, »erledige ich auch noch. Wussten Sie, dass Deutschland zwar nicht völlig frei von Korruption ist, aber doch über eine wenig bestechliche Administration und ein unabhängiges Rechtswesen verfügt? Nun wäre alles gesagt. Mit Sicherheit sind Sie an Bord der ›Sachsen‹ gut aufgehoben. Betrachten Sie sich vorübergehend als Gast.«

»Das werden Sie bereuen«, drohte Schöster und begann zu fluchen.

»Vergessen Sie nicht, Abu Talha in Ihr Nachtgebet einzuschließen«, schloss Lüder das Verhör.

»Abu Talha! Wissen Sie, wer das ist?«

»Ja.« Lüder war es wieder eingefallen. »Abu Talha – das ist der Kampfname eines Deutsch-Marokkaners, der mutmaßlich Mitglied von al-Qaida war und der durch Terrordrohungen per Video gegen

Deutschland bekannt wurde. Es gibt Meldungen, dass er schon vor einiger Zeit bei Gefechten in Afghanistan ums Leben gekommen ist.«

»Sie haben wirklich keine Ahnung«, zischte Schöster.

Fregattenkapitän Beckers sicherte zu, Schöster in Gewahrsam zu nehmen, bis er deutschen Sicherheitsbehörden übergeben werden konnte.

»Wir betrachten ihn als Gast an Bord«, sagte der Kommandant. »Ich habe inzwischen grünes Licht von unserem Arzt bekommen. Die Besatzung der ›Holstenexpress‹ könnte wieder auf ihr Schiff zurück. Der Kapitän will das auch. Falls jemand bei uns bleiben möchte, steht ihm das natürlich frei. Nach unserem Wissensstand gibt es noch eine Wache der Piraten auf der ›Holstenexpress‹. Die müssen wir zuvor vertreiben.«

»Und wie wollen Sie das bewerkstelligen?«, fragte Lüder.

»Wir setzen auf Abschreckung. Zunächst wird Kapitänleutnant Schröderjahn mit den beiden Sea Lynx für ein wenig Stimmung sorgen. Vielleicht werden wir ein paar Handgranaten neben und ein wenig Nebel auf das Schiff werfen. Das wird hoffentlich Eindruck schinden. Danach lassen wir unsere Speedboote unter dem Kommando von Leutnant Vahrenholt und Oberbootsmann Mehring auffahren. Wir werden sehen, mit wie vielen Booten die Piraten an der ›Holstenexpress‹ angedockt haben. Eines lassen wir ihnen für die Rückkehr an den Strand. Der Rest wird versenkt.«

»Hoffentlich gibt es kein Blutvergießen«, sagte Lüder besorgt.

»Das ist auch unsere oberste Maxime«, erklärte der Kommandant. Dann entschuldigte er sich. »Ich muss mich meinen Aufgaben zuwenden.« Beckers grüßte militärisch durch Handanlegen an den Mützenschirm und wandte sich ab.

Lüder suchte die Messe auf und traf dort den Ersten Offizier der ›Holstenexpress‹.

»Sie dürfen nicht die Container öffnen«, fiel Kalynytschenko über ihn her und verschüttete dabei Kaffee, den er in einem Becher balancierte. »Außerdem ist das auf See gar nicht möglich. Wie wollen Sie da heran?«

»Wir bohren die Seitenwände an«, erklärte Lüder vergnügt, ohne es ernst zu meinen.

Das brachte Kalynytschenko völlig aus der Fassung. Ein Wortschwall, gemischt aus englischen und russischen Wortfetzen, erreichte Lüder. Der winkte ab.

»Sie sind herzlich eingeladen zuzusehen. Vielleicht können Sie dabei noch etwas lernen. Wenn Sie möchten, können Sie allerdings auch Mr. Schöster Gesellschaft leisten. Der wird nicht auf die ›Holstenexpress‹ zurückkehren.«

Kalynytschenko öffnete und schloss den Mund wie ein Fisch auf dem Trockenen. Dann drehte er Lüder demonstrativ den Rücken zu.

Während Lüder seinen Kaffee trank, den ihm ein Obergefreiter reichte, hörte er das Aufheulen der Rotoren der Hubschrauber. Das Geräusch steigerte sich, dann entfernte es sich. Nach einer Weile kehrte Lüder an Deck zurück. Inzwischen waren auch die Speedboote abgefahren.

Lüder nutzte die Zeit, um über das Schiff zu schlendern. Obwohl sie nur vor der Küste lagen und sich die Konturen des Landvorsprungs abzeichneten, auf dem die Siedlung Hafun lag, herrschte an Bord ein geschäftiges Treiben, ohne dass die Soldaten in Hektik verfielen. Jeder Handschlag saß.

Im Hintergrund zeichnete sich eine Erhebung ab, sie mochte sogar zwei- bis dreihundert Meter betragen. War es ein Segen oder ein Fluch für die hier lebenden Menschen, dass der feinsandige Traumstrand noch nicht von der Tourismusindustrie entdeckt worden war?, überlegte Lüder. Dass niemand diesen östlichsten Punkt Afrikas, das Kap der Gewürze, kannte?

Er atmete tief die Seeluft ein und versuchte, den Gedanken an die Enge in ihrem Verlies, an den unermesslich schrecklichen Gestank zu verdrängen. Mit Sicherheit würde er nie wieder an diesen Ort zurückkehren.

Er ließ sich Zeit, bis er die Funkstelle aufsuchte und darum bat, nach Deutschland telefonieren zu dürfen. Der Hauptbootsmann vergewisserte sich beim Kommandanten, dann stellte er eine Verbindung her.

»Herr Dr. Lüders?« Dann herrschte Sprachlosigkeit.

Lüder lachte. »Das hättest du nicht geglaubt?« Er wartete eine Weile, bis er hinterherschob: »Das ist ein Ferngespräch aus Afrika. Das ist zu teuer, um zu schweigen.«

»Mensch. Was bin ich froh, Ihre Stimme zu hören.« So hatte Lüder Große Jäger noch nie erlebt. Noch einmal versicherte der Husumer, wie sehr er sich freuen würde. »Ich weiß nicht, was ich sagen soll«, schloss er mit belegter Stimme. Dann räusperte er sich zweimal.

Lüder berichtete in Kurzform von seiner Entführung, der Gefangenschaft und der Befreiungsaktion durch die Deutsche Marine. »Leider hat es ein Opfer gegeben«, sagte er. »Das trübt ein wenig die Freude. Aber zunächst einmal herzlichen Dank. Ich vermute, dass du dich für diese Aktion engagiert hast.«

»Nicht richtig«, stapelte Große Jäger tief. »Ich habe Kriminaldirektor Nathusius angerufen. Das war eigentlich der schwierigste Teil, ihn an den Apparat zu bekommen. Der steht nicht im Telefonbuch. Zum Glück hatte Margit – *Ihre* Margit – seine Privatnummer. Ich habe ihm alles erzählt. Mehr war nicht erforderlich. Er hat sich sofort hinter die Sachen geklemmt und seine Kontakte spielen lassen. Das lief über den Innenminister in Kiel –«

»Den Staatssekretär«, unterbrach ihn Lüder.

»Den auch«, sprudelte es aus Große Jäger heraus. »Aber Nathusius hat wohl auch einen direkten Kontakt zum Minister selbst. Der hat mit dem Verteidigungsminister gesprochen. Keine Ahnung, wie die zueinander stehen. Jedenfalls ging alles ratzfatz. Der oberste Kriegsherr hat sofort die Befreiungsaktion angeleiert und durch den Führungsstab der Bundeswehr die Sache in Marsch gesetzt. Ich weiß nicht, aber die blauen Jungs müssen schon etwas geahnt haben. *Rein zufällig* war die Fregatte schon in der Nähe. Kennen Sie einen Steinbrecher?«

»Ja. Flottillenadmiral Steinbrecher, den Kommodore des 2. Fregattengeschwaders aus Wilhelmshaven. Der war im Berliner Krisenstab dabei.«

»Na. Der hatte jedenfalls die ›Sachsen‹ schon Richtung Kap der Guten Hoffnung geschickt.«

»Das liegt an der Südspitze Afrikas«, unterbrach Lüder.

»Blödsinn. Da, wo Sie Urlaub gemacht haben, gibt's doch auch ein Kap. Das haben wir als hoffnungsvoll erklärt. Also da in der Gegend kurvte der Shantychor aus Wilhelmshaven mit seinem Dampfer. Der Verteidigungsminister hat also gesagt: ›Jungs, holt mir unseren Lüder aus der Scheiße.‹« Große Jäger stockte. »Oh,

Verzeihung. Jetzt habe ich Sie glatt mit dem Vornamen angesprochen.«

»Mensch, wir duzen uns doch schon seit Langem«, sagte Lüder lachend.

»Na, wenn Sie … äh, du mich so herzlich bittest. Also – von mir aus. Das war aber noch nicht alles.«

»Was gab es sonst noch?«, fragte Lüder.

»Irgendjemand von der Zeitung, ich meine, von den Kieler Nachrichten, hat auch Druck gemacht.«

»Die Zeitung, für die ich angeblich unterwegs war?«

»Genau die.«

»Woher wussten die denn von unserer Bredouille?«

Es war ruhig in der Leitung.

»Wilderich!?«, sagte Lüder mit Nachdruck.

»Na ja, ich glaube, da hat jemand den Chefredakteur angerufen.«

»Kam der Anruf aus Husum?«

Lüder hörte, wie Große Jäger in die Sprechmuschel pustete und verschiedene Saug- und Schlürfgeräusche simulierte. Dann sagte er: »Ich habe Sie, äh, dich eben nicht verstanden. Wir haben eine sehr schlechte Verbindung. Das war aber noch nicht alles. Da hat noch jemand Alarm geschlagen und sich für dich eingesetzt.«

Lüder war gerührt. »So? Wer denn?«

»Das glaubst du nicht, aber der Scheiß-Starke ist rotiert und hat Lärm gemacht, dass man was unternimmt, um dich aus dem Kral herauszuholen.«

Das war wirklich eine Überraschung. Zeigte der Kriminaldirektor plötzlich menschliche Züge? Aber war es nicht immer so, dass Menschen in der Stunde der Not Animositäten vergaßen und zueinanderstanden?

»Habt ihr mit meiner Familie gesprochen?«

»Klar. Jochen Nathusius war bei Margit und hat ihr alles erklärt. Und ich bin auch nach Kiel gefahren.«

»Mensch, Wilderich. Was seid ihr für Prachtkerle.«

»Gab's da nicht mal so eine Werbung: Dank Schappi«, wehrte Große Jäger ab. »Aber wenn die alle nicht gewollt hätten, dann … Ich hatte schon mit Christoph gesprochen. Wir beide wollten hier in Husum einen Segelflieger chartern. Damit hätten wir dich schon rausgeholt. Bestimmt.«

213

Lüder lachte befreit auf. Auch wenn das Phantasie war … Große Jäger hätte es zustande gebracht. Irgendwie.

»Warum ist eigentlich die Marine gekommen und nicht die GSG9?«

»Das weiß ich nicht. Offensichtlich gab es einen besseren Draht zur Bundeswehr. Sicher wäre die Bundespolizei dazu auch in der Lage gewesen. Das sind ja toughe Jungs. Aber irgendjemand hat den Daumen draufgehalten.«

»Weißt du, wer das war?«

»Keine Ahnung, aber ziemlich weit oben.«

Lüder hatte sich schon in Berlin gewundert, dass im Krisenstab kein Vertreter des Innenministers anwesend war, mit Staatssekretär Holzbunge lediglich ein Repräsentant aus dem Kieler Landesinnenministerium.

Und Polizeidirektor von Schwinges von der Bundespolizei konnte eine solche Aktion nicht anordnen.

»Jetzt müssen wir wieder sachlich werden«, sagte Lüder. »Kannst du dich mit Geert Mennchen vom Kieler Verfassungsschutz in Verbindung setzen und versuchen herauszufinden, ob die etwas über Abu Talha wissen?«

»Wer soll das sein? Ist das der Scheich, der dich nicht in seinen Harem lassen wollte?«

»Die Entführer sprachen oft von Abu Talha. Nun würde mich interessieren, was oder wer sich dahinter verbirgt.«

»Ich kümmere mich darum«, versicherte Große Jäger. »Noch etwas. Dein ganzer Ausflug nach Afrika ist verdammt gesundheitsschädlich.«

»Inwiefern?« Lüder war ratlos.

»Ich meine, das geht auf die Leber.«

Lüder verstand Große Jäger immer noch nicht.

»Was meinst du, wie viel Bier dich mein Einsatz kostet. Das gibt einen bleibenden Leberschaden.« Dann wurde der Husumer wieder ernst. »Hast du eigentlich eine Ahnung, wie viele Menschen in der Heimat sich Sorgen um dich gemacht haben?«

Nein, das hatte Lüder nicht. Während der ganzen Zeit hatte er keine Gelegenheit gefunden, diesen Gedanken zu verfolgen. Abgesehen von einem kleinen Kreis: Wer kannte Kriminalrat Dr. Lüder Lüders?

Als Nächstes ließ Lüder sich mit Rukcza verbinden.

»Was erlauben Sie sich, diese Rufnummer zu benutzen?«, schnauzte ihn der Staatsminister statt einer Begrüßung an.

»Guten Tag, sagt der Bauer, wenn er ins Dorf kommt«, erwiderte Lüder ebenso unfreundlich. »Hätte ich Sie über den Bahnhofslautsprecher ausrufen sollen?«

»Ich erwarte von Ihnen einen schriftlichen Bericht, weshalb Sie nicht umgehend meiner Weisung gefolgt und aus Garoowe abgereist sind.«

»Hat Ihnen Ihr Kumpel Shiikh nicht erzählt, dass er mich daran gehindert hat?«

»Wer ist Shiikh?«, fragte Rukcza ungehalten.

»Ein Minister der autonomen Regierung von Puntland.«

»Sie glauben doch nicht, dass wir hier in Berlin jeden Warlord kennen?«

»Sicher werden Sie gehört haben, dass man mich entführt und zu den anderen Geiseln von der ›Holstenexpress‹ gebracht hat. Dank der Marine sind alle bis auf ein Besatzungsmitglied wohlbehalten zurück.«

»Das war kein deutscher Staatsbürger«, warf Rukcza ein.

»Es war ein *Mensch*, der sein Leben verloren hat. Spielt die Nationalität eine Rolle? Wenn ich mir meinen Einsatz in Afrika, zu dem Sie mich geschickt haben −«

»Ich habe Sie aufgefordert umzukehren. Nun verdrehen Sie nicht die Tatsachen«, schnauzte der Staatsminister dazwischen.

»Ich habe mir den Aufenthalt am Horn von Afrika anders vorgestellt. Jedenfalls habe ich jetzt Gewissheit, dass es mit der Ladung zusammenhängt, die das Schiff in Indien an Bord genommen hat.«

»Wie kommen Sie zu einer solchen Einschätzung?«

»Das ist solide polizeiliche Ermittlungsarbeit«, ließ Lüder die Antwort offen. »Sie haben einen Polizisten nach Afrika geschickt. Nun wundern Sie sich nicht über das Ergebnis, zumal auch der Mord in Flensburg an Gerd Wollenhaupt mit dieser Sache zusammenhängt.«

»Das vermuten Sie.«

»Nein! Ich weiß es.«

Das hatte Rukcza die Sprache verschlagen.

»Wollen Sie die Mordermittlungen torpedieren?«

215

»Natürlich nicht«, beeilte sich der Staatsminister zu versichern. »Schließlich leben wir in einem Rechtsstaat.«

»Nicht jedem scheint zu behagen, was ich in Afrika ermittelt habe. Man hat sogar gedungene Mörder auf mich und die Besatzung gehetzt. Irgendwer wollte uns ausschalten.«

»Das ist ein Hirngespinst. Ihnen ist die afrikanische Sonne nicht bekommen. Das gilt für Ihr Gerede vom angeblichen Komplott und dem Mordanschlag. Ich habe mich mit dem Kollegen Graupenschlager ausgetauscht. Sie werden die Konsequenzen Ihres eigenmächtigen Handelns zu tragen haben. Im Interesse der Bundesrepublik: Stellen Sie sofort jegliche Aktivitäten ein. Sie machen alle verrückt und streuen Gerüchte, die im ärgsten Fall zu diplomatischen Verwicklungen führen können. Sie haben nicht den Hauch einer Ahnung, wie sensibel die politische Situation ist.«

»Mich interessiert in erster Linie der kriminelle Hintergrund. Wer hat die Mörderbande geschickt? Waren Sie das?«

»Welche Mörderbande? Sie sind ja verrückt. Und der Beamte aus Kiel sowie einer aus, äh … irgendwo an der Nordsee werden auch noch etwas zu hören bekommen. Sie haben eigenmächtig gegen meinen ausdrücklichen Willen gehandelt.«

»Ich bin froh, dass unsere Zusammenarbeit«, Lüder dehnte diesen Begriff, »jetzt beendet ist. Adressieren Sie Ihre Beschwerden direkt an das Landeskriminalamt in Kiel. Ich werde unbeirrt von irgendwelchen politischen Wünschen meinen Bericht erstellen. Es wird Aufgabe der Staatsanwaltschaft sein, daraus Schlussfolgerungen zu ziehen.«

Hoffentlich wird nicht Oberstaatsanwalt Brechmann damit betraut, überlegte Lüder, ohne es auszusprechen. Er traute dem Kieler Juristen zu, dass der so lange suchen würde, bis er Gründe fand, um das Verfahren gar nicht erst zu eröffnen. Aber gegen wen? Das war noch ungeklärt. Noch hatte man die Hintermänner nicht identifiziert.

»Ach, noch eine Frage. Ist das Lösegeld für die ›Holstenexpress‹ inzwischen überwiesen? Oder konnte die klamme Reederei es sparen, weil die Bundeswehr eingeschritten ist? Das war übrigens eine mutige Entscheidung des Verteidigungsministers. Sie sollten am Kabinettstisch nicht versäumen, darauf hinzuweisen.«

Rukcza beendete das Gespräch, indem er wortlos auflegte.

Es verging eine weitere halbe Stunde, bis die beiden Bordhubschrauber zurückkehrten und auf dem Flugdeck am Heck der »Sachsen« niedergingen. Dort befand sich nicht nur der Tower, der an die Kabine eines gläsernen Fahrstuhls an der Außenseite eines Gebäudes erinnerte, sondern auch die Hangars für die Fluggeräte.

Lüder musste sich weitere zwanzig Minuten gedulden, bis er zum Kommandanten gerufen wurde. Fregattenkapitän Beckers wies auf seinen Chef der Bordfliegerei.

»Alles erledigt«, berichtete Kapitänleutnant Schröderjahn und wirkte dabei wie ein Lausbub, der jemandem erfolgreich einen Streich gespielt hatte. »Wir haben ein bisschen Lärm gemacht. Die Somalis haben zunächst ein wenig geschossen, aber unpräzise. Als unsere beiden Speedboote aufkreuzten, haben die Piraten das Heil in der Flucht gesucht. Wir haben sie Richtung Strand verfolgt und dort von ihren Booten weggetrieben. Anschließend haben wir ihre Fahrzeuge zerstört. Leutnant Vahrenholt ist an Bord der ›Holstenexpress‹ und erwartet die Besatzung zur Übergabe.«

Die wartete schon ungeduldig darauf, auf ihr Schiff zurückkehren zu können. Bis auf Hans-Günter Schöster waren alle Männer dabei. Die Speedboote der ›Sachsen‹ brachten die Seeleute, denen sich Lüder angeschlossen hatte, zum Containerschiff. Lüder wunderte es nicht, dass es ihm am schwersten fiel, die Leiter zu entern, um an Bord der ›Holstenexpress‹ zu gelangen. Zwei Matrosen empfingen ihn an der Reling, kräftige Hände packten ihn an den Oberarmen und zogen ihn an Deck.

Kapitän Syrjanow hatte Wort gehalten und Lüder noch auf der Fregatte eine schriftliche Erklärung ausgehändigt, dass er sein Einverständnis für den Blick in die indischen Container erteile.

Lüder warf einen Blick hinab auf die Wasseroberfläche. Obwohl es größere Containerschiffe als die ›Holstenexpress‹ gab, kam er sich vor, als stünde er auf dem Dach eines Hochhauses. Syrjanow hatte es bemerkt und zeigte nach oben. Lüder zählte sechs Lagen Container.

»Da müssen Sie hoch«, erklärte der Kapitän. »Auf eigene Verantwortung. Mein Zweiter wird Sie begleiten.«

»Ich hätte gern, dass Hein Piepstengel auch dabei ist«, sagte Lüder.

Syrjanow runzelte die Stirn.

»Gut«, sagte er schließlich.

Deutlich war dem Russen anzumerken, dass er sich auf seinem Schiff wohler fühlte. Hier war er zu Hause. Dies war sein Reich. Das Zögerliche, das Lüder an Syrjanow beobachtet hatte, war von ihm abgefallen. Klar und präzise erfolgten die Anweisungen.

»Na, dann wollen wir mal«, erklärte Piepstengel, als er auftauchte und eine Art Rucksack umgeschnallt hatte. »Ich habe ein bisschen Werkzeug dabei«, sagte er. »Außerdem das hier.« Er reichte Lüder ein paar solide Arbeitshandschuhe. »Die wirst du brauchen. Also: Auf geht's. Wir müssen nur sehen, wo Fu Man Chu steckt.«

Wenig später kehrte er mit dem Zweiten Offizier zurück. Wang Li war bereits durch den Kapitän instruiert worden.

Es war ein abenteuerlicher Aufstieg, bis sie die oberste Reihe erreicht hatten. Obwohl das Schiff auf Reede lag und die See spiegelblank war, bewegte es sich leicht, und Lüder musste das Gleichgewicht immer wieder austarieren. Ein metallisches Knirschen war zu hören, wenn die Stahlbehälter aneinanderrieben.

»Manchmal muss die Mannschaft während der Überfahrt hier hoch«, erklärte Piepstengel. »Wenn wir schwere See haben, dann musst du höllisch aufpassen, damit du nicht irgendwo zwischengerätst. Du hörst es nicht mal, wenn deine Knochen zermalmt werden.«

Wang Li hatte sich zu einem blauen Container vorgearbeitet, dessen Tür zugänglich war. Er verglich die Nummer noch einmal mit einem Computerausdruck, den er in Händen hielt.

»Wollen wir es hier versuchen?«, fragte er Lüder.

Der nickte.

Der Zweite Offizier zeigte auf die Plombe. »Der Behälter ist ordnungsgemäß vom Zoll verplombt.«

»Trotzdem.«

Wang Li trat einen Schritt zur Seite, um Piepstengel Platz zu machen. Geschickt öffnete der Maschinist den Container. Kurz darauf schwang die Tür zurück.

»Vorsicht«, schrie Piepstengel.

Lüder konnte im letzten Moment ausweichen, strauchelte dabei aber und war dankbar, dass Wang Li ihn stützte, sonst wäre er hingeschlagen. Bis zum Abgrund waren es vielleicht zwei Meter.

In den Stahlbehälter waren Paletten geschoben, auf denen Holz-
kisten gestapelt waren. Die aus groben Brettern gezimmerten Be-
hältnisse waren seitlich mit Aufschriften besprüht, die mit Schablo-
nen aufgebracht waren.

»*Machine parts – caution – handle with care*«, las Lüder. An anderer
Stelle der Kisten war »*Made in India*« aufgetragen.

»Wir sind vorsichtig«, sagte Lüder. »Und wir behandeln das Ganze auch mit Sorgfalt.« Er drehte sich zu Piepstengel um. »Kannst du
die Seitenwand der Holzkiste aufbrechen?«, bat er, da zwei Kisten
übereinandergestapelt waren und der Platz im Container nicht aus-
reichte, um den Deckel zu öffnen.

Es war ein riskantes Unterfangen. Sie konnten die Kisten nicht
ausladen, um zu prüfen, was sich in der zweiten oder der dritten
Reihe verbarg. Lüder hatte nur diese eine Chance.

»Aber gern. Im Öffnen bin ich der Größte«, sagte Piepstengel
grinsend auf Deutsch. »Egal, ob bei Miedern oder bei Kisten aus Indien.«

Er setzte ein Brecheisen an, schlug es mit wenigen kräftigen
Hammerschlägen in das Holz, fasste das Brecheisen und drückte
mit einem kräftigen Ruck das Brett heraus. Knirschend zerbrach
es. Dahinter tauchte Holzwolle auf.

»Spannend«, sagte Piepstengel.

Auch der Zweite Offizier war näher getreten.

Lüder griff durch die Öffnung und zog ein Knäuel heraus, bis er
auf den nächsten Behälter stieß.

»Da möchte ich hineinsehen«, sagte er.

»Aye, aye«, erwiderte Piepstengel, brach noch eine zweite Leiste
heraus und arbeitete sich an die innere Kiste vor. Auch dort stemmte er mit dem Brecheisen ein Loch hinein, bis sie Einblick in die
Kiste hatten. Dann zuckte er zurück, als hätte er sich verbrannt.

»Teufel. Was ist das?«, rief er aufgebracht. »Das ist ja …«

Er wich zur Seite, um Lüder Einblick zu gewähren. Der warf einen Blick auf die Maschinenteile, zog und zerrte daran, bis er sie ins
Freie bekam, und hielt sie den beiden Seeleuten hin. Selbst Wang
Li, auf dessen Gesicht nie eine Regung zu erkennen war, zeigte sich
überrascht.

»Das ist ein Granatwerfer«, erklärte Lüder und suchte die Serien-
nummer auf dem Lauf, anschließend auf dem Verschluss. »Hier.«

Er zeigte den beiden die gelaserte Nummer. »Man hat sich nicht einmal der Mühe unterzogen, die Kennung der deutschen Fertigung zu beseitigen.«

»Deutsche Kriegswaffen?« Piepstengel konnte seine Überraschung nicht verbergen. »Und so 'n Scheiß haben die uns als Fracht untergejubelt?« Er klopfte gegen die Kiste. »Aber da steht doch ›Maschinenteile‹ drauf.«

»Sollten die Exporteure dort für jeden sichtbar vermerken: ›Nicht hineinsehen. Hier sind Kriegswaffen drin‹?«

Piepstengel lachte. »Sag mal, woher hast du das gewusst? Ich mein, die Kisten waren doch anders deklariert. Hast du einen Tipp bekommen?«

»Das ist Polizeiarbeit«, wich Lüder aus.

Er hatte aus der gesamten Konstellation die Vermutung hergeleitet, dass mit der Ladung etwas nicht stimmen konnte. Zwischendurch hatte er auch an Rauschgift gedacht. Aber dieser Fund war noch brisanter.

»Die Waffe nehmen wir mit«, sagte er und fotografierte den Container mit einer kleinen Digitalkamera, die er sich an Bord der Fregatte ausgeliehen hatte.

»Wir können den Container wieder schließen«, entschied er dann. »Jetzt möchte ich noch in andere hineinsehen.«

Wang Li informierte Syrjanow über den Fund.

»Der Kapitän ist erschüttert«, erklärte er dann. »Er sagt, wir sollen auch in andere indische Container hineinsehen, so wie wir es für notwendig erachten.«

Das erwies sich als schwierig, und sie konnten nur drei weitere Container öffnen. In einem fanden sie eine Panzerabwehrlenkwaffe, eine Rakete, die von einer tragbaren Basis zur Bekämpfung von gepanzerten Fahrzeugen, aber auch als Boden-Luft-Rakete gegen Kampfflugzeuge und Hubschrauber eingesetzt werden konnte. Nachdem Lüder das erklärt hatte, wurde Piepstengel blass.

»Mit so 'n Ding hätten die Piraten die Hubschrauber der ›Sachsen‹ vom Himmel holen können. Dübel ock.«

Lüder nickte ernst. »Wie gut, dass die nicht wussten, was für einen Fang sie gemacht hatten.«

Aber Schöster hat gewusst, was er begleitete, dessen war sich Lüder sicher. Was hatte der Mann zu verbergen? Wer war er? Und was sollten die Waffen auf Zypern? Der geteilte Inselstaat war nicht als internationaler Waffenhandelsplatz bekannt. Und auf Zypern selbst hatte man kaum Verwendung für das Kriegsgerät. Es musste also für den Weitertransport bestimmt gewesen sein.

Zypern lag im östlichen Mittelmeer. Rundherum waren Staaten, die Kriegswaffen gut verwenden konnten. Oder waren die Empfänger gar keine Staaten, sondern Rebellen? Oder Terroristen? Erneut dachte Lüder an Schösters eigentümlichen Dialekt. Gehörte der Mann zum Absender? Oder arbeitete er mit dem Empfänger zusammen und hatte »die Ware« in Indien entgegengenommen, um sie zu begleiten? Offensichtlich hatte Schöster aber die Reise mit Rückendeckung der Reederei angetreten, die ihn unter dem Deckmantel, der Zahlmeister zu sein, an Bord geschmuggelt hatte.

»Wir müssen die Aktion abbrechen«, mahnte Wang Li. »Es wird dunkel. Und das geschieht in diesen Breitengraden sehr schnell.«

Sie verschlossen die Container wieder und kletterten aufs Deck hinab. Dort erstattete Wang Li dem Kapitän Bericht.

Syrjanow war entsetzt.

»Man hat uns und die ›Holstenexpress‹ für einen illegalen Waffentransport missbraucht«, klagte er. »Wer steckt dahinter?«

»Das werden wir auch herausfinden«, versicherte ihm Lüder. »Die Waffen müssen wir beschlagnahmen. Sie dürfen auf keinen Fall in Limassol entladen werden. Haben Sie noch andere Ladung für Zypern?«

»Nein«, versicherte Syrjanow. »Erst wieder für Genua. Wie geplant.«

»Gut«, sagte Lüder. »Ich werde die deutschen Behörden informieren, die sich mit den Italienern in Verbindung setzen werden, um die Kriegswaffen zu beschlagnahmen. Sie müssen sich um nichts kümmern. Ich werde alles veranlassen.«

Dann verabschiedete er sich von Kapitän Syrjanow und seiner Mannschaft und wünschte ihm gute Fahrt. Selbst Wadym Kalynytschenko reichte Lüder die Hand und schüttelte sie lang und kräftig.

»Es waren besondere Umstände«, sagte der Erste Offizier. »Wenn es manchmal zu Meinungsverschiedenheiten gekommen ist, so war das nie persönlich gemeint.«

Zu Lüders Überraschung umarmte ihn Piepstengel so heftig, dass Lüder meinte, die Rippen würden brechen. Dann hieb ihm der Maschinist auf die Schulter.

»Mann inne Tünn. Das war 'nen Ding, diese Reise und die Piraten. Und irgendwann müssen wir diesen verflixten somalischen Staub wegspülen. Das geht am besten bei uns in Barmbek. Da gibt's noch richtige zünftige Eckkneipen. Überhaupt, so viel ich schon vonne Welt gesehen hab – in mein Barmbek is am schönsten. Sag mal«, fiel Piepstengel zum Schluss noch ein. »Wie heißt du eigentlich richtig?«

»Das frage ich mich manchmal auch«, erwiderte Lüder lachend.

Dann kehrte er mit den Marinesoldaten in ihrem Speedboot zur Fregatte »Sachsen« zurück.

»In Abstimmung mit dem Führungskommando der Bundeswehr und dem Commander Task Force werden wir die ›Holstenexpress‹ noch ein Stück begleiten und dann Dschibuti anlaufen. Dort werden wir Sie an Land setzen.« Fregattenkapitän Beckers sah auf die Uhr. »Das wird in etwa vierundzwanzig Stunden sein. Man hat mich informiert, dass sich in Dschibuti die deutsche Botschaft um Sie kümmern und auch die Passfragen klären wird.«

Irgendjemand im Hintergrund bemühte sich um seine Heimkehr. Die noch junge diplomatische Vertretung in dem kleinen Land am Übergang vom Golf von Aden in das Rote Meer verfügte über keine Konsularabteilung. Diese Aufgaben wurden von der deutschen Vertretung in Addis Abeba mit wahrgenommen.

»Ist geklärt, was mit Hans-Günter Schöster geschehen soll?«, fragte Lüder.

»Darüber wird noch entschieden«, sagte der Kommandant. »Vorerst bleibt er in Gewahrsam auf der ›Sachsen‹.«

»Sie werden ihn nicht in Dschibuti an Land setzen?«

»Nein!« Mehr sagte Beckers nicht.

»Ihre Mission ist aber noch nicht abgeschlossen.«

»Richtig. Wir kehren anschließend in das Einsatzgebiet zurück.«

»Und Schöster geht mit auf Piratenfang?« Lüder mochte es nicht glauben.

»Ich warte auf weitere Anweisungen«, wich der Fregattenkapitän aus.

Lüder ließ sich noch einmal mit Rukcza verbinden und berichtete von seinem Fund auf dem Containerschiff.

»Da liegt kein Irrtum vor?«

»Ich sende Ihnen ein paar Bilder, die ich auf dem Schiff gemacht habe. Außerdem habe ich eine Waffe sichergestellt.«

»Sind Sie von allen guten Geistern verlassen?«, brüllte der Staatsminister. »Das führt zu internationalen Verwicklungen. Sie hätten das Schiff gar nicht betreten dürfen. Schließlich fährt es unter der Flagge von Antigua und Barbuda. Die Ladung kommt aus Indien und ist für einen Drittstaat bestimmt. Die Bundesrepublik kann sich nicht in die Angelegenheiten anderer Staaten einmischen.«

»Es handelt sich um Produkte deutscher Hersteller, die ich dort gefunden habe. Abgesehen davon liegt mir eine schriftliche Einverständniserklärung des Kapitäns vor.«

»Kapitän – Kapitän. Was hat das zu bedeuten?«

»Sehr viel«, erklärte Lüder.

»Und was heißt hier: ›deutscher Hersteller‹?«

»Ist es Ihnen lieber, wenn ich von einem bayerischen Hersteller spreche? Gute deutsche ... äh, pardon: bayerische Wertarbeit. Überlegene Technologien, Qualitätsarbeit, rund um den Globus begehrt.«

»Sie werden polemisch.«

»Ich habe nur die Vorzüge heimischer Produkte gelobt. Deutsche Waffentechnologie ist ein Spitzenprodukt und überall heiß begehrt. Das ist nicht polemisch. Und damit alles im Rahmen unserer Gesetze erfolgt, müssen wir prüfen, ob ein Verstoß gegen das Kriegswaffenkontrollgesetz vorliegt. Schließlich handelt es sich um ein Ausführungsgesetz zu Artikel 26 des Grundgesetzes und regelt die Herstellung, die Überlassung, den Erwerb und auch den Transport von Kriegswaffen. Für den Export sind Ausfuhrgenehmigungen erforderlich. Falls die nicht vorliegen, ist das Ganze strafbewehrt.«

»Ist es Aufgabe eines Landespolizisten, politische Sachverhalte in Frage zu stellen?«

»Es ist meine Pflicht, übrigens nicht nur *meine*, darauf zu achten, dass unsere Gesetze eingehalten werden. Falls nicht, ermittle ich. Es ist in diesem Fall doch einfach. Die Genehmigungen werden durch das Bundeswirtschaftsministerium erteilt.«

Lüder stutzte. Warum hatte er nicht früher daran gedacht? Im sogenannten Krisenstab im Kanzleramt war auch das Bundesministerium für Wirtschaft und Technologie vertreten gewesen.

Technologie. Plötzlich passte auch dieses Puzzleteil. Und der Repräsentant des Ministeriums war der Bayer Sylvester Graupenschlager. Der urgemütlich erscheinende Staatssekretär vertrat nicht nur sein Ministerium, sondern möglicherweise auch die Waffenproduzenten seines Wahlkreises. In Berlin hatte Graupenschlager seine Präsenz damit begründet, dass der Bundesregierung an einem freien Welthandel und einem sicheren Gütertransport gelegen war.

»Hallo? Herr Lüders?«, rief ihn Rukczas fragende Stimme in die Gegenwart zurück. »Von all dem, was Sie dort erzählen, sofern – ich betone ausdrücklich *sofern*! – es sich wirklich so verhält, wie Sie vermuten, habe ich nichts gewusst.«

Der Pilatuseffekt, dachte Lüder: Ich wasche meine Hände in Unschuld.

»Auf jeden Fall darf nichts an die Öffentlichkeit dringen«, forderte der Staatsminister. »Es muss alles vertraulich bleiben. Wenn das publik wird, könnte irgendjemand falsche Schlüsse daraus ziehen. Wer weiß noch davon?«

»Es waren Besatzungsmitglieder zugegen.«

»Dann müssen auch die zum Stillschweigen verpflichtet werden.«

»Das dürfte schwierig werden«, schlug Lüder Rukcza mit seinen eigenen Waffen. »Sie haben mir kurz zuvor erklärt, dass die ›Holstenexpress‹ unter fremder Flagge fährt und die Bundesrepublik keinen Einfluss auf Dinge hat, die in Verbindung mit dem Schiff geschehen.«

»Vielleicht gibt es für alles eine legitime Erklärung«, sagte Rukcza. »Ich werde mit dem Kollegen vom Wirtschaftsministerium sprechen.«

»Das ist so, als würde man den Teufel bitten, das Höllenfeuer zu löschen«, sagte Lüder.

Zum Glück schien Rukcza nicht zugehört zu haben.

»Bitte?«

»Nichts. Ich habe den Kapitän gebeten, dass die Container mit dem brisanten Inhalt frühestens in Europa, das wäre Genua, gelöscht werden.«

»Ja, aber … Sie können doch keinen Einfluss auf den Fahrplan des Schiffes nehmen. Was ist, wenn die Reederei uns regresspflichtig macht?«

»Ist das Ihre ganze Sorge? Welchen Imageschaden dürfte die Reederei nehmen, wenn die Presse erfährt, dass sie behilflich ist, rechtswidrig deutsche Waffen über die Weltmeere zu schippern? Finden Sie nicht auch, dass es gewaltig zum Himmel stinkt, wenn falsch deklarierte Kisten in Indien an Bord genommen werden, mit Zypern als Bestimmungshafen? Und dann wird noch ein Aufpasser auf das Schiff geschmuggelt? Was wäre passiert, wenn es nicht den ungeplanten Betriebsunfall mit dem Piratenüberfall gegeben hätte?«

»Ihre Phantasie geht mit Ihnen durch«, sagte Rukcza. »Ich bin mir sicher, dass es für alles eine rational nachvollziehbare Erklärung gibt.«

»Es sei Ihnen versichert, dass ich danach suche«, schloss Lüder das Gespräch.

Was wäre, wenn man in Berlin nach der Kaperung der »Holstenexpress« in helle Aufregung geraten war, da man sehr wohl vom brisanten Inhalt der Container wusste und das auf jeden Fall geheim halten wollte? Das würde auch erklären, dass keine Lösegeldforderung publik geworden war. Die hatte man schnell und diskret befriedigt. War es vielleicht sogar eine versteckte Drohung des Reeders Nils Jessen gewesen, als er in der Berliner Runde erklärt hatte, die Reederei könne sich ein Lösegeld nicht leisten? Hatte der Flensburger damit die Weichen dafür gestellt, dass die Bundesrepublik dafür aufkommen sollte? Aber warum hatte man das Kieler Landeskriminalamt eingeschaltet und Lüder förmlich genötigt, nach Afrika zu fliegen? Noch waren nicht alle Fragen geklärt.

Lüder genoss die Seereise nach Dschibuti. Die Mannschaft der »Sachsen« unternahm alles, um ihm die vierundzwanzig Stunden so angenehm wie möglich zu gestalten. Er wurde umsorgt, hervorragend verpflegt und empfand sogar einen Hauch von Kreuzfahrtfeeling.

In dem ehemaligen Seeräubernest hatte die Botschaft alles vorbereitet. Es gab keine Probleme mit fehlenden Papieren, der Flug war gebucht, und es blieb keine Zeit, um etwas von Dschibuti zu sehen. Danach stand Lüder auch nicht der Sinn.

Bald darauf saß er in einem Flugzeug der Air France, und Kapitän Legrande, wie er sich vorgestellt hatte, sorgte für einen reibungs- und komplikationslosen Flug nach Paris. Lüder schlief die ganze Zeit über und nickte auch auf den beiden Anschlussflügen nach Amsterdam und von dort nach Hamburg immer wieder ein.

Margit erwartete ihn am Terminal und schloss ihn fest in die Arme. Sie sagte keinen Ton, erhob keinen Vorwurf und gab sich viel Mühe, ihre Tränen zu verbergen. Auch die Fahrt nach Kiel verlief schweigend. Worte waren überflüssig, die ineinander verhakten Finger sagten mehr als alle Erklärungen.

Die Fragen wurden später gestellt, als er im Hedenholz in Kiel eintraf. Die Kinder bestürmten ihn, Jonas wollte alles genau wissen, und Margit versuchte vergeblich, den Nachwuchs abzublocken. Lüder war es recht.

Er mochte nichts erzählen. Zu unwirklich war das, was er erlebt hatte. So beschränkte er sich auf Allgemeinplätze und schmückte den Besuch in »Afrika« mit bunten Bildern aus, die er in blumigen Worten ausmalte.

Es war schön, wieder in Kiel zu sein.

NEUN

Es war wundervoll gewesen, im eigenen Bett zu schlafen, ohne auf Geräusche achten zu müssen, tief, fest und traumlos, und zuvor den vertrauten Duft der Frau zu erleben, die neben ihm lag; es war erneut eine unruhige Nacht, doch diesmal nicht vor Sorge, sondern vor Glück.

Lüder ließ sich unendlich viel Zeit im Bad, genoss das warme Wasser, empfand das Summen des Rasierapparats wie Musik und dachte an Galaydh, der jetzt keine Zahnbürste mit dem erfrischenden Pfefferminzgeschmack der Zahnpasta benutzte, sondern seine Zähne mit einem Kauholz reinigte.

So gern Lüder auch das gemeinsame Frühstück noch länger ausgeweitet hätte, er musste ins LKA.

»Was sind das für Sitten?«, empfing ihn Friedjof, der Bürobote, auf dem Flur. »Du gehst in Urlaub, ohne dich zu verabschieden. Warst du wieder in Schweden?«

»Ich habe einen Kurzurlaub im Urwald gemacht«, erwiderte Lüder.

»Jaja.« Friedjof lachte. »Das glaube ich dir auch.«

»Ich war wirklich in Afrika, Friedjof.«

»Da hast du etwas versäumt«, erwiderte Friedjof. »Inzwischen ist Holstein Kiel Deutscher Meister geworden.«

»Im Mannschaftshalma? Beim Aktenweitwurf? Oder im Dampfnudelrollen?«

Friedjof nahm einen Aktenstapel, den er auf seinem Rollwagen transportierte, und deutete an, Lüder damit bewerfen zu wollen.

Lüder sprang auf den jungen Mann zu, und ehe sich Friedjof besinnen konnte, hatte Lüder ihn überwältigt und mit Handschellen an den Aktenwagen gefesselt.

»Nun geh zu Dr. Starke«, empfahl ihm Lüder. »Der ist auch Polizist. Der wird dich wieder losschließen.«

»Du warst gar nicht in Afrika, sondern in Moskau. Das sind hier Methoden wie in … wie in …«, sagte der junge Mann. Weiter kam er nicht, weil er laut zu lachen und zu quietschen begann, als Lüder ihn durchkitzelte.

»Was ist denn hier los?« Hauptkommissar Thiel streckte seinen Kopf aus der offenen Bürotür in den Flur hinaus. »Wer macht hier so einen Lärm?«

»Das ist kein Lärm«, erwiderte Lüder, »sondern Teil zwei der Beamtenprüfung.«

Dann befreite er den jungen Mann und lud ihn zu einem Becher Kaffee ein, den sie im Geschäftszimmer einnahmen.

Dort wurden sie von Dr. Starke überrascht. Der Kriminaldirektor strahlte, als er Lüder erblickte, streckte ihm die Hand entgegen, und es schien, als würde er sie nicht wieder freigeben wollen. Lüder war überrascht. Die Freude des Abteilungsleiters klang ehrlich und nicht aufgesetzt.

»Kommen Sie mit zu mir«, bat ihn Dr. Starke in sein Büro. Dort ließ er sich von Lüder Bericht erstatten.

»Das klingt befremdlich.« Der Kriminaldirektor wiegte den Kopf. »Wir sollten uns jeden weiteren Schritt überlegen. Das ist ein heißes Eisen, da kann man sich leicht dran verbrennen. Vielleicht ist es klug, erst einmal ein wenig Zurückhaltung zu üben.«

»Damit wäre niemandem gedient. Mit Sicherheit wird die Presse von der Affäre erfahren. Damit würden auch wir in den Fokus der Öffentlichkeit geraten. Abgesehen von der Frage, ob Strafvereitelung im Amt vorliegen könnte, sind in jüngster Zeit zahlreiche Dinge publik geworden, bei denen man den Ermittlungsbehörden schiere Pannen vorgeworfen hat. Alle diese Fälle hatten einen politischen Hintergrund und haben manch Leitenden Kopf und Stellung gekostet. Die mussten ihren Abschied nehmen und sich in den vorläufigen Ruhestand zurückziehen. Sie sind doch noch zu jung, um schon am Vormittag auf dem Golfplatz Ihre Runden zu drehen.«

»So war das nicht gemeint«, beeilte sich Dr. Starke zu versichern. »Vergessen Sie nicht, dass wir hier in Kiel alles unternommen haben, um Sie wieder freizubekommen. Auf mein Betreiben hin haben Herr Nathusius und ich Staatssekretär Holzbunge aufgesucht, den Sie ja aus Berlin kennen. Der hat mit dem Innenminister gesprochen, und der Druck, den Herr Nathusius und ich aufgebaut haben, hat letztlich dazu geführt, dass die Bundeswehr die Befreiungsaktion durchgeführt hat.«

Lüders bedauerte, dass der alte Ministerpräsident nicht mehr im Amt war. Den neuen kannte er nicht. Noch nicht. Doch der schien seine eigenen Sorgen zu haben, da er sich so oft die Haare raufen musste, dass er jetzt ohne herumlief.

»Na, Sie können schon wieder lächeln«, zeigte sich Dr. Starke erfreut. »Wir sind alle froh, dass die Sache ein gutes Ende genommen hat.«

»Noch ist dieser Fall nicht abgeschlossen«, mahnte Lüder. »Als Nächstes interessiert mich, wer Hans-Günter Schöster wirklich ist.«

Dr. Starke fuhr mit Daumen und Zeigefinger über seine Mundwinkel.

»Da gibt es ein kleines Problem.«

Lüder ahnte es, überließ es aber dem Abteilungsleiter, es auszusprechen, und zog fragend eine Augenbraue in die Höhe.

»Nun, äh – ja«, druckste Dr. Starke herum. »Schöster ist schon gestern im Golf von Aden auf ein anderes Schiff umgestiegen.«

»Bitte? Ich hatte den Kommandanten der ›Sachsen‹ ausdrücklich darauf hingewiesen, dass Schöster nach Deutschland überstellt werden muss.«

»Den Fregattenkapitän trifft kein Verschulden. Er hat extra noch einmal nachgefragt, als er die Anweisung aus Potsdam erhielt.«

»Vom Führungskommando der Bundeswehr? Ich kann mir nicht vorstellen, dass man dort solche Entscheidungen trifft.«

»Das ist zutreffend. Die kam aus Berlin.«

»Vom Kanzleramt? Hat das auf den Verteidigungsminister eingewirkt? Oder wer spielt dort sonst noch mit?« Lüder war enttäuscht. Das wollte er nicht unhinterfragt im Raum stehen lassen.

»Ich weiß es nicht«, gestand der Kriminaldirektor ein. »Über den Urheber ist nichts bekannt geworden.«

»Dann müssen wir unsere Ermittlungen dahin gehend ausdehnen«, sagte Lüder.

Ihm war bewusst, dass es eine rhetorische Floskel war. Walter Rukcza zum Beispiel war auch Mitglied des Bundestages und genoss deshalb Immunität. Und in der Hierarchie noch höher stehende Persönlichkeiten würde man kaum mit diesem Vorgang in Verbindung bringen können. Mit Sicherheit würde Oberstaatsanwalt Brechmann nicht mitwirken.

»Und die Container?«

»Dazu liegen mir keine Informationen vor.« Dr. Starke wirkte sichtlich kleinlaut.

229

»Manchmal kann ich mich des Eindrucks nicht erwehren, dass bei uns gekungelt wird wie in einer Bananenrepublik.« Lüder unternahm gar nicht den Versuch, seine Enttäuschung zu verbergen.

»So dürfen Sie das nicht sagen, Herr Kollege«, versuchte der Kriminaldirektor zu beschwichtigen.

Die Formulierung ließ Lüder aufhorchen. »Herr Kollege«. So hatte Dr. Starke noch nie einen seiner Mitarbeiter genannt.

»Nichts wird mich davon abhalten, weiter im Nebel herumzustochern«, erklärte Lüder und war ein weiteres Mal erstaunt, dass auch hierzu kein Widerspruch von seinem Vorgesetzten erfolgte.

Lüder kehrte in sein Büro zurück und rief in Husum an.

»Hast du mit dem Verfassungsschutz gesprochen?«, fragte er Große Jäger.

»Mit dem Männchen?«, verballhornte der Oberkommissar den Namen des Regierungsamtmanns Geert Mennchen. »Der konnte mir auch nur das Bekannte über Abu Talha berichten. Vermutlich ist der tot. Andere Informationen liegen nicht vor. Ich habe auch noch einmal beim Bundesnachrichtendienst angefragt, aber keine Antwort erhalten. Die Herren sprechen nicht mit der Provinz, schon gar nicht, wenn es sich um eine Polizeidienststelle in Randdeutschland handelt.«

»Nun«, besänftigte Lüder den Oberkommissar, »Husum ist doch der Nabel der Welt, gleich nach Kiel.«

»Sage ich ja auch immer, aber die Geografen wollen es nicht begreifen. Die bleiben bei ihrer historischen Lehrmeinung und faseln etwas von Nord- und Südpol und Äquator.«

»Lass dich nicht verdrießen«, empfahl Lüder, besorgte sich einen weiteren Kaffee und wählte von seinem Telefon aus eine ellenlange Nummer an.

Es dauerte ewig, bis sich eine Frauenstimme meldete, die ein kehliges Englisch sprach.

»›Kenia Mirror‹?«, fragte Lüder.

»*Yes*«, versicherte die Frau und verband Lüder auf seine Bitte hin mit John Kiambi, dem dunkelhäutigen Journalisten aus Nairobi.

»Lüder Lüders, deutsche Polizei«, sagte Lüder und wiederholte es noch zweimal, da Kiambi mit dem Namen nichts anfangen konnte. »Kennen Sie Achim Wolfram?«, fragte er dann.

»Ja«, kam es gedehnt über die Leitung.

»Dem haben Sie in Kenia geholfen? Wolfram hat mir davon berichtet.«

»Sie rufen wirklich aus Deutschland an?« Kiambi blieb misstrauisch.

»Wenn Sie sichergehen möchten, rufen Sie zurück. Lüders. Polizeihauptquartier Kiel.«

»Das geht nicht«, wurde Kiambi zugänglicher. »Zum einen kostet das viel Geld, über das wir nicht verfügen, zum anderen bin ich mir nicht sicher, ob nicht jemand mithört. Was wollen Sie?«

»Sie haben Achim Wolfram einen Kontakt nach Mogadischu vermittelt.«

Lüder unterließ es, Kiambi über seine doppelte Rolle aufzuklären. Ihm war wichtig zu erfahren, ob der Kenianer von Lüders Funktion als Polizist wusste. Das war nicht der Fall.

»Ja. Wolfram hat in Sachen Piraterie in Somalia recherchiert. Ich kenne in Mogadischu einen Schweizer —«

»Urs Hürlimann«, unterbrach ihn Lüder.

Kiambi bestätigte es. »Da habe ich die Verbindung hergestellt.«

»Über Kontaktleute?«

»Journalisten haben auch direkte Verbindungen«, sagte Kiambi vorsichtig. »Mir war nicht wohl zumute, als Wolfram partout darauf bestand, nach Mogadischu zu fliegen. Ich habe seitdem nichts wieder von ihm gehört und mache mir Sorgen.«

»Achim Wolfram ist wohlbehalten nach Deutschland zurückgekehrt«, beruhigte ihn Lüder.

»Gott sei Dank.« Es klang ehrlich. »Falls Sie ihn sehen … Grüßen Sie ihn von John aus Nairobi.«

Lüder versprach es.

Kiambi, davon war er nach dem Telefonat überzeugt, hatte ihn nicht verraten.

Anschließend versuchte es Lüder mit der gleichen Methode bei Dr. Mbago. Er war erstaunt, dass er gleich mit dem geschäftstüchtigen Anwalt verbunden wurde.

Dr. Mbago leugnete nicht, Achim Wolfram begegnet zu sein. »Wo ist er?«, fragte er.

»Er ist wieder zu Hause. Wir haben gestern miteinander gesprochen.«

»Und was wollen Sie von mir?«

»Hat Wolfram mit Hürlimann gesprochen?«, fragte Lüder. »Er behauptet es.«

»Das weiß ich nicht«, erwiderte der Anwalt. »Ich habe ihm gegenüber den Namen erwähnt. Jeder kennt Hürlimann. Das ist kein Geheimnis.«

Du hast mir aber geschickt viel Geld entlockt dafür, dass das kein Geheimnis ist, dachte Lüder bitter.

»Wissen Sie, ob Wolfram in Somalia war?«

»Möglich. Aber genau weiß ich es nicht. Ich habe nur zweimal mit Ihrem Landsmann gesprochen und ihm ein paar Fragen beantwortet. Das war alles. Ist sonst noch etwas? Meine Zeit ist kostbar.«

Und teuer, ergänzte Lüder im Stillen.

Den Satellitenanschluss in Mogadischu zu erreichen erwies sich als schwieriger und erforderte viel Geduld. Dafür meldete sich Hürlimann direkt.

»Lüders. Deutsche Polizei.«

»Herr Lüders.« Der Schweizer klang nicht überrascht. »Ich vermute, dass es Ihnen gut geht und Sie alles wohlbehalten überstanden haben.«

»Habe ich das Ihnen zu verdanken?«

»Mir?« Es klang ein wenig empört. »Ich bitte Sie. Das hätte ich einfacher haben können. Mogadischu würde dafür eine wesentlich bessere Kulisse bieten. Ich habe Ihnen mein Geschäftsmodell erklärt. Ich bin gegen Gewalt. Meine Waffe sind Verbindungen und Diplomatie.«

»Und Ihre Verbindungen zur puntländischen autonomen Regierung haben Sie genutzt, um mich aus dem Verkehr zu ziehen?«

»Warum hätte ich Sie deshalb nach Garoowe schicken sollen? Natürlich habe ich Kontakt dorthin.«

»Sie haben mich sofort erkannt, obwohl ich bei Ihnen als Journalist Wolfram vorstellig geworden bin.«

Es erklang ein spöttisches Lachen. »Es gehört zu den Spielregeln, auf den anderen einzugehen und ihm seinen Glauben zu lassen. Warum hätte ich Sie hier in Mogadischu demaskieren sollen? Ich habe Sie allerdings gewarnt. Somalia ist gefährlich. Und Puntland noch viel mehr. Es hat nicht jedem gefallen, was Sie in Kenia und hier in Somalia angestellt haben. Darf ich Ihnen ein Kompliment machen? Sie sind nicht nur sehr weit vorgedrungen in einer Ihnen

fremden Welt, sondern haben auch für verdammt viel Unruhe gesorgt.«

»Wer hat Sie über meine Identität in Kenntnis gesetzt?«

»Sagen wir mal – ein Schutzengel. Jemand, der mir vertraut und
ich ihm. Nur so funktioniert vieles, was nicht gehen würde, wenn
man darüber spräche. Davon leben Diplomaten, dass sie verschwie-
gen sind. Sonst könnte ich gleich hier in Mogadischu einpacken.«

»Und Sie haben dieses Vertrauensverhältnis ausgenutzt, um mich
an die Piraten zu verkaufen? An Innenminister Shiikh?«

Hürlimanns Stimme klang ernst. »Ich wusste, dass Shiikh Ihren
wahren Auftrag kannte. Aber nicht von mir. Der hat andere Quellen.
Darauf haben Sie mein Wort.«

»John Kiambi hat mich bei Ihnen avisiert«, sagte Lüder.

»Ja«, gab Hürlimann zu. »Ich muss unparteiisch und für alle Seiten offen bleiben. Aber im Vertrauen: Kiambi leistet unter schwie-
rigsten Bedingungen eine hervorragende Arbeit und steht zu seiner
Meinung. Das ist in Kenia nicht einfach. Und auch gefährlich.«

Lüder hatte noch ein andere Idee.

»Mein Schutzengel, wie Sie ihn nannten. Ist der in der deutschen
Botschaft tätig?«

»Hmh« war alles, was Hürlimann erwiderte.

Also gab es eine stille Verbindung zwischen Sebastian Herzog,
dem agilen Diplomaten aus Nairobi, und Hürlimann. Natürlich
hatte Herzog darüber nicht reden können. Der Schweizer war sein
Kontakt in Somalia, der nicht erwähnt oder gar bekannt werden
konnte. Und weil Herzog, dessen Besorgnis um Lüder echt war,
ihm einen relativen Schutz bereitstellen wollte, hatte er sich an Hürlimann gewandt. Das also war der »Schutzengel«.

»Wer ist Abu Talha?«, fragte Lüder.

Der Schweizer schien überrascht, und er wiederholte den Namen gedehnt, um Zeit zu gewinnen, nach einer geeigneten Antwort zu suchen.

»Was wissen Sie von ihm?«, entschied sich Hürlimann für eine
Gegenfrage.

»Er ist nicht tot.«

Es entstand eine längere Pause.

»Nein. Das würde ja heißen, ein ganzes Volk ist ausgestorben«,
versuchte der Schweizer auszuweichen.

233

»Abu Talha ist nicht der Terrorist, der unter diesem Namen bekannt geworden ist, sondern dahinter verbirgt sich ein anderer. Wer?«

»Abu Talha – der Deutsche«, übersetzte Hürlimann.

»Ich weiß.«

»Das sind zweiundachtzig Millionen. Ich sagte schon, wäre Abu Talha tot, wäre ein Volk ausgestorben.«

»Hürlimann. Verarschen Sie mich nicht«, wurde Lüder grob. »Ich meine den Drahtzieher. Wer ist das?«

»Mir gefällt eine andere Wortwahl besser«, sagte Hürlimann, und es klang pikiert. »Ich weiß es nicht. Und wenn ich ihn kennen würde, würde ich es nicht verraten. Aber gehört habe ich von ihm. Übrigens – tue Gutes und rede darüber. Gleich nachdem ich die Nachricht erhielt, dass man Sie entführt hat, habe ich Sebastian Herzog informiert. Der hat in Berlin interveniert.«

»Beim Auswärtigen Amt?«

»Das nehme ich an. Das war letztlich erfolgreich. Schließlich hat man dort Ihre Befreiungsaktion initiiert.«

Lüder unterließ es, das zu kommentieren. Es war erstaunlich, wie viele Leute sich für seine Befreiung eingesetzt hatten. Angeblich. Oder war es doch so? Hatte man in Berlin schließlich doch reagiert und die Marine in Marsch gesetzt, weil die Aktion aus zu vielen Kanälen gefordert wurde? Wenn nicht, hätte man Lüder möglicherweise geopfert? Diesen Gedanken wollte er nicht fortsetzen.

»Ich wünsche Ihnen weiterhin viel Erfolg bei Ihrer Mission«, sagte er zu Hürlimann.

»Danke. Ihr Besuch war eine sympathische Abwechslung. Ich würde mich freuen, wenn Sie wieder einmal vorbeischauen. Sie sind jederzeit herzlich willkommen in Mogadischu.«

»Vielen Dank«, sagte Lüder zum Abschied. »Aber so viel Geld hat selbst ein reiches Land wie Deutschland nicht, dass wir uns einen zweiten Aufenthalt bei Ihnen leisten könnten.«

Konnte Lüder Hürlimann glauben? Mit Sicherheit würde der Schweizer nicht bekennen, dass er mit den Hintermännern der Entführung zusammengearbeitet hatte. Andererseits klang es glaubwürdig, was er von den Kontakten zur deutschen Botschaft berichtete.

Es war denkbar, dass Herzog sich in bestimmten Dingen diskret der Hilfe Hürlimanns bediente.

Es gab noch zu viele Ungereimtheiten. Wer war Hans-Günter Schöster mit dem merkwürdigen Dialekt, der Lüder entfernt ans Böhmische erinnerte? Richtig!

Jetzt keimte in ihm ein Verdacht. Große Schauspieler hatten den »braven Soldaten Schwejk« verkörpert und dabei einen Dialekt gesprochen, der ähnlich klang. Fritz Muliar hatte diese Rolle ideal ausgefüllt. Und der österreichische Schauspieler war auch bekannt für seine »jiddischen Witze und Geschichten«. Daran fühlte sich Lüder erinnert. Es war ein gewagter Gedanke, aber Hans-Günter Schöster könnte Israeli sein. Das würde einiges erklären.

Die Bundesrepublik unterstützte Israel mit der Lieferung von Waffensystemen. Der U-Boot-Deal, bei dessen Bezahlung man Israel zusätzlich entgegenkam, war allgemein bekannt. Nun gab es auch Wünsche arabischer Staaten nach deutscher Waffentechnologie, besonders Kuwait und Saudi-Arabien fragten nach Leopard-Panzern. Und deutsche Handfeuerwaffen wie das Gewehr G36 waren bei Freund und Feind beliebt. Den Milliardendeal mit den Saudis wollte sich die deutsche Wirtschaft ungern entgehen lassen, zumal im Zuge des Sparzwangs die Bestellungen für die Bundeswehr und die Streitkräfte der NATO-Partner spärlicher ausfielen.

Andererseits gab es die auch von der Kanzlerin erneut bekräftigte Zusicherung, fest an Israels Seite zu stehen. So war man offenbar auf die Idee gekommen, das Material nicht direkt aus Deutschland zu liefern, sondern den Export zu verschleiern und über das unverdächtige Indien nach Israel zu transportieren. Natürlich durfte das Schiff nicht Haifa anlaufen. Deshalb hatte man kurzfristig Limassol auf Zypern als Zwischenstation bestimmt. Dort wurden häufig Waren für Israel umgeschlagen, die aus welchem Grund auch immer nicht direkt nach Haifa geliefert werden konnten.

Und Schöster war in Indien als Aufpasser für die heiße Fracht mit an Bord gekommen. Der Mann hätte mitsamt den Containern die ›Holstenexpress‹ in Limassol wieder verlassen. Das erklärte auch, weshalb sich Schöster so vehement dagegen gewehrt hatte, in Dschibuti an Land zu gehen. Hätte man ihn dort erkannt, wäre das sein sicherer Tod gewesen.

Aus diesem Grund hatte man in Berlin auch schnell reagiert und

Schöster freigelassen. Seine Vernehmung hätte nicht nur zu Verstimmungen mit Israel geführt, sondern auch unangenehme Dinge ans Tageslicht gebracht.

In Berlin musste helle Panik ausgebrochen sein, als die Entführung der »Holstenexpress« mit ihrer brisanten Fracht bekannt geworden war. Deshalb war der Krisenstab auch beim Kanzleramt angesiedelt, weil alles zur geheimen Chefsache erklärt wurde. Um niemanden aufzuscheuchen, hatte man den Bundesnachrichtendienst nicht eingeschaltet, und das Bundeskriminalamt saß gar nicht erst mit am Tisch. Man wollte jede formelle Beteiligung vermeiden.

Lüder durchfuhr es. Als Alibi hatte man eine Landespolizeibehörde miteinbezogen, idealerweise eine aus einem kleineren Bundesland. Und er, Lüder, sollte für Berlin den Deppen spielen. Als man dort mit Schrecken feststellte, wie weit seine Ermittlungen gediehen waren, pfiff man ihn schnell zurück. Das war die Drohung Rukczas, als er Lüder in Garoowe drohte, Lüders Zugang zur Kreditkarte zu sperren.

Warum hatte Lüder nicht früher daran gedacht, sondern es verdrängt? In Berlin saß ein weiterer Mann am Tisch, der sich mit keiner Silbe an den Überlegungen beteiligt hatte. Malev hieß er. Lüder war davon überzeugt, dass Malev ein Vertreter der israelischen Botschaft in Berlin war. Der Militärattaché? Oder war Malev ein Mossad-Agent so wie Schöster?

Lüder wollte Rukcza mit seiner Theorie konfrontieren und rief im Bundeskanzleramt an. Er kam nicht über den Kontakt zu einem Referenten hinaus.

»Unmöglich«, beschied ihm der arrogant klingende Mann. »Der Herr Staatsminister hat einen ausgefüllten Terminplan und steht für niemanden zur Verfügung.«

»Für mich schon«, erklärte Lüder.

Der Referent zog vernehmlich die Nase hoch. »Das glaube ich nicht. Kann Ihnen ein Beamter aus dem Amt behilflich sein?«

»Fragen Sie den Staatsminister. Ich gebe Ihnen dreißig Minuten. Dann werde ich meine Ermittlungen in Sachen Israel an anderer Stelle fortsetzen«, erklärte Lüder. »Dreißig Minuten. Rukcza kennt meine Telefonnummer in Kiel.«

Es dauerte neunzig Minuten, bis Lüders Telefon klingelte.

»Sind Sie völlig übergeschnappt?«, brüllte Rukcza in den Hörer. »Was glauben Sie, wer Sie sind?«

»Das weiß ich«, erwiderte Lüder gelassen. »Ich bin Kriminalrat Dr. Lüders vom Landeskriminalamt Schleswig-Holstein. Auch wenn der Bildungsmonitor unserem Land bescheinigt, auf dem letzten Platz zu liegen, haben wir eine gute Allgemeinbildung und wissen, wo Israel liegt.«

»Hä?«, war alles, was Rukcza von sich gab.

»Israel braucht Waffen. Die haben Sie mit der ›Holstenexpress‹ geliefert. Dabei ist —«

»Seien Sie sofort still«, schrie der Staatsminister mit sich überschlagender Stimme. »Sind Sie von allen guten Geistern verlassen, so etwas am Telefon zu sagen?«

Lüder lachte laut. »Sind Sie in Sorge, dass uns ein Nachrichtendienst abhört? Der einheimische? Oder andersfarbige Schlapphüte?«

Der Staatsminister stöhnte hörbar auf. »Wer hat Ihnen das erzählt? Ich will sofort wissen, wo die undichte Stelle ist. Wer hat Ihnen diese strengen Staatsgeheimnisse anvertraut?«

»Ich habe meine Quellen«, stellte Lüder sein Licht unter den Scheffel. Hätte er Rukcza erklärt, dass er durch eigene Kombination darauf gekommen war, hätte der Berliner es womöglich als Hirngespinst abgetan. So aber spiegelte Lüder vor, dass es noch mehr Leute mit Insiderwissen gab, und – angeblich – hatte einer geplaudert.

»Hat Ihnen Dov Hodorov das verraten, als Sie in Somalia in Gefangenschaft waren?«

»Sie meinen den Mossad-Agenten, der unter dem Namen Schöster aufgetreten ist?«, riet Lüder.

»Fragen Sie nicht so merkwürdig. Sie wissen doch schon alles.«

»Richtig. Mir ist auch bekannt, dass es keine Lösegeldforderung gab.«

»Hat Shiikh mit Ihnen darüber gesprochen? Ich habe es gleich gewusst. Auf die da unten in Afrika ist kein Verlass.«

Der Staatsminister war erneut auf eine Finte hereingefallen.

»Auf informellem Weg hat man aus Berlin die Regierung von Puntland um Unterstützung gebeten. Das ist über Hürlimann gelaufen. Deshalb gab es auch keine Lösegeldforderungen, sondern unbestimmte Hilfszusagen Deutschlands an die teilautonome Region Puntland. Uns ist erst hinterher aufgefallen, dass das ein Fehler war. Sie sind sofort darüber gestolpert. Details und Gründe für unser Angebot an die Puntländer werde ich Ihnen nicht mitteilen.«

Lüder holte tief Luft. Er hatte nicht erwartet, dass der Staatsminister so bereitwillig plaudern würde. Das war vermutlich nur darin begründet, dass Rukcza annahm, Lüders Wissensstand wäre sehr viel höher. Jetzt verhielt sich der Staatsminister wie jeder Verdächtige, den die Polizei überführt hatte. Man versuchte, das Geschehene zu rechtfertigen, und glaubte, keine Geheimnisse mehr zu verraten.

»Sie haben die Entführung über die Puntländer veranlasst?« Lüder hielt den Atem an. Zu gewagt schien ihm seine These.

»Das ist etwas aus dem Ruder gelaufen«, gestand Rukcza. »Es sollte nur wie eine Entführung aussehen. Die ›Holstenexpress‹ sollte vorübergehend aus dem Verkehr gezogen werden, da der Kapitän Dschidda anlaufen wollte. Das durfte auf keinen Fall geschehen. Stellen Sie sich vor, wenn die Saudis die Ladung entdeckt hätten. Wie hätte man das erklären sollen vor der Weltöffentlichkeit. Deutschland hätte seine Reputation in der arabischen Welt verloren.«

»Und der Milliardendeal mit den Saudis wäre auch den Bach runtergegangen«, schob Lüder ein.

»Richtig«, gestand Rukcza. »Deshalb saß auch der Kollege Graupenschlager vom Wirtschaftsministerium mit am Tisch. Wir wissen bis heute nicht, ob die Saudis nicht einen Tipp bekommen haben.«

»Steckte Kapitän Syrjanow dahinter?«

»Mit Sicherheit nicht. Der hat nur Befehle ausgeführt.«

»Von wem hatte der Kapitän die Anweisung, Dschidda anzulaufen?«

»Das wissen wir nicht«, gab Rukcza zu. »Und den unwissenden Kapitän zu befragen schien uns zu gewagt. Niemand hatte geglaubt, dass Sie so weit vordringen würden. Uns ist angst und bange geworden, als wir Ihre Ermittlungsschritte verfolgten. Nachdem Sie so forsch in Garoowe aufgetreten waren, hat sich Minister Shiikh mit Berlin in Verbindung gesetzt.«

»Mit Ihnen?«, unterbrach Lüder.

»Mit *Berlin*«, antwortete der Staatsminister betont. »Es herrschte allgemeine Ratlosigkeit. Ich wollte Sie aus dem Verkehr ziehen. Das hat leider nicht geklappt.«

»Dafür haben Sie mich entführen lassen.«

»Um Gottes willen. Nein! Ich war schockiert, als ich davon hörte.«

»Wer steckte dann dahinter?«

»Das weiß ich nicht. Es entzieht sich meiner Kenntnis. Aber ich verurteile jede Art von Gewalt, insbesondere wenn sie in so infamer Weise wie Ihnen gegenüber ausgeübt wird.«

»Und den anderen Geiseln«, erinnerte Lüder Rukcza.

»Natürlich.«

Überzeugend klang es nicht.

Lüder widerte das Ganze an. Niemand hatte in Berlin einen Gedanken daran verschwendet, was die Besatzung in Hafun hatte erdulden müssen. Vor Lüders geistigem Auge tauchte das dunkle Verlies auf, die stickige Luft, der ekelerregende Gestank, die Ungewissheit und schließlich der tote Matrose. Vermutlich hatte man es sich anders vorgestellt, hatte geglaubt, die Piraten würden das Schiff vorübergehend an der Weiterfahrt hindern. Niemand konnte sich in die Mentalität der Somalier hineindenken, wusste, wie man dort die Situation gestalten würde.

»Denken Sie an das Wohl der Bundesrepublik«, mahnte ihn der Staatsminister zum Abschied, »was immer Sie auch weiter beabsichtigen. Ich appelliere an Ihr Verantwortungsbewusstsein.«

Und wer von euch hat an das Wohl der Menschen gedacht?, überlegte Lüder voll Bitternis. Sylvester Graupenschlager vom Wirtschaftsministerium hatte eher das Wohl der Rüstungsindustrie in seinem bayerischen Wahlkreis im Auge.

War er Abu Talha – der Deutsche? Oder hatte ihm Rukcza geschickt etwas vorgespielt? Ungeklärt war auch noch, wer die Söldner beauftragt hatte, die Lüder und die Geiseln ermorden sollten. War es denkbar, dass deutsche Spitzenpolitiker so weit gingen? Wer hatte dem Kapitän die Weisung erteilt, Dschidda anzulaufen?

Vielleicht fand sich bei der GAEL in Flensburg eine Spur. Auf der Fahrt in die ehemalige Rumstadt telefonierte Lüder mit Hauptkommissar Herdejürgens von der Flensburger Kripo.

239

»Alle Hinweise deuten auf ein Motiv hin, das im beruflichen Umfeld des Opfers zu suchen ist«, erklärte der Leiter des K1. »Aber einen konkreten Tatverdächtigen haben wir noch nicht.«

»Das ist eine vertrackte Sache«, tröstete ihn Lüder. »Dazu fehlen Ihnen wichtige Informationen, die Sie an der Förde nicht finden können.«

»Dann lassen Sie mich an Ihrem Herrschaftswissen teilhaben.«

»Sie werden von mir alle erforderlichen Informationen erhalten. Ich muss nur noch ein paar Dinge klären.«

Herdejürgens seufzte. »Warum muss das LKA es immer so spannend machen?«

»Ich kann Ihnen versichern, dass Sie und Ihre Leute hervorragende Arbeit geleistet haben«, sagte Lüder.

In den Nachrichten wurde nichts zur Freigabe der »Holstenexpress« berichtet. Die Nachricht war einen Tag alt. Lüder erinnerte sich an die Sprüche von Frederik Beck vom NDR. »Nur wer die Nachricht als Erster bringt, ist *the winner*. Nachplappern zählt nicht.« Selbst im Boulevardblatt seines Intimfeindes Leif Stefan Dittert gab es nur eine kleine Randnotiz, dass das Schiff sich nicht mehr in der Hand der Piraten befand.

Wieder einmal bewunderte Lüder den Charme des alten Gebäudes am Flensburger Hafendamm, wenn es auch schwierig war, an der vierspurigen Straße einen Parkplatz zu finden. Gegenüber befanden sich Parkmöglichkeiten, die nach dem Passieren einer Schranke genutzt werden konnten. Doch wer dort sein Auto abstellte, musste aus einer vermögenden Familie stammen. Die einheimischen Piraten kaperten keine Schiffe mehr, sondern plünderten Autofahrer aus.

Lüder klingelte an der Tür und wurde von einer freundlichen älteren Frau empfangen.

»Ich möchte zu Herrn Jessen«, sagte er.

»Nils oder Ole?«

Wer war in Berlin gewesen?, überlegte Lüder.

»Nils.«

»Der ist vor wenigen Minuten weggefahren.«

»Und der Bruder?«

»Ich glaube, der ist auch außer Haus.«

»Dann möchte ich mit Herrn Iversen, dem Prokuristen, sprechen.«

Die Frau schenkte Lüder ein Lächeln, das sympathisch wirkte, aber auch Bedauern ausdrückte. »Der ist mit dem Chef unterwegs. Mit Nils Jessen«, ergänzte sie. »Die sind erst wenige Minuten weg.«

»Wissen Sie, wohin die gefahren sind?«

Sie bedauerte, bat ihn aber herein und ging mit ihm zu einem Büro.

»Wisst ihr, wo Nils Jessen und Jens hin sind?«, fragte sie.

»Die wollten doch … doch …«, antwortete eine unsichtbare weibliche Stimme.

»Die sind zum Essen«, half eine andere Frau aus.

»Wohin?«, fragte Lüder.

»Nach Glücksburg … Nehm ich an.«

»Und wo dort?«

»Sicher ins Strandhotel. Da ist Nils doch immer«, sagte die unsichtbare Stimme.

»Tut mir leid«, bedauerte die Angestellte, die Lüder eingelassen hatte.

Er dankte ihr und fuhr den beiden Männern hinterher.

Glücksburg mit seinem weithin bekannten Wasserschloss gilt als die Wiege mancher europäischer Königs- und Fürstenhäuser. Schleswig-Holstein-Sonderburg-Glücksburg stellte die Monarchen von Dänemark und Norwegen und – bis zur Abschaffung – auch von Griechenland, und der Ehemann der englischen König ist ebenso wie die Thronfolger Charles und dessen Söhne »Glücksburger«. Auch die spanische Königin gehört dazu.

Das Strandhotel war in einem der schönsten Häuser der Region direkt an der Förde untergebracht. Lüder fand einen Parkplatz direkt am Hotel. Ein wenig weiter parkte ein Porsche Cayenne mit der Buchstabenkombination »FL-NJ«. Lüder vermutete, dass sie für »Nils Jessen« stand.

Er sah die beiden Männer im Restaurant mit Ausblick auf die Förde.

Das blaue Wasser kräuselte sich, die Spitzen der leichten Wellenkämme waren weiß. In den Wogen brach sich glitzernd das Sonnenlicht. Am weißen Sandstrand, auf dem sich Strandkörbe aneinanderreihten, herrschte ein munteres Treiben. Der Strand in Hafun war noch feinsandiger, erinnerte sich Lüder. Aber für nichts in der Welt wollte er Somalia mit Glücksburg tauschen.

Nils Jessen entdeckte ihn zuerst.

»Herr Dr. Lüders. Zufall, dass Sie hier sind?«

»Ich möchte mit Ihnen reden.«

Jessen sah Iversen an. Der Prokurist hatte gegenüber Platz genommen.

»Es ist gut, dass ich Sie beide hier treffe«, sagte Lüder und setzte sich unaufgefordert.

Sie wurden durch den Ober unterbrochen.

»Als Aperitif hätte ich gern einen Sandeman Sherry Seco«, sagte Nils Jessen.

Lüder wählte einen Campari Orange, Jens Iversen entschied sich für das aktuelle Modegetränk, einen Aperol Spritz.

Einigkeit herrschte beim Menü.

»Sie mögen es bodenständig«, sagte Jessen, als Lüder wählte, und sah auf die Uhr. »Sie haben recht. Mittags mag ich es auch nicht so aufwendig.« Er griff zur Weinkarte, ließ seinen Finger über die Seiten wandern, sah Lüder über den Brillenrand an und entschied: »Vin d'Alsace Riesling A.O.C. Elsass, Riquewihr.«

»Für mich bitte Mineralwasser«, ergänzte Lüder in Richtung des wartenden Kellners.

»Aus Frankreich? Aus Italien?« Nils Jessen klang spitz. »Es gibt himmelweite Unterschiede.«

»Politisch und ökologisch korrekt«, erwiderte Lüder und sagte zum Kellner: »Husumer Mineralwasser.« Dann ergänzte er gegenüber Jessen: »Ich lasse mich nicht durch Namen verführen, sondern von meinem Gaumen leiten.«

»Bringen Sie mir bitte ein Pils«, fühlte sich Iversen durch Lüder ermuntert und fing sich damit einen geringschätzigen Blick seines Chefs ein.

»Wie war es in Afrika?«, fragte Jessen. »Sie haben es aus einer ganz anderen Perspektive kennengelernt als ich.«

»Ich war auf keinem für Manager bestimmten Abenteuerevent, und mit dem Dschungelbesuch abgehalfterter Expromis im Einfachfernsehen hatte es auch nichts zu tun.«

Jessen beugte sich interessiert vor.

»Erzählen Sie«, forderte er Lüder auf.

»Wenn ich meine Memoiren schreibe, bekommen Sie ein signiertes Exemplar«, antwortete Lüder schroff.

Der Kellner tauchte mit dem Wein auf, hielt Jessen die Flasche hin, und als der nickte, schenkte er ein. Der Reeder hielt das Glas gegen das Licht. Lüder hielt die Geste für übertrieben. Schließlich trank er einen Weißwein.

»Ein wunderbar rot leuchtendes Bouquet«, sagte Lüder und versuchte gar nicht, den spöttischen Unterton zu verbergen.

Iversen lächelte kaum wahrnehmbar, während Jessen die Anmerkung nicht verstanden hatte. Er nahm einen Schluck, ließ ihn im Mund kreisen, spitzte die Lippen, schluckte und sagte zum Kellner: »Der Wein hätte etwas kühler sein können. Ein bis zwei Grad.« Als der Kellner zögerte, schob er gönnerhaft hinterher: »Lassen Sie es gut sein.«

Spinner, dachte Lüder, nahm sein Glas auf, nachdem es gefüllt war, trank einen Schluck, hielt es kurz in Richtung Jessen und sagte, bevor er es abstellte: »Für mich ist das Wasser eine Spur zu kalt. So kann es nicht sein feines Bouquet entfalten. Es ist ein häufiger Irrtum in nördlichen Breitengraden, dass ein gutes Getränk zu kühl getrunken wird. Aber wie sollen Gelegenheitsweintrinker auch die Zunge üben.«

Der Stich saß. Iversen nahm einen großen Schluck von seinem mustergültig geschenkten Pils und leckte sich mit der Zunge den Schaum von den Lippen.

»Sie sind natürlich eingeladen«, sagte Jessen.

»Sicher«, erwiderte Lüder. »Vom Steuerzahler.«

»Nein. Von mir. Als Dank für Ihre Mühe.«

»In Nairobi hatten wir annähernd Kieler Temperaturen. Vielleicht ein wenig kühler«, sagte Lüder. »In Somalia war es heiß. Sehr heiß.« Er war sich nicht sicher, ob Jessen die Doppeldeutigkeit erfasste. »Es gibt aber noch einen anderen Unterschied zwischen Ostafrika und Deutschland: Hier gibt es kaum Korruption. Ich zahle mein Essen selbst.«

»Ich bitte Sie!«

Zwei Kellner servierten ihnen eine Steinpilzsuppe, die schon beim ersten Löffel hervorragend mundete.

»Wer ist für den Inhalt der Container verantwortlich, die in In dien geladen wurden und außerplanmäßig in Limassol gelöscht werden sollten?«, fragte Lüder unvermittelt.

Iversen hielt mitten in der Bewegung inne, während Jessen sich verschluckte. Dann tauschten die beiden einen Blick, als würde jeder vom anderen erwarten, dass der die Antwort übernähme.

»Gerd Wollenhaupt war der zuständige Linienagent. Er hat sich auch um die Ladung gekümmert«, erwiderte der Prokurist schließlich.

»Könnte er vom Inhalt der Container gewusst haben?«

»Natürlich. Er hatte doch Zugang zu den Ladepapieren.«

»Die meine ich nicht. In den Containern befand sich etwas anderes.«

Jessen sah angestrengt zum Fenster hinaus und wich Lüders Blick aus, während Iversen auf seinen Teller starrte.

»Interessiert es Sie nicht, was ich dort gefunden habe?«

Es dauerte eine Ewigkeit, bis der Reeder kaum hörbar antwortete: »Staatsminister Rukcza hat mich informiert.«

»Und Sie?« Lüder musterte Iversen. »Sie haben auch davon gehört?«

Der Prokurist nickte.

»Aber Sie wussten vorher von der brisanten Ladung?«

»Ich?« Iversen tat erstaunt. Er wirkte erschrocken. Dann schüttelte er heftig den Kopf. »Natürlich nicht. Woher sollte ich? Die Ladung, schon gar die Kontrolle, gehört nicht zu meinem Aufgabenbereich. Und auch Gerd Wollenhaupt konnte nur wissen, was in den Begleitdokumenten steht. Schließlich blickt keiner von uns in die Container.«

»Kann es sein, dass Wollenhaupt doch mehr wusste und deshalb sterben musste?«

Es herrschte betretenes Schweigen. Lüder erinnerte sich, dass Jens Iversen bei Lüders erstem Besuch in der Reederei Probleme hatte, das richtige Programm zu finden. Er schien wirklich nicht sehr bewandert zu sein.

»Das mit Wollenhaupt … Ich meine, sein Tod … Das ist uns allen sehr nahegegangen«, stammelte Nils Jessen.

»Irgendjemand muss den Deal mit den indischen Containern eingefädelt haben. Waren Sie das?« Lüder sah Jessen an.

Der schluckte heftig.

»Ich kümmere mich nicht um das operative Geschäft. Das ist Aufgabe der Mitarbeiter.«

»Also Sie.« Lüder zeigte auf Iversen. Kapitän Syrjanow hatte Lüder erzählt, dass es Iversens Anordnung war, Dschidda anzulaufen. Um das zu verhindern, war die »Holstenexpress« mit Hilfe der Puntländer angeblich entführt worden.

»Damit habe ich nichts zu tun.« Iversens Augen flackerten nervös.

»Sie haben aber dem Kapitän befohlen, Dschidda anzulaufen.«

»Ich habe nur weitergegeben, was mir der Reeder aufgetragen hat.«

»Ich?« Jessen war aufgebracht und sprach lauter, sodass andere Gäste auf sie aufmerksam wurden.

Die beiden Kellner traten an den Tisch und servierten pochiertes Zanderfilet mit gerösteten Tomatenscheiben, Chablisrahm, Fadennudeln und Brokkoliröschen. Fast angewidert schob Jessen den Teller ein Stück von sich, während Lüder das Essen demonstrativ probierte. Es war exzellent.

»Das hast du mir gesagt«, behauptete Iversen und zeigte auf Jessen.

»Das ist gelogen«, sagte der Reeder heftig. »Außerdem: Wie kommen Sie dazu, mich zu duzen?«

»Ja … aber, Nils …« Iversen sah hilflos von einem zum anderen.

»Dies ist keine private Kaffeerunde«, schnauzte Jessen.

»Warst du … äh, Sie das nicht? War das Ole?« Iversen standen die Schweißperlen auf der Stirn.

»Ich habe mich immer schon gefragt, welch krumme Geschäfte ihr hinter meinem Rücken abwickelt.« An Jessens Schläfen traten die Zornesadern sichtbar hervor. Hastig griff er zur Serviette und tupfte sich die Lippen ab. Dann stand er auf.

Lüder sah ihn fragend an.

»Mir ist schlecht«, erklärte Jessen. »Wenn ich mich nicht beeile, passiert hier ein Unglück.« Mit schnellen Schritten eilte er hinaus.

Iversen legte die Hände an die Wangen. »Ich bin völlig durcheinander«, sagte er. »Kann sein, dass es Ole Jessen war, der sagte, die ›Holstenexpress‹ soll nach Dschidda. Ich habe mich noch gefragt, was das soll. Mir war nicht bekannt, warum.«

»Wie ist das Verhältnis der Brüder Jessen zueinander?«, wollte Lüder wissen.

»Och.« Iversen überlegte. »Die Zeiten für kleinere Reedereien

245

sind sicher schwer. Mit fünf Schiffen kann man kaum gegen die Riesen der Branche bestehen, zumal die Einheiten immer größer werden. Dafür fehlt der GAEL das Geld. Niemand wird uns einen Kredit für die Schiffsfinanzierung einräumen. Und die in diesem Feld engagierten Banken haben sich zurückgezogen, zum Beispiel die HSH-Nordbank. Daher ist es vielleicht zu einfach zu behaupten, bei den beiden Alten sei es besser gelaufen.«

»Zwei Alte?«

»Ja. Folke Jessen, der Vater von Nils und Ole, und sein Cousin Frederik.«

»Hat sich dessen Familie aus dem Geschäft zurückgezogen?«

Iversen hüstelte. »Da gab es keine Familie. Damals konnte Frederik noch keine Männer heiraten. So fiel das komplette Erbe an die beiden jetzigen Reeder. Sie strampeln sich ab, das muss man zugeben. Aber im Zeugnis würde stehen: ›Sie waren stets bemüht.‹ Allein der Erfolg fehlt.«

»Wer könnte über den wahren Inhalt der Fracht informiert gewesen sein?«

»Ich traue es keinem von beiden zu.«

»Hat jemand Kotakte zu arabischen Staaten oder nach Israel?«

Iversen schüttelte heftig den Kopf. »Das sind Ziele, die werden von unserer Reederei standardmäßig nicht angelaufen.«

»Gab es früher schon vereinzelt Ladungen für Limassol?«

»Tja. Puhh.« Iversen blies die Wangen auf. »Das hat es immer schon mal gegeben, dass außerplanmäßig etwas an Bord genommen wurde.« Er versuchte ein Lächeln. »Man lässt schließlich keinen Goldklumpen am Wegesrand liegen.«

»Goldklumpen? Sind solche Extratouren so lukrativ?«

»Nein. So will ich das nicht verstanden wissen. Um Himmels willen«, versuchte Iversen zu relativieren.

Der Kellner trat an den Tisch und zeigte auf die unberührten Teller von Jessen und Iversen.

»Ist etwas nicht in Ordnung mit dem Essen?«, fragte er besorgt.

»Nein. Vielen Dank«, erwiderte Lüder. »Das ist vorzüglich. Die beiden Herren haben sich einen Infekt zugezogen. Der ist aber importiert.«

»Was soll mit dem Ananas-Halbgefrorenen an Cassisschaum geschehen, den Sie als Nachtisch bestellt haben?«

»Warten Sie bitte noch einen Moment«, bat Lüder, tupfte sich die Lippen ab und stand auf. »Ich werde nach Herrn Jessen sehen«, sagte er und verließ das Restaurant.

Der Flur verlief über die Länge des Hauses, an dessen Querseite sich das Foyer und der Eingang befanden. Dort sah Lüder eine aufgeregte Menschenansammlung. Er stellte sich zu ihnen und vernahm Wortfetzen:

»Also – so was. Und das hier«, empörte sich eine rundliche Frau.

»Ist ja richtig Action«, stimmte ein Mann zu.

Eine junge Frau von der Rezeption hatte sich eingereiht. Sie zeigte ein charmantes Lächeln, hatte beide Hände leicht angehoben und versuchte zu beschwichtigen.

»Das war ein kleines Missgeschick«, erklärte sie. »Bitte entschuldigen Sie.«

»Danach sah es aber nicht aus«, beharrte die rundliche Frau und trottete davon. »Komm, Herbert«, sagte sie zu ihrem Begleiter.

Als sich die Aufregung gelegt hatte, sprach Lüder die Hotelangestellte an, die sich wieder hinter den Rezeptionstresen zurückziehen wollte.

»Was ist hier geschehen?«, fragte er.

»Nichts«, erwiderte sie.

Lüder zeigte ihr seinen Dienstausweis.

»Es war wirklich nichts von Belang«, versicherte die Frau. »Ein Missgeschick unter Brüdern.«

»Die Herren Jessen?«

Sie sah Lüder nachdenklich an. »Ja, aber …«

»Wo sind die Herren?«

»Gegangen.«

»Beide?«

»Der eine kam den Gang entlang vom Restaurant, und sein Bruder war gerade ins Haus gekommen. Sie haben sich hier vorn im Foyer getroffen. Ich habe nicht weiter darauf geachtet, als der eine plötzlich strauchelte und hinfiel, während der andere davonlief.«

»Wer ist geflüchtet? Nils Jessen?«

»Ich glaube ja«, sagte sie zögerlich.

»Und der andere ist ihm gefolgt?«

»Ja, nachdem er sich wieder aufgerappelt hat.«

»Worüber haben die beiden gestritten?«

247

Sie sah Lüder ratlos an. »Ich habe nicht zugehört«, gestand sie.

Es war das professionelle Weghören des Hotelpersonals, dachte Lüder.

Lüder lief hinaus. Nichts war zu sehen. Er wandte sich nach links Richtung Parkplatz. Der Porsche Cayenne Nils Jessens war verschwunden. Lüder lief zu seinem BMW und rief unterwegs vom Handy die Leitstelle an.

»Lüders, LKA«, sagte er keuchend. »Ich bin in Glücksburg am Strandhotel und verfolge einen dunkelblauen Porsche Cayenne mit dem Kennzeichen FL-NJ.« Dann folgten die Ziffern. »Außerdem ist ein zweites Fahrzeug flüchtig.«

»Was für eines?«, fragte der Beamte.

»Das weiß ich nicht«, gestand Lüder.

»Das ist lustig«, mokierte sich der Beamte. »Da sind viele Autos unterwegs. Typisch LKA. Die sind nur für das übergeordnete Ganze zuständig. Um Details wie Kennzeichen oder Beschreibungen kümmern —«

»Sparen Sie sich Ihre Erklärungen«, fuhr Lüder dazwischen. »Das zweite Fahrzeug ist entweder auf den Reeder Ole Jessen oder die Reederei GAEL in Flensburg zugelassen. Sie sehen meine Nummer. Rufen Sie mich wieder auf dem Handy an, und halten Sie mich auf dem Laufenden. Kriminalrat Lüders, LKA.«

»Und ich bin der König von Harrislee«, murrte der Beamte.

Lüder setzte das mobile Blaulicht aufs Dach und fuhr los. Wohin?, überlegte er. Es rumpelte, als er über das Kleingranitpflaster fuhr und in die Hauptstraße abbog. Er durchquerte den Kurpark, der sich bis zum Strand hin ausdehnte, passierte das farbenfrohe Gebäude der Fördelandtherme und entschied sich am Ende der Straße, Richtung Flensburg abzubiegen. Er folgte dem durch einen dichten Wald führenden Asphaltband, das in sanften Bögen und über leichte Hügel eine hübsche Streckenführung hatte, wenn man nicht gerade jemanden verfolgte. Immer wieder musste Lüder trotz Blaulicht abbremsen, weil der Gegenverkehr und die unübersichtliche Straße ein Überholen nicht zuließen und gemächlich dahinrollende Autofahrer es nicht als notwendig erachteten, ihm Vorfahrt zu gewähren.

Lüder hatte keinen Blick für die anspruchsvollen Häuser in Meierwik oder für die rechts nah an die Straße heranreichende Förde.

Seine ganze Konzentration galt dem Straßenverkehr, der zwar nicht dicht, aber lebhaft war. Er beschleunigte in einem weiteren Waldstück, schlängelte sich über die Abbiegespur an einer vor der roten Ampel wartenden Kolonne vorbei, musste scharf bremsen, weil ein querendes Auto seine Sonderrechte missachtete, und erreichte den Stadtteil Mürwik mit den typischen Rotklinkerhäusern. Ein Schild verwies auf die gleichnamige Marineschule.

Die Bebauung verdichtete sich, und mit ihr nahm der Verkehr zu. Ein Linienbus konnte erst an der nächsten Haltestelle in eine Bucht ausweichen, und der ihm folgende ältere Opel dachte nicht daran, Lüder passieren zu lassen. Mit bedächtigen dreißig bis vierzig Stundenkilometern schien der Fahrer seinen Wagen gen Flensburg tragen zu wollen. Das fremde Kennzeichen verriet Lüder, dass dem Opelfahrer nicht bewusst war, dass sie auf der linken Straßenseite das große schmucklose Gebäude des Kraftfahrtbundesamtes passierten, in dem genügend Platz für Millionen von »Punkten« war.

»Auch für dich«, knurrte Lüder, dem es ewig schien, bis der Vorausfahrende auf die Bremse trat und nach einer Haltemöglichkeit Ausschau hielt.

Lüders Handy meldete sich. Er nahm das Gespräch über die Freisprecheinrichtung an.

»Wir haben das zweite Fahrzeug identifiziert«, sagte der Beamte, dessen Stimme Lüder wiedererkannte. »Es ist ein silberfarbener Audi Q7 mit folgendem Kennzeichen …« Der Beamte gab die Kombination durch. »Die beiden Fahrzeuge bewegen sich über Kielseng und Ballastbrücke Richtung Innenstadt. Sie halten sich dabei nicht an die Straßenverkehrsordnung und gefährden andere Teilnehmer. An der Einmündung Osterallee ist es deshalb zu einem Unfall gekommen.«

Kurz darauf hatte Lüder die Stelle erreicht. Obwohl es nur ein harmlos aussehender Auffahrunfall war, dauerte es ewig, bis er sich einen Weg durch das Knäuel gebahnt hatte. Lüder beschleunigte wieder, nahm den weiten Bogen, der in die vierspurige Ziegeleistraße führte, und konnte einen Blick auf den Fährschiffneubau werfen, der auf der anderen Seite der Förde am Kai der renommierten Flensburger Schiffbau-Gesellschaft lag, als er zur Förde hinabfuhr. Die großen Behälter der Kläranlage beachtete er ebenso wenig, wie er den Blick auf die Altstadt warf.

Hier konnte er die Straße gut einsehen und das Tempo auf über einhundert Stundenkilometer steigern, bis er kurz vor der Nordstraße eine Notbremsung einleiten musste, weil jemand die Breite der Fahrbahn nutzte, um zu wenden. Das Reedereigebäude, an dem er vorbeifuhr, lag friedlich in der nordischen Mittagssonne. Am Ende der Straße knickte diese scharf nach rechts ab und unterquerte zwei marode Eisenbrücken, wo ein großes Plakat für das weit über Flensburg hinaus bekannte Honky-Tonk-Kneipenfestival warb.

Zwischendurch hatte er von dem Beamten aus der Leitstelle gehört, dass die beiden Jessens ebenfalls diesen Weg gewählt und die große Kreuzung Richtung Rathausstraße überquert hatten. An diesem Verkehrsknotenpunkt lag der Zentralomnibusbahnhof und zur rechten Seite das beeindruckende Jugendstilgebäude der Flensburger Polizei, das jedem Luxushotel zur Ehre gereicht hätte.

Mühsam quälte sich die Autoschlange jenseits der Kreuzung den Anstieg der Rathausstraße zum Museumsberg vor. Weder Blaulicht noch Martinshorn halfen Lüder. Der Erste in der Reihe hielt an der roten Fußgängerampel an, die Passanten in der Fußgängerzone das Überqueren der Straße erlaubte.

Endlich ging es wieder voran.

»Die flüchtenden Fahrzeuge sind in den Holm eingebogen«, erklärte der Beamte aus der Leitstelle.

»Bitte?«, fragte Lüder ungläubig. »Das ist eine überaus belebte Fußgängerzone. Da kommt man doch nicht mit dem Auto durch.«

»Das müssen Sie mir nicht erklären«, erwiderte der Beamte pikiert.

Fast hätte Lüder einen entgegenkommenden Kleinlaster gerammt, der ihn trotz Blaulicht partout nicht links abbiegen lassen wollte. Ein schnauzbärtiger Fahrer mit kleinasiatischem Aussehen wirbelte seine Arme wild herum, bis er schließlich mit einer Hand drohte, während die andere mit ausgestrecktem Zeigefinger an die Stirn fuhr.

Lüder kam nur im Schritttempo voran. Der Holm mit seinen Geschäften war zwischen Neue Straße und Südermarkt einen Kilometer lang. Es war unverantwortlich, sich mit einem Auto in die dichte Menschenmenge zu drängen. Vergnügt bummelnde Fußgänger schienen ihn nicht zu bemerken, Kinder liefen vors Auto, und andere sahen das Auto mit dem rotierenden Blaulicht zwar an, unternahmen aber keine Bemühungen, ihm auszuweichen. Ähnlich musste es den beiden Jessens ergangen sein. Dicht umlagert von einem Kokon Neugieriger standen der Porsche Cayenne und der Audi Q7 mitten auf der Straße vor der Filiale einer Buchhandlung. Gleich nebenan hingen riesig lang die deutsche Flagge und der Danebrog vor dem Eingang der Holmpassage, eines Einkaufparadieses.

»Haben Sie neue Hinweise?«, fragte Lüder ins Telefon. »Ich habe die Autos entdeckt. Sie sind leer.«

»Offensichtlich sind die Täter zu Fuß Richtung Südermarkt geflüchtet«, erklärte der Beamte.

Es gab kein Durchkommen mehr. Zu groß war der Menschenauflauf. Lüder stoppte den BMW, stieg aus und nahm sich noch die Zeit, das Fahrzeug zu verriegeln.

»Was'n los?«, rief ihm ein Mann hinterher, während Lüder sich durch die Schaulustigen drängte und die Verfolgung aufnahm.

Er achtete nicht auf die bunten Schaufenster der Geschäfte, die mit ihrem breiten Angebot Kunden nicht nur aus dem ganzen nördlichen Landesteil, sondern auch aus Dänemark anlockten und sich mit zweisprachigen Angeboten auf die Skandinavier eingestellt hatten.

»Da längs«, wies ihm ein Mann mit ausgestrecktem Arm den Weg. Es mochten nicht mehr als hundert Meter bis zum Südermarkt sein, über dem die St.-Nikolai-Kirche thronte.

Lüder hielt kurz inne.

»Wohin?«, fragte er atemlos ins Handy.

»Ich habe Sie nicht verstanden«, antwortete der Polizist von der Leitstelle.

»Ich bin am Südermarkt. Wissen wir, wohin die Leute sich gewandt haben?«

Sein Atem ging stoßweise. Er wunderte sich immer wieder, wenn in Filmen die Polizisten scheinbar mühelos endlose Verfolgungsjagden zu Fuß unternahmen, ohne dabei jemals außer Puste zu geraten.

Im Hintergrund hörte Lüder etwas quäken. Dann meldete sich der Beamte wieder.

»Es ist nicht gesichert, aber möglicherweise haben sich die Flüchtenden Richtung Rote Straße bewegt.«

251

»Wo ist das?«

Der Polizist konnte ein verächtlich klingendes Schnauben nicht unterdrücken.

»Wenn Sie aus dem Holm kommen, halten Sie sich halb rechts.«

Ein großes Plakat warb für das Schleswig-Holstein-Musik-Festival. Nebenan hatte die bei Studierenden besonders beliebte Kneipe Campus Suite unter großen Sonnenschirmen dicht an dicht Tische und Stühle auf den Platz gestellt.

Lüder bahnte sich einen Weg hindurch.

»Bist du nicht ganz dicht?«, rief ihm jemand hinterher.

Lüder hatte den Platz verlassen und hastete eine Straße entlang, deren Kopfsteinpflaster in der Mitte durch einen lieblos aufgebrachten Asphaltstreifen geflickt war. Das ist keine aktive Stadtwerbung, überlegte Lüder und entdeckte das Straßenschild.

Auf den ersten Blick bot die Rote Straße keine Besonderheiten. Ihr Reiz lag in den Höfen, für die Flensburg berühmt war. Die Stellschilder auf den Gehwegen wiesen auf das Angebot der Geschäfte hin. Phantasievoll war ein Bollerwagen als Wegweiser zu einem der Höfe umfunktioniert worden. Ein Stück weiter sah Lüder eine kleine Menschenansammlung, die interessiert vor der Einfahrt zu einem Hof stehen geblieben war.

Lüder rannte zu dieser Stelle.

»Sind da zwei Männer hineingelaufen?«, fragte er.

Ein korpulenter Mann grinste. »Mit Ihnen wären es schon drei«, antwortete er. »Ist das hier ein Volkslauf?«

Lüder sah in den engen Hof. Gleichzeitig erschallte ein mehrstimmiger Kanon erschreckter Menschen. Am Ende des Ganges stand Nils Jessen und starrte in Lüders Richtung. Er sah ihn aber nicht, sondern konzentrierte sich auf seinen Bruder Ole, der drei Meter vor ihm stand und Lüder den Rücken zuwandte. Beide hatten die Schultern vorgestreckt, die Arme pendelten leicht am Körper hin und her. So stand man, wenn man von einem Lauf völlig erschöpft war.

Im hinteren Bereich des Hofes, der in breiten Stufen endete, befand sich eine Weinstube. Rankengewächse, kleine Bäume, Weinfässer und anderes Dekorationsmaterial verliehen dem Ort ein lauschiges Ambiente, das sicher dazu beitrug, dass die aufgestellten rustikalen Tische gut besetzt waren.

Angstvoll erhoben sich die Gäste und drängten sich an Ole Jessen vorbei in Richtung Ausgang. Lüder trat einen Schritt zur Seite, um die Menschen durchzulassen. Den Grund für die Aufregung trug Ole Jessen in seiner rechten Hand: eine Pistole. Nachdem alle Gäste den Hof verlassen hatten, die beiden Brüder schenkten ihnen keine Beachtung, machte Lüder vorsichtig ein paar Schritte in den Hof hinein.

Nur mit einem schnellen Blick registrierte er die Auslage des Geschenkartikellädchens zur rechten Seite, das mit von der Dachrinne baumelnden Glaskugeln warb. Auf der hölzernen Galerie war allerlei Zierrat angebracht – Weinfässer, Vogelkäfige aus Weidenruten, ein dänischer Wimpel.

Lüder hatte sich so sehr auf die Reeder konzentriert, dass er mit dem Knie gegen eine von der Witterung arg strapazierte Bank aus roten Holzlatten stieß. Es war nicht nur schmerzhaft, sondern verursachte auch ein scharrendes Geräusch auf dem unebenen Katzenkopfpflaster. Ole Jessen drehte sich auf dem Absatz um und riss die Pistole in die Höhe. Er zielte auf Lüder.

»Hauen Sie ab«, schrie er. Seiner Stimme war anzuhören, dass er die Kontrolle über sich und sein Handeln verloren hatte. »Verschwinden Sie.« Er hielt die Pistole mit beiden Händen und war in Kombatstellung gegangen. »Mir kommt es auf einen mehr oder weniger auch nicht an.«

»Mach ihn kalt, Ole«, rief Nils Jessen mit sich überschlagender Stimme. »Das Schwein ist an allem schuld.«

»Warum haben Sie das Schiff entführen lassen?«, fragte Lüder.

»Ja – warum?«, hakte Ole Jessen nach.

»Du – du … Hast du überhaupt mitbekommen, wie beschissen es um unsere Reederei stand? Wenn wir nicht die heißen Container aus Indien nach Zypern gefahren hätten, stünde es noch schlechter um die Reederei«, rief Nils Jessen.

»Sie wussten, was in den Containern war?«, fragte Lüder.

»Klar. Was meinen Sie, warum wir eine andere Frachtrate dafür erhalten haben? Ohne dieses Extra wäre das *war risk* –«

»Das was?«, unterbrach ihn Lüder.

»Die erhöhte Versicherungsprämie für die Fahrt durch den Golf von Aden nicht mehr zahlbar gewesen.«

»Und warum hat man Sie ausgesucht?«

»Weil große Reedereien nicht so flexibel sind. Die haben ein anderes Controlling. Da läuft es nicht mit der Verschwiegenheit.« Nils Jessen klang immer noch atemlos.

»Und trotzdem ist Ihnen Gerd Wollenhaupt auf die Schliche gekommen?«

»Der … Warum musste er auch in Indien hinter den Auftraggebern hinterherspüren? Hätte er seine Arbeit gemacht, wäre nichts passiert.«

»Hat er Sie erpresst?«

»Erpresst? Ach. Der war doch grundehrlich. Der wollte es an die große Glocke hängen, was dort gelaufen ist.«

»Und daraufhin haben Sie ihn erschossen?«, fragte Lüder.

Nils Jessen zitterte wie Espenlaub. »Das wollte ich nicht, aber Wollenhaupt hatte herausgefunden, dass es keine Piraten waren, die die ›Holstenexpress‹ in ihre Gewalt gebracht hatten. Da wäre doch alles geplatzt. Und nicht nur bei uns.«

Ole Jessen spie vor die Füße seines Bruders aus. »Du elendiges Schwein hast den alten Wollenhaupt erschossen?«

»Mensch, Ole. Das wollte ich doch nicht. Ich bin doch kein Mörder.« Nils Jessens Stimme klang flehentlich.

»Wessen Idee war es, die Fahrt des Schiffes durch den fingierten Überfall zu stoppen?«, wollte Lüder wissen.

»Mein Bruder hatte plötzlich angeordnet, Dschidda anzulaufen. Das wäre doch eine Katastrophe geworden. Nicht umsonst hatten die Israelis einen Bewacher mitgeschickt. Wir sind noch nie in Dschidda gewesen.«

»Du hast mir immer vorgeworfen, ich würde mich nicht um das Geschäft kümmern«, schimpfte Ole Jessen. »Nun habe ich eine neue Verbindung zu den Saudis geschaffen und dem Kapitän die Anweisung erteilt, Dschidda anzulaufen. Und dann?«

»Sie haben es Kapitän Syrjanow nicht direkt gesagt?«, fragte Lüder dazwischen.

»Nein. Ich habe es Iversen gesagt. Der hat den Kapitän informiert.«

»Wie sind Sie an den saudischen Kontakt gekommen?«, fragte Lüder.

Ole Jessen drehte sich nicht um. »Mich hat einer angerufen«, sagte er über die Schulter.

»Anonym?«

Lüder sah von hinten, wie Ole Jessen mit dem Kopf nickte. Jemand wollte das Geschäft mit den Israelis torpedieren. Ob die Waffenlobby dahintersteckte, die am Geschäft mit den Arabern interessiert war?

Lüder hatte es vermutet. Jetzt hatte er die Bestätigung erhalten. Einer der beiden Brüder musste vom Waffendeal gewusst haben. Und damit auch, dass die »Holstenexpress« unter keinen Umständen einen arabischen Hafen anlaufen durfte. Da Ole Jessen das Schiff nach Dschidda beordern wollte, musste Nils der Kontaktmann sein. Lüder erinnerte sich auch an das Gespräch im Kanzleramt. Nils Jessen war sehr erschrocken, als Staatssekretär Graupenschlager sagte, sie sollten erst einmal die Forderung der Piraten abwarten. Der Bayer hatte wörtlich erklärt: »Nun warten Sie erst einmal ab, was die Entführer überhaupt verlangen.«

Lüder hatte gesehen, wie deutlich ein Erschrecken das Antlitz Jessens beherrschte. Dann hatte der Reeder geschluckt. »Was sollen die wollen?«, hatte er gestammelt. »Natürlich Geld. Viele Millionen, die wir nicht haben.«

»Nils. Damals, in Berlin«, wandte sich Lüder an Nils Jessen, »haben Sie da geglaubt, die ›Holstenexpress‹ wäre wirklich entführt worden?«

Jessen schluckte. »Ja«, gestand er. »Nachdem die Sache mit Dschidda akut war, hatte ich in Berlin angerufen und davon berichtet. Man beruhigte mich. Die Sache wird erledigt. Ich sollte nur in Flensburg für Ruhe sorgen. Sonst würde man mir alles anlasten. Deshalb doch die Sache mit Wollenhaupt«, sagte er weinerlich.

»Mit wem haben Sie in Berlin gesprochen?«

»Mit Sylvester Graupenschlager aus dem Wirtschaftsministerium. Der hat doch alles eingefädelt.«

»Den Transport von Indien mit Ihren Schiffen?«

Nils Jessen nickte heftig. »In dessen Auftrag wurden die Waffen über Indien geliefert. Das war er der Rüstungsindustrie in seinem Wahlkreis schuldig. Was meinen Sie, warum er bei der letzten Wahl fast siebzig Prozent erzielt hat? Seinen Wahlkampf und die Wohltaten hat die Waffenlobby finanziert.«

»Also Graupenschlager«, sagte Lüder nachdenklich.

»Der hat doch auch die Verbindungen nach Afrika und Asien.

Der ist im Wirtschaftsministerium für den Außenhandel zuständig. Was meinen Sie, wo der überall seine Finger drin hat.«

»Er hat gute Kontakte dorthin?«, fragte Lüder.

»Gute? Exzellente. Man nennt ihn nicht umsonst mit großem Respekt Abu Talha – den Deutschen.«

Lüder erstarrte. War das die Lösung? Hatte man den so gemütlich wirkenden Bayern gemeint, als man in Somalia von Abu Talha sprach?

»Wissen Sie, ob Graupenschlager Kontakt zur provisorischen Regierung von Puntland hat?«

»Natürlich. Denen hat er sonst was versprochen, damit die unser Schiff an die Kette legen.«

Das erklärte, weshalb Galaydh in Somalia der Überzeugung war, Lüders wahre Identität sei schon aufgedeckt.

»Wer hat die amerikanische Sicherheitsfirma losgeschickt, die uns ermorden sollte?«, fragte Lüder und dachte an den Überfall auf das Gefangenenlager.

Jetzt verstand er auch, weshalb die somalischen Bewacher Lüder und die anderen Geiseln verteidigt hatten. Es war nicht im Interesse der Puntländer, Tote zu hinterlassen. Das hätte man gegenüber Berlin nicht rechtfertigen können. Dafür hätte die Bundesrepublik sich nicht erkenntlich gezeigt.

»Ich weiß es nicht. Vermutlich Graupenschlager. Wie gesagt. Der hat überall seine Kontakte«, erklärte Nils Jessen. »Jedenfalls herrschte in Berlin Panik, als man merkte, wie Sie mit Ihren Ermittlungen vorankamen. Das hatte man sich so nicht vorgestellt.«

Und darum sollten wir sterben, dachte Lüder bitter. Es war unfassbar, dass ein korrupter Staatssekretär auch den Tod von Menschen in Kauf nahm, nur um seine dunklen Geschäfte nicht öffentlich werden zu lassen.

»Auf was hast du dich da nur eingelassen«, schrie Ole Jessen.

Lüder sah die Entschlossenheit in Ole Jessens Augen. Nichts und niemand würde ihn davon abhalten können, seinen Bruder zu erschießen. Das Flackern der Augenlider, der stiere Blick … Ole Jessen war nicht mehr ansprechbar. Er krümmte den Zeigefinger.

»Ole«, jammerte Nils. »Du wirst mich doch nicht töten? Ich bin dein Bruder. Wir haben dieselben Eltern. Ole!«

Es war ein Jammern und Heulen, das aus Nils' Mund drang. Das

256

Gesicht war schweißüberströmt und zu einer Fratze verzerrt. Aus beiden Mundwinkeln tropften Speichelfäden. Er streckte die Hand aus, als könne er damit das ihm geltende tödliche Geschoss abwehren. Entsetzen stand in seinen Augen.

»Nicht«, versuchte Lüder Ole Jessen zu bewegen, die Waffe fallen zu lassen. »Es ist schlimm, was Ihr Bruder gemacht hat. Aber das rechtfertigt keinen Mord. Sie sind nicht Kain.«

»Du hast alles zerstört, was unsere Familie seit Generationen aufgebaut hat, du hast die Zukunft vernichtet. Jetzt werde ich dich vernichten. Wir haben keine Zukunft mehr. Du nicht. Ich nicht.«

»Das ist nicht richtig«, warf Lüder ein. »Lassen Sie andere über sich richten. Es gibt eine Gerechtigkeit auf der Welt. Und eine überirdische Gerechtigkeit.«

»Es gibt nur eine Gerechtigkeit, nur eine Strafe. Das ist der Tod.«

Lüder hatte sich den beiden weiter genähert. Er stand jetzt fast zwischen ihnen. Bittend streckte er Ole die Hand entgegen.

»Geben Sie mir die Waffe. Überantworten Sie Ihren Bruder unserem Rechtssystem. Niemand darf sich zum Richter über den anderen aufschwingen.«

Ole leckte sich mit der Zunge über die Lippen. Lüder hatte den Eindruck, dass er seine Worte gar nicht wahrnahm. Er war wie im Rausch, nur noch von dem Gedanken beseelt zu töten.

Lüder sah auf die Hand, die den Pistolenknauf umklammert hielt. Sie zitterte leicht. Vielleicht würde es ihm gelingen, Ole die Waffe aus der Hand zu schlagen. Die Distanz betrug etwa drei Meter. Die zu überwinden würde so viel Zeit kosten, dass Ole, dessen Zeigefinger den Druckpunkt erreicht hatte, nur abzudrücken brauchte. Im Reflex der Überraschung könnte er dabei die Waffe auch auf Lüder richten. Sollte Lüder sein Leben für Nils Jessen riskieren?

Vor seinem inneren Auge lief in einem Sekundenbruchteil ein Film ab: Das dreckige Verlies am Horn von Afrika, der philippinische Matrose Bayani mit dem zerschossenen Gesicht, der vierzehnjährige Seyam, der im schmutzigen Sand in Hafun verblutet war, Gerd Wollenhaupt, der nicht weit entfernt von hier an seiner Haustür ermordet wurde … Nein! Für Nils Jessen würde er sich nicht opfern.

»Ole. Üben Sie Einsicht. Folgen Sie dem christlichen Gebot der Gnade.«

»Gnade?« Ole Jessen spie aus. »Mit dem da? Hat der Mitleid gehabt? Es ist ja einfach, Menschenleben zu vernichten, wenn man ihnen nicht in die Augen sehen muss. Töten vom fernen Schreibtisch aus.«

»Ihr Bruder hat Schreckliches angerichtet, viel Unrecht begangen. Die Spirale der Gewalt hat sich immer schneller gedreht und ihn in ihrem Sog mitgerissen. Dafür wird er bestraft werden. Aber nicht durch Ihre Hand.«

Ganz langsam senkte Ole Jessen den Lauf der Pistole hinab, nur wenige Millimeter. Sein Bruder hatte es auch bemerkt und streckte ihm beide Hände entgegen.

»Du hast nie etwas zuwege gebracht«, brüllte Nils Jessen. »Du hast dich immer nur im Windschatten aufgehalten und nie eigene Initiative ergriffen. Immer war ich es. *Ich! Ich!*«

Nils Jessen taumelte mit ausgestreckten Armen auf seinen Bruder zu.

Bevor Lüder reagieren konnte, hatte Ole Jessen die Waffe wieder angehoben. Lüder sah, wie sich der Zeigefinger am Abzug krümmte und den Druckpunkt erreichte. Die Adern auf dem Fingerrücken traten hervor, die Sehne sprang fast heraus, dann hatte der Finger den Widerstand überwunden.

Ole Jessen drückte dreimal ab.

Sein Bruder hatte immer noch die Hände ausgestreckt. Ungläubig starrte er auf sein Gegenüber. In Zeitlupe wanderte sein Blick vom Antlitz des Bruders zur Hand mit der Pistole, dann wieder zurück.

»Ole«, kam es gebrochen über Nils' Lippen.

Er schwankte leicht. Noch einmal wiederholte er den Namen seines Bruders, bevor er sanft auf die Knie fiel und dann ganz langsam vornüberkippte. Noch im Fallen schoss ihm blubbernd ein Blutstrahl aus dem Mund. Dabei gab Jessen ein Geräusch ab, als habe er sich verschluckt.

Sein Bruder stand reglos da. Die Hand mit der Pistole ließ er hinabsinken. Teilnahmslos sah er auf seinen Bruder, der zu seinen Füßen lag.

Lüder nahm ihm die Pistole ab. Dann legte er ihm fast fürsorglich die Hand um die Schulter. »Kommen Sie. Es ist alles aus.«

»Aus. Alles aus«, murmelte Ole Jessen, bis er fürchterlich zu zittern begann. Dann schlug er die Hände vors Gesicht und schluchzte. Dabei liefen ihm die Tränen in Sturzbächen die Wangen hinab.

»Polizei. Hände hoch«, ertönte hinter ihnen eine tiefe Männerstimme. Dann tauchte ein Streifenpolizist mit einer uniformierten Kollegin auf. Beide hatten ihre Dienstwaffe gezogen und richteten sie auf Lüder und Ole Jessen.

»Lüders. Landeskriminalamt«, erklärte Lüder. »Ich hole jetzt meinen Dienstausweis hervor.« Mit spitzen Fingern angelte er das Dokument aus der Tasche und hielt es dem Polizisten hin.

»Ein Kollege«, rief der seiner Begleiterin zu, die sich zum Opfer niedergebeugt hatte.

»Sieht nicht gut aus«, sagte sie und rief über das Funkgerät einen Notarzt, während Lüder mit wenigen Worten das Vorkommnis erklärte.

Der Polizist legte Ole Jessen Handfesseln an. Inzwischen waren ein weiterer Streifenwagen und der Rettungsdienst eingetroffen. Wenig später erschien die Flensburger Kripo.

»Tag, Herr Dr. Lüders«, begrüßte ihn Hauptkommissar Herdejürgens.

Lüder zeigte auf Nils Jessen, um den sich der Notarzt vergeblich bemüht hatte. »Da liegt Ihr Mörder.«

»Gerd Wollenhaupt?«

»Nicht nur der. Nils Jessen hat noch andere Straftaten begangen. Ich fürchte, das wird ein langer Bericht, den ich anzufertigen habe. Das betrifft auch den Brudermord, dessen Zeuge ich war.«

Hätte ich das verhindern können?, fragte sich Lüder. An der Antwort würde er lange zu knabbern haben. Auch mit viel Polizeiroutine war der Tod eines Menschen immer ein Ereignis, das einen nicht sofort zum Alltag zurückkehren ließ.

Doch zunächst galt es, ganz profane Dinge zu erledigen. Er musste zu seinem Auto zurückkehren, nach Kiel fahren, Bericht erstatten, Protokolle schreiben und überlegen, wie er Sylvester Graupenschlager dessen mörderisches Tun würde nachweisen können. Und dann würde er erneut in eine einsame Gegend fahren. Nach Mittelschweden.

Und diesmal würde seine Familie in seiner Nähe sein.

Dichtung und Wahrheit

Die Handlung dieses Romans führt in ungewohnte Bereiche. Wenn auch die Gefahren für die Schifffahrt am Horn von Afrika groß und andere hier geschilderte Aspekte der internationalen Politik Tatsache sind, sind wie in allen meinen Romanen die Handlung und alle genannten Personen und Unternehmen sowie Einrichtungen frei erfunden.

Die Vorbereitung und Recherche für diesen Titel erwies sich als ausgesprochen aufwendig und schwierig, da ich entgegen sonstigen Gewohnheiten nicht alle Plätze und Orte persönlich in Augenschein nehmen konnte und mich zum Teil auf andere Quellen verlassen musste.

Mein Dank gilt der Deutschen Botschaft in Nairobi, Kenia, speziell dem Somalia-Referenten Dr. David Krivanek. Dabei möchte ich *ausdrücklich* betonen, dass alle Darstellungen zu den politischen Verhältnissen und Machenschaften rein fiktiv sind und in keinem Zusammenhang mit Meinungen oder Informationen der Botschaft oder ihrer Mitarbeiter stehen.

Fregattenkapitän Hauke Bunks vom Einsatzführungskommando der Bundeswehr hat mir einen Einblick in die Arbeit und Organisation der Deutschen Marine ermöglicht. Anzumerken ist, dass im vorliegenden Roman Einzelheiten insbesondere zum Einsatz der Deutschen Marine frei erfunden sind, da operative Details aus verständlichen Gründen der Geheimhaltung unterliegen.

Hilfreich waren die Informationen des Auswärtigen Amtes, der Bundespolizei und der Reedereien Hamburg Süd und Hapag-Lloyd. Barbara und Professor Dr. Michael Stawicki ermöglichten einen spannenden Einblick hinter die Kulissen der hochmodernen Containerterminals und eine hautnahe Begegnung mit den beeindruckenden Schiffen im Hamburger Hafen.

Wie schon oft war mir Kriminalhauptkommissar Uwe Keller vom Landeskriminalamt Schleswig-Holstein eine große Hilfe bei der Beantwortung meiner Fragen. Rechtsanwältin Elvira Wischniewski wusste bei den Rechtsfragen im internationalen Bereich Bescheid. Herzlichen Dank, Elvira.

Der gilt auch meinem Verleger Hejo Emons, Dr. Christel Steinmetz und allen anderen klugen Köpfen des Verlages, die diesen Roman erst ermöglicht haben. Und meine Leser wissen, dass die Begleitung durch das Lektorat für das Lesevergnügen unerlässlich ist. Dafür zeichnet wie immer Dr. Marion Heister verantwortlich.

Hannes Nygaard
TOD IN DER MARSCH
Broschur, 240 Seiten
ISBN 978-3-89705-353-3
eBook 978-3-86358-046-9

»*Ein tolles Ermittlerteam, bei dem man auf eine Fortsetzung hofft.*« Der Nordschleswiger

»*Bis der Täter feststeht, rollt Hannes Nygaard in seinem atmosphärischen Krimi viele unterschiedliche Spiel-Stränge auf, verknüpft sie sehr unterhaltsam, lässt uns teilhaben an friesischer Landschaft und knochenharter Ermittlungsarbeit.*« Rheinische Post

Hannes Nygaard
VOM HIMMEL HOCH
Broschur, 240 Seiten
ISBN 978-3-89705-379-3
eBook 978-3-86358-049-0

»*Nygaard gelingt es, den typisch nordfriesischen Charakter herauszustellen und seinem Buch dadurch ein hohes Maß an Authentizität zu verleihen.*« Husumer Nachrichten

»*Hannes Nygaards Krimi führt die Leser kaum in lästige Nebenhandlungsstränge, sondern bleibt Ermittlern und Verdächtigen stets dicht auf den Fersen, führt Figuren vor, die plastisch und plausibel sind, so dass aus der klar strukturierten Handlung Spannung entsteht.*«
Westfälische Nachrichten

www.emons-verlag.de

Hannes Nygaard
MORDLICHT
Broschur, 240 Seiten
ISBN 978-3-89705-418-9
eBook 978-3-86358-042-1

»Wer skurrile Typen, eine raue, aber dennoch pittoreske Landschaft und dazu noch einen kniffligen Fall mag, der wird an ›Mordlicht‹ seinen Spaß haben.« NDR

»Ohne den kriminalistischen Handlungsstrang aus den Augen zu verlieren, beweist Autor Hannes Nygaard bei den meist liebevollen, teilweise aber auch kritischen Schilderungen hiesiger Verhältnisse wieder einmal großen Kenntnisreichtum, Sensibilität und eine starke Beobachtungsgabe.« Kieler Nachrichten

Hannes Nygaard
TOD AN DER FÖRDE
Broschur, 256 Seiten
ISBN 978-3-89705-468-4
eBook 978-3-86358-045-2

»Dass die Spannung bis zum letzten Augenblick bewahrt wird, garantieren nicht zuletzt die Sachkenntnis des Autors und die verblüffenden Wendungen der intelligenten Handlung.« Friesenanzeiger

»Ein weiterer scharfsinniger Thriller von Hannes Nygaard.« Förde Kurier

Charles Brauer liest
TOD AN DER FÖRDE
4 CDs
ISBN 978-3-89705-645-9

www.emons-verlag.de

Hannes Nygaard
TODESHAUS AM DEICH
Broschur, 240 Seiten
ISBN 978-3-89705-485-1
eBook 978-3-86358-047-6

»Ein ruhiger Krimi, wenn man so möchte, der aber mit seinen plastischen Charakteren und seiner authentischen Atmosphäre überaus sympathisch ist.« www.büchertreff.de

»Dieser Roman, mit viel liebevollem Lokalkolorit ausgestattet, überzeugt mit seinem fesselnden Plot und der gut erzählten Geschichte.«
Wir Insulaner – Das Föhrer Blatt

Hannes Nygaard
KÜSTENFILZ
Broschur, 272 Seiten
ISBN 978-3-89705-509-4
eBook 978-3-86358-040-7

»Mit ›Küstenfilz‹ hat Nygaard der Schleiregion ein Denkmal in Buchform gesetzt.«
Schleswiger Nachrichten

»Nygaard, der so stimmungsvoll zwischen Nord- und Ostsee ermitteln lässt, variiert geschickt das Personal seiner Romane.«
Westfälische Nachrichten

www.emons-verlag.de

Hannes Nygaard
TODESKÜSTE
Broschur, 288 Seiten
ISBN 978-3-89705-560-5
eBook 978-3-86358-048-3

»*Seit fünf Jahren erobern die Hinterm Deich Krimis von Hannes Nygaard den norddeutschen Raum.*« Palette Nordfriesland

»*Der Autor Hannes Nygaard hat mit ›Todesküste‹ den siebten seiner Krimis ›hinterm Deich‹ vorgelegt – und gewiss einen seiner besten.*«
Westfälische Nachrichten

Hannes Nygaard
TOD AM KANAL
Broschur, 256 Seiten
ISBN 978-3-89705-585-8
eBook 978-3-86358-044-5

»*Spannung und jede Menge Lokalkolorit.*«
Süd-/Nord-Anzeiger

»*Der beste Roman der Serie.*« Flensborg Avis

www.emons-verlag.de

Hannes Nygaard
DER TOTE VOM KLIFF
Broschur, 272 Seiten
ISBN 978-3-89705-623-7
eBook 978-3-86358-039-1

»*Mit seinem neuen Roman hat Nygaard einen spannenden wie humorigen Krimi abgeliefert.*« Lübecker Nachrichten

»*Ein spannender und die Stimmung hervorragend einfangender Roman.*« Oldenburger Kurier

Hannes Nygaard
DER INSELKÖNIG
Broschur, 256 Seiten
ISBN 978-3-89705-672-5
eBook 978-3-86358-038-4

»*Die Leser sind immer mitten im Geschehen, und wenn man erst einmal mit dem Buch angefangen hat, dann ist es nicht leicht, es wieder aus der Hand zu legen.*« Radio ZuSa

www.emons-verlag.de

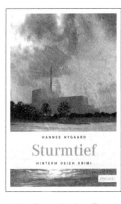

Hannes Nygaard
STURMTIEF
Broschur, 256 Seiten
ISBN 978-3-89705-720-3
eBook 978-3-86358-043-8

»Ein fesselnder Roman, brillant recherchiert und spannend!«
www.musenblaetter.de

Hannes Nygaard
SCHWELBRAND
Broschur, 272 Seiten
ISBN 978-3-89705-795-1

»Sehr zu empfehlen.«   Forum Magazin

»Spannend bis zur letzten Seite.«   Der Nordschleswiger

www.emons-verlag.de

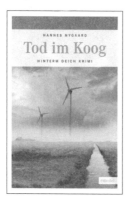

Hannes Nygaard
TOD IM KOOG
Broschur, 240 Seiten
ISBN 978-3-89705-855-2
eBook 978-3-86358-156-5

»*Ein gelungener Roman, der gerade durch sein scheinbar einfaches Ende einen realistischen Blick auf die oft banalen Gründe für sexuell motivierte Verbrechen erlaubt.*« Radio ZuSa

Hannes Nygaard
SCHWERE WETTER
Broschur, 256 Seiten
ISBN 978-3-89705-920-7
eBook 978-3-86358-067-4

»*Wie es die Art von Hannes Nygaard ist, hat er die Tatorte genauestens unter die Lupe genommen. Wenn es um die Schilderungen der Örtlichkeiten geht, ist Nygaard in seinem Element.*«
Schleswig-Holsteinische Landeszeitung

»*Ein Krimi mit einem faszinierenden Thema, packend aufbereitet und mit unverkennbar schleswig-holsteinischem Lokalkolorit ausgestattet.*« www.nordfriesen.info

www.emons-verlag.de

Hannes Nygaard
MORD AN DER LEINE
Broschur, 256 Seiten
ISBN 978-3-89705-625-1
eBook 978-3-86358-041-4

»›Mord an der Leine‹ bringt neben Lokalkolorit aus der niedersächsischen Landeshauptstadt auch eine sympathische Heldin ins Spiel, die man noch häufiger erleben möchte.«   NDR 1

Hannes Nygaard
NIEDERSACHSEN MAFIA
Broschur, 256 Seiten
ISBN 978-3-89705-751-7
eBook 978-3-86358-000-1

»Einmal mehr erzählt Hannes Nygaard spannend, humorvoll und kenntnisreich vom organisierten Verbrechen.«   NDR

»Nygaard lebt auf der Insel Nordstrand – dort an der Küste ist er der Krimi-Star schlechthin.«   Neue Presse

www.emons-verlag.de

Hannes Nygaard
DAS FINALE
Broschur, 240 Seiten
ISBN 978-3-89705-860-6
eBook 978-3-86358-160-2

»Wäre das Buch nicht so lebendig geschrieben und knüpfte es nicht geschickt an reale Begebenheiten an, man würde ›Das Finale‹ wohl aus Mangel an Glaubwürdigkeit schnell beiseitelegen. So aber hat Nygaard im letzten Teil seiner niedersächsischen Krimi-Trilogie eine spannende Verbrecherjagd beschrieben.« Hannoversche Allgemeine Zeitung

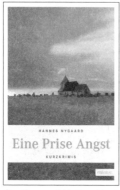

Hannes Nygaard
EINE PRISE ANGST
Broschur, 240 Seiten
ISBN 978-3-89705-921-4
eBook 978-3-86358-068-1

Hannes Nygaard nimmt seine Leser mit auf eine kriminelle Reise von Nord nach Süd. Große und kleine Verbrecher begehen geschickt getarnte Morde, geraten unfreiwillig in dunkle Machenschaften oder erliegen dem Fluch von Hass, Gier oder Leidenschaft. Außergewöhnliche Mordmethoden und manch skurrile Beteiligte garantieren ein kurzweiliges und schwarzes Lesevergnügen.

Hannes Nygaard
NEBELFRONT
Broschur, 256 Seiten
ISBN 978-3-95451-026-9
eBook 978-3-86358-137-4

»*Nie tropft Blut aus seinen Büchern, immer bleibt Platz für die Fantasie des Lesers.*« BILD